宁波立法研究院
Ningbo Legislative Research Institute

浙东法学

ZHEDONG LEGAL SCIENCE

2024年

梁开银／主　编
谢小瑶／副主编
张文松／执行主编

法律出版社 | LAW PRESS
北京

图书在版编目（CIP）数据

浙东法学. 2024 年 / 梁开银主编 ；谢小瑶副主编 ；张文松执行主编. -- 北京 ：法律出版社，2024.
ISBN 978 - 7 - 5197 - 9318 - 0

Ⅰ. D90 - 53

中国国家版本馆 CIP 数据核字第 2024LT3213 号

浙东法学(2024 年)
ZHEDONG FAXUE (2024 NIAN)

梁开银 主　　编
谢小瑶 副 主 编
张文松 执行主编

责任编辑 翁潇潇
装帧设计 贾丹丹

出版发行 法律出版社
编辑统筹 法规出版分社
责任校对 董　昱
责任印制 耿润瑜
经　　销 新华书店

开本 787 毫米×1092 毫米　1/16
印张 14.75　**字数** 320 千
版本 2024 年 8 月第 1 版
印次 2024 年 8 月第 1 次印刷
印刷 北京建宏印刷有限公司

地址：北京市丰台区莲花池西里 7 号(100073)
网址：www.lawpress.com.cn
投稿邮箱：info@lawpress.com.cn
举报盗版邮箱：jbwq@lawpress.com.cn

销售电话：010 - 83938349
客服电话：010 - 83938350
咨询电话：010 - 63939796

书号：ISBN 978 - 7 - 5197 - 9318 - 0　**定价**：58.00 元

凡购买本社图书，如有印装错误，我社负责退换。电话：010 - 83938349

《浙东法学》编委会

前言

潮起东方，大道为公
源头活水，学术传承

《浙东法学》依托于浙东之地的宁波大学法学院，撷浙东万物之灵气，承“浙东学派”之精神，值此世界百年变局之际，应运而生！《浙东法学》秉承创新与传承的宗旨，以弘扬宁波大学法学学科特色，升华宁波地方立法经验为目标，努力彰显宁波“商、海、港”的法律底色。《浙东法学》立足宁波“共同富裕先行试验区”立法经验，面向长三角区域一体化发展，放眼全国法治现代化战略，沐思想之光，集真知灼见，循法治之道，书智慧华章，为法治中国建设贡献特别力量。

《浙东法学》源于浙江独特的中国传统学术文化——“浙东学派”。其渊源于古越、孕育于汉唐、兴盛于宋元明清而绵延于现当代。在历经千百年的学术磨合过程中，从王充的“实事疾妄”到王阳明的“知行合一”，从黄宗羲的“经世应务”到近现代蔡元培的“兼容并包”，先贤的学术思想和治学精神已成为后人求学治世的“文化基因”。浙东学派主张的摒门户之见、贵专家之学、富创新精神、倡经世致用的学术传统，为当代中国法治建设提供了弥足珍贵的思维方法和精神食粮。此诚如朱熹所言：“问渠那得清如许，为有源头活水来！”

浙东学派求真求实、兼容并蓄的“事功”学术思想与风格给予了《浙东法学》发展的价值指引。“事”体现着“事皆寓理、事上磨炼”的中心命题，“功”则映照着“为民立功、为国立功”的时代理想。《浙东法学》不忘初心，秉入世之精神，求经世之功利，行济世之大义。尤其是浙东学派倡导的“有治法而后有治人”和“道之在天下，致公而已矣”的立法为公思想，孕育出如高铭暄、江平、应松年等一大批当代浙籍法学家，亦为《浙东法学》提供了精神动力。

一本出版物的诞生，汇集着法学大家著书立说的真知灼见，亦承载着当代学人立德立言的时代使命。这份新生的《浙东法学》正是秉承浙东学派的学术精神，满载对法治征途的不懈求索和无限追问，在风霜雨雪中勇往直前，在薪火相传中笔耕不辍，迈向法治之道的彼岸。我们期许《浙东法学》以浙东学派兼容并蓄的气魄，无问西东，采撷各家优秀论作，把握学术前沿发展的格局；以海纳百川的胸襟，继往开来，探究法治理论命题，荡起法学人百家争鸣的海浪。

宁波大学法学院

宁波立法研究院

2024 年 5 月 20 日

目　录

法理与法史

生态文明法治

数据与立法

知识产权专论

经典译作

法治讲坛

法理与法史

吴经熊人格与学术旨趣述考

孙笑侠*

摘　要：吴经熊一直被当作“神”一样的存在。可是，为何其真实生平和人格在我们印象中仍然是那么模糊？本文选取他与自己、与四个人物的交集来重塑吴经熊，文章考证了他与徐志摩、霍姆斯、斯塔姆勒和蒋中正的关系，考证了他生平中若干重要转折，考证并评论了他内心的变化，进而对他的人格和学术旨趣作了评论。

关键词：吴经熊　人格　学术　述评

目　次

吴经熊（1899—1986）一直被当作“神”一样的存在。① 无论法学内外，今天的读者知道他，大都通过吴经熊的《超越东西方》。这本书以优美的修辞塑造着一种境界，令人感动，乃至油然生起崇拜之情。可是，为何其真实生平和人格在我们印象中仍然那么模糊？

---

* 浙江大学数字法治研究院院长、教授、博士生导师。

① 吴经熊说，一家美国报纸报道他的时候，用的标题是“所罗门王坐在审判席上”（Solomon Sits in Judgment）！一家中文报纸称他为“吴青天”。See John C. H. Wu, *Beyond East and West*, Sheed and Ward, Newyork, 1951, p. 114. 吴氏到21世纪仍然被人们当神一样追念，除法学界的崇拜者之外，还有神学界，比如我国台湾地区郭果七（Benedicta Kuo, SMIC）修女：《吴经熊：中国人亦基督徒》，台北，光启出版社2006年版。

正如他自己所言，“我不是在写自传，而是在写我的灵魂之旅”①。他很聪明，只写灵魂，因此可以绕过生平的“关键”事实。由于吴经熊的宗教信仰和文学修辞，其生平和人格总是蒙着一层神秘色彩。重读之后，让我联想起手机的美颜自拍中的那种“羽化”效果。我想，如果重复对他的赞美只会更加模糊虚化这位了不起的“高人”，请允许我以凡俗之眼，对这位前辈冒昧地做些挑剔的解读。

一、他与他自己

吴经熊天资聪慧至极，还没上大学时，就能把古汉语名篇精准地译成英文发表。②1917 年，他在北洋大学读预科时，在学校 *The students Magazine*（《学生杂志》）上发表“What to do With Time”（《如何利用时间》）一文。他把时间比作商业资本，认为人必须尽最大努力从这种资本中提取到期利益。乍看是在说珍惜时间，实为讲述他的人生“活法”。文章最后引用了这样一句格言：

Live well——Die never；（好生，不死）

Die well——Live forever.（好死，永生）③

1919 年 11 月 24 日上海西门体育场举行国民大会，在校生吴经熊代表东吴法科出席演讲。结果《申报》记者把吴经熊的身份误报为“洋布公会代表”，吴为此很较真，去函执意要求更正并登报。④ 他在东吴法科以第一名的成绩毕业。1920 年 6 月 24 日下午三点，东吴法科举行毕业典礼。同届九位毕业生中只选了两个学生作演讲，吴经熊是其一，题目是“中国法制之改革”。⑤ 他留美时就豪情满怀地对霍姆斯声称，“作为中国人，我有一个祖国要拯救”（as a Chinese I have a country to save）⑥。

1924 年 6 月回国后，吴经熊进入母校东吴法学院执教，并兼任多所大学教职。激情演讲之跨度，延伸到浪漫诗派文学。⑦ 1926 年来了个机会，他经东吴校长保送准免法官考试。⑧ 1927 年 1 月 1 日，江苏省政府成立上海公共租界临时法院的当天，他欣喜地得知自己被任命为民事庭推事，这对一位年轻人是极大的荣誉。但他后来的书中一直没提谁人推

---

① John C. H. Wu，*Beyond East and West*，Sheed and Ward，Newyork，1951，p. 118.

② 参见吴经熊：《Chinese Classics Translated：李华吊古战场文（中英文对照）》，载《英文杂志》1917 年第 3 卷第 7 期。

③ 吴经熊：“What to do With Time”，载北洋大学《学生杂志》1917 年第 8 期。作者身份注明为“北洋大学预科”。文中所引格言，疑似出自 Locke Delia，*Delia Locke Diary*（1870 – 1874），Digital Resources from Scholarly Commons Librarian of the University of Pennsylvania。

④ 参见《吴经熊来函》，载《申报》1919 年 11 月 26 日，第 11 版。

⑤ 《两校举行毕业典礼》，载《申报》1920 年 6 月 19 日，第 10 版。

⑥ John C. H. Wu，*Beyond East and West*，Sheed and Ward，Newyork，1951，p. 91.

⑦ 比如，在上海光华大学演讲、在上海美专作文学演讲。参见《英国文学中之浪漫诗派：在上海美专讲稿》，载《新纪元》1926 年第 2 期。

⑧ 《吴德生教授保免法官照准》，载司法官再试典试委员会编：《政治家》1926 年第 1 卷第 7 期。

荐这一事实。[①] 从留学回国到1927年5月担任东吴法学院院长,[②] 他只花了三年时间。比胡适当中国公学校长还早了一年多。实际上,他当上院长是东吴师生为争夺“校政权”[③]开展“反美”运动得胜的结果。1928年3月31日,吴经熊和法院的同事谢永森[④]推事一起拜访胡适,可是胡适在当天日记中只提到“谢永森、吴经熊两推事来谈,到半夜后始散”,却写了大段关于谢法官所谈的证据法方面的观点[⑤]——胡适似乎并没有在意这位东吴法学院院长。不久,胡适受聘短暂兼课于东吴法科[⑥],按他们后来相当的名望地位,为何胡适与吴经熊就没有什么交集了呢?或许只能归结于气味不投吧。

图1　1927年6月4日新任东吴法学院院长吴经熊(第一排左起第六位)与毕业生合影

他断断续续地涉足政坛的十来年里,徘徊在从政与从学的举棋不定状态。他有过审判、立法与外交这三件官差,涉足在政治的边缘。这三段经历看起来整齐,貌似是他选择和设计的结果,其实不然,而是“命运”的安排:

从事司法——1927年吴经熊担任上海公共租界临时法院民庭推事,不久与新任院长卢

---

① 1926年,其东吴老师董康和老同学陈霆锐与时任淞沪商埠总办的丁文江一起商议收回会审公廨事。1927年吴经董、陈推荐获任上海临时法院推事。参见郑志华:《超越东西方的法哲学家——吴经熊研究》,浙江大学出版社2012年版,第29-30页。

② 参见《吴经熊任东吴法学院长》,载《兴华》1927年第24卷第16期。

③ 费青:《自传》,载白晟编:《费青文集》(下册),商务印书馆2015年版,第692页。

④ 谢永森(1885—?),字植甫,绍兴府余姚县(今浙江省余姚市)人。1905年自费赴英国留学,1907年8月考入剑桥大学专习法律,1907年通过驻英大臣申请改补给官费,同年底获得公费资助(参见《浙江教育官报》1908年第4期)。1910年毕业获剑桥大学学士学位并继续深造。1913年为生病留学生争取医药费,曾被人诬告受伦敦警方错捕,蒙不白之冤。然经律师学院考试,于1914年获英国律师资格,系万国律师公会会员,1914年回国在上海哈华托公馆任律师。1921年4月与余日章等被选为上海纳税华人会五位华人顾问之一,同年为“致远号”英商致死华人命案,受中方交涉员指派前往调查。次年公共租界工部局华人顾问改选,获连任。1923年5月再赴英考察一年。1924年回国,外国律师公会曾推举其任会审公廨正审官,接替引退的关炯之,未就。1925年五卅期间受外交部聘请襄办交涉事宜。1926年经中外交涉,与陈霆锐二人出任公共租界会审公廨法律委员会委员。1927年1月起担任公共租界临时法院推事,11月任代理院长,次年辞去。1929年与夫人赴英国定居。

⑤ 参见《胡适日记全编:1928—1930》(第5册),曹伯言整理,安徽教育出版社2001年版,第17-18页。

⑥ 参见盛振为:《法学院概括及本年大事记》,载《东吴年刊》1930年第2期。

兴原[①]交恶。1928 年 4 月底辞职离院[②]，回南京任职司法部后发起控告致使卢被免职。[③] 后被列为起草民法之委员，实现了他“最美的梦想”[④]。于是他穿起中山装，还别着徽章，返回母校演讲时，俨然一个神采飞扬的革命家来训话。[⑤] 1928 年 8 月持志大学校长何世桢接任院长后，特请江苏省政府任命吴经熊为刑事庭长，吴于 8 月 15 日返院，在师弟手下干着庭长。[⑥] 在何院长支持下，吴推事展露了才华，被中外媒体追捧为“中国的所罗门王”，这美誉一直让他沾沾自喜。1929 年 8 月 23 日，吴经熊任代理临时法院兼上诉院院长，实际是由辞职院长何世桢推荐，[⑦] 而吴经熊只字不提何院长。1929 年 11 月，他辞去院长职务。12 月底吴经熊远赴美国寻求教席，宣称两个目的：一为写法理学；二为东吴募捐，“不得百万元之数，决不回国”。[⑧] 1930 年秋，吴经熊回国，募捐没有下文，而是加入上海律师公会，[⑨] 执律师业。

起草宪法——吴经熊得林森和孙科信任，出任“立委”，并与法界老前辈张知本并列担任副委员长，主稿委员推举吴氏拟一份宪草。吴氏在30 天内（1933 年5 月1 日至31 日）完成，在媒体发表，不料广遭批评。此事于此时此地，实为吃力不讨好。宪草终因时局变化而胎死腹中。吴经熊在“立委”任上实际只干了三年多，因政坛失意及抗战情势，1937 年 9 月便飘然离开南京，躲到上海法租界。1938 年吴卸任法制委员会委员长，[⑩] 1 月份便携全家去了香港。

出使教廷——“二战”后，天主教徒吴经熊于1946 年代表中国，到任梵蒂冈，公使首次演讲即赢得各界赞誉和教皇的赞赏。他利用这份闲差带来的安静时间，修改《新约》译稿。可惜 1949 年内战败局已定，政治风险随时变人身危险，连薪俸亦十分窘迫，1949 年 5 月他向国民政府外交部提出辞呈；6 月卸任，漂洋转道夏威夷，专任大学教职。

---

① 卢兴原（1885—?），1910 年毕业于英国牛津大学，获硕士学位。回国后，任苏州大学讲师。1919 年，任广东政府外交部司长，并任陈炯明顾问、法典编纂委员会委员。1921 年，任广州军政府大理院庭长。1923 年 4 月，任大元帅府总检察厅检察长。1925 年 7 月，任广州国民政府大理院总检查厅检查长；12 月，任特别刑事审判所所长。1926 年 1 月，被派为广州国民政府廖案审判委员会委员；2 月，任广东省务会议高等审判厅厅长。1927 年 5 月，任上海租界临时法院院长，次年秋因“庇护共产党徒”而被查，以违背并废弛职务被免职，后长期在上海做律师。

② 参见《上海公共租界临时法院推事吴经熊辞职荐应时接充》，上海市档案馆藏，档号 Q179 - 1 - 35。

③ 参见《吴德生先生小传》，载《海上名人传》，上海文明书局 1930 年版，第 14 页。

④ 吴被南京国民政府司法部任命为编订法典委员会委员，主要担任民法的起草工作，随后出任司法部参事。

⑤ 参见《东吴法律学院毕业纪念会上》，载《申报》1928 年 6 月 28 日。

⑥ 参见《吴经熊任上诉院刑庭长》，载《申报》1928 年 8 月 16 日。

⑦ 参见《吴经熊今晨就职》，载《申报》1929 年 8 月 23 日。

⑧ 《欢送吴德生席上》，载《新闻报》1929 年 12 月 21 日。

⑨ 吴经熊入上海律师公会的时间在 1930 年 7 月至 12 月底，参见《新入会会员》，载《上海律师公会报告书》1931 年第 28 期。

⑩ 据小报文章云，吴经熊 1936 年力图与王世杰竞争出任教育部部长落空而情绪低落。参见轸怀：《闭门读经吴经熊》，载《东方日报》1939 年 12 月 29 日。

他这三段“玩票式”的涉政经历，收尾几乎都一样，既被迫无奈又轻灵任性。吴经熊无疑是天才。少年得志，早就被认为是著名法学家，自陈在上海滩狂放过，以至于上海一些小报会时常“八卦”吴经熊。这些“八卦”也验证了他曾经的“狂放”：比如说他“所语极为精到，不但法理高深，抑且断论透彻……雅好演算八字”①。有的提到“吴氏为人可以用风趣，间常高谈阔论，妙趣环生……每谓‘老婆别人的好，文章自己的好’……又尝与二三知己入花丛看花，辄谓‘目中有妓，心中无妓’……”② 早年的他确实很“皮”。他曾以诗记录与夫人吵架的事，曰：“我生三十六，起居仍反覆。喜怒同小儿，思想未成熟。无才偏爱书，津津深夜读。忽听酣睡声，有妻不如独。怒气从中生，籍故与反目。怪我不早眠，振振岂肯服。心血忽来潮，抹唾佯为哭。见我泪如珠，顷刻即和睦。一滴能展眉，二滴能煮粥。食毕方就寝，红日映满屋。”③ 与夫人吵架，他都能吵出诗意来。

俗话说“从小看大，三岁看老”。他有一种强烈的意识，要把自己活成很高“段位”的人。若论情商高、水平高、声望高，吴经熊是中国法学界天赋最高的人物，也是学问与人生思考程度最深邃的法科人物，没有之一。到晚年，他还在灵修问禅。这或许就是他所欲“好生不死，好死永生”的高人境界吧。

他还有一个“高”，就是结交的眼界高，且不提他怒怼东吴的启蒙老师兰金院长，也不说他结交孙科和杜月笙这样的权势贵人。带着长期以来对他的好奇心，我试图从他的人际交往来看他的个性。以下选取他与四个人的交集来了解吴经熊——同学徐志摩、大法官霍姆斯、导师斯塔姆勒和“总统”蒋中正。

二、他与同学徐志摩

吴经熊与徐志摩是老同学兼诗友。二人有许多外在共同点，背后又夹杂着更大的差异性：一是他俩都具有浙江人的聪慧灵敏。但吴经熊中学时期擅长自然科学④，而徐志摩喜欢文学。二是1916年同为沪江大学在校生，年长两岁的徐志摩入沪江比吴经熊略早。⑤ 三

---

① 舍予：《记吴经熊院长》，载《上海画报》1929年第505期。

② 海龙：《记吴经熊》，载《海光》（上海）1946年第12期。

③ 吴经熊：《夜读》（诗一首），载《人间世》1934年第16期。

④ 据吴经熊回忆，15岁时起，兴趣转到自然科学，在以代数、几何、化学、物理等课程为重的宁波效实中学就读时，这些课程的学习出类拔萃，尤其是物理总在班上稳居榜首。抱着继续学习（自然）科学的念头，他才选择入沪江大学。John C. H. Wu，*Beyond East and West*，Sheed and Ward，Newyork，1951，p. 55.

⑤ 徐志摩1915年毕业于浙江一中，1915年秋入北京大学预科读英语，1916年退学转而插班进入沪江大学。李秀清说，据徐氏在沪江大学的成绩单可知，1915年至1916年他就读于沪江。他于1915年完成了9门科目，参见李秀清：《从结拜兄弟到法科同窗——吴经熊与徐志摩早期交谊之解读》，载《比较法研究》2008年第6期。吴经熊1916年毕业于宁波效实中学，然后进入沪江大学。吴经熊读数学系，而徐志摩父亲希望他将来进金融界。父亲希望他进入金融界，可是“我自己最高的野心是想做一个中国的Hamilton”，参见徐志摩：《猛虎集》序文，载顾永棣编：《徐志摩诗全编》，浙江文艺出版社1987年版，第517页。

是他俩都是婚后才来上大学的[①]，但后来对原配的态度截然相反：一个出轨离婚——“中国必须把旧东西破除掉”；一个终身厮守——“妻子成了我的好妈妈”。四是他俩1916年冬参加在上海举行的北洋大学入学考试，双双通过[②]，1917年春，二人同赴天津北洋大学，在法科特别班（预科）呆了半年预期升入本科。然而吴经熊的报考志愿只是因为徐志摩的一个临时起意。[③] 五是二人同样立志高远，可是吴经熊取名John Wu（吴若望）只是因和“经熊”谐音，而徐志摩取名Hamilton，是“因为他很想成为立法者和经济学家。这样他就会被人们称作‘汉密尔顿·徐’了”[④]。六是他俩都很“骚”，不过徐志摩是“闷骚”，吴若望则是“亮骚”加“闷骚”。这是文人骚客与生俱来的激情，一种文青内火的骚动，这也成就了他俩后来共同的爱好——写诗。徐志摩20岁以后才热爱诗歌，[⑤] 而吴经熊早在少年时期的文笔就充满诗意；志摩擅长现代诗，若望钟爱古典诗。

当然，吴经熊与徐志摩是迥异个性的两个人。其个性差异还源于出身的家庭与社会背景。家庭背景的差异使他们在少年时期就有着先天不同的生活体验：徐志摩出身在杭嘉湖平原，是海宁徐氏儒商的后代，拥有舒适优裕的公子哥的生活，是稀有的“富三代”，[⑥] 1915年娶上海宝山县罗店巨富张润之之女、张君劢妹妹张幼仪。徐志摩14岁就进了省城，经表叔沈钧儒介绍，考入杭州府中学堂，与郁达夫、厉麟似同班。1918年6月，徐申如让儿子徐志摩拜梁启超为师，他拿出1000银元作为拜师礼。徐志摩可谓优裕从容，见多识广。

吴经熊出身宁波鄞县（今宁波市鄞州区）。吴经熊对宁波人有过刻画，说宁波生意人多，而读书人少。他说宁波人“少投入艺术与文学”，“他们是土的，太实在的”，有“某种未调教的野性”，“充满动物信仰”和“实际的常识”。[⑦] 吴经熊对本乡人有某种清醒的反思和坚定的逆反。他的祖父辈还是个贫穷人家，父亲吴传基只念过三年私塾，当学徒靠奋斗以成功的米商之姿跻身宁波总商会，出任首任会长。吴经熊的生母在他4岁时就去世了，他由父亲的原配、不会生育的“大娘”当宝贝养大。他从小没有离开过故土宁波。年

---

① 1915年12月5日，18岁的徐志摩在硖石与元配张幼仪结婚。1916年4月12日，17岁的吴经熊在鄞县（今宁波市鄞州区）与6岁定亲的元配李友悌结婚。

② See John C. H. Wu, *Beyond East and West*, Sheed and Ward, Newyork, 1951, p. 55 – 56.

③ 当徐志摩问他想不想一起去北洋大学学法律时，吴经熊一听到法律，心就跳动了起来，立即应答：“好主意!”

④ John C. H. Wu, *Beyond East and West*, Sheed and Ward, Newyork, 1951, p. 66.

⑤ 徐志摩自言“在二十岁以前我对于诗的兴味远不如我对于相对论或民约论的兴味”。参见徐志摩：《我的家谱》，载《徐志摩人生笔记》，时代文艺出版社2006年版，第1页。

⑥ 徐志摩的父亲徐申如是清末民初的实业家，早年继承祖业，独资经营徐裕丰酱园。光绪二十三年（1897年），与人合股创办硖石第一家钱庄——裕通钱庄。后又开设人和绸布号，成为远近闻名的硖石首富。光绪三十二年（1906年），加入政治团体预备立宪公会。徐志摩是徐家的长孙独子。沈钧儒是徐志摩的表叔，金庸是徐志摩的姑表弟，琼瑶是徐志摩的表外甥女。

⑦ John C. H. Wu, *Beyond East and West*, Sheed and Ward, Newyork, 1951, p. 14.

仅6岁时，遵父母之命与钱庄经理之女李友悌定亲，他曾后悔娶了“大字不识的老婆”，但念她为自己生育13个孩子而不离不弃，在从政从学之余，享受着她带来的浓浓人间烟火。

当笔者写完两人异同之后，说来也巧——偶然发现吴经熊有一篇讲述自己与徐志摩之异同的英文文章，应是写于徐志摩1931年逝世之后。1937年，有译者将它译出来发表。来听听吴经熊自己是怎么说的：

> 予二人者，秉质既异，天性各殊，志摩非内省者，而予乃内省者。志摩豪放不羁、龙吟虎啸；予则恬静寡言、鸿冥蝉蜕。志摩雅好自然，常集三五友人，沉浸于泉石之下，遨游乎山水之间；予则酷喜幽间，每当夜尽更阑、万籁俱寂，独坐斗室，愁绪满怀，哀吾生之须臾，叹尘世之渺茫。志摩有动乎中，必形诸外，歌舞之余，发而为诗；予为感触，神志窈冥，及其既寤，往事低徊，有如骤雨惊涛，欣快之极，热泪涔涔而下。志摩眼中，雪花飘舞而可爱，明月妩媚而含娇，“好鸟枝头亦朋友，落花水面皆文章”；予眼观之，诗歌音乐，皆为天籁，法律经济，亦属自然；志摩如云雀在空，中有蕴籍，夺腔而出，歌声悠扬，沁人心脾，其视宇宙，若缱绻情人，热情所及，几欲拥之在怀，吞之入腹；予视宇宙，如滴滴甘泉，此饮彼啜，恰似蹀躞江岸之怯弱松鼠然。顾予二人，其异孔多，其同维何？予于其死后日记中得之，盖情焰是也，惟此情焰，遂维系予二人莫逆友谊，至于此极。然志摩之情焰，赫烈而散漫；予之情焰，晻暖而永恒；志摩允推天才，予一世界之哲学沉思者而已。嗟乎志摩！生而为英，死而为灵，煽我情焰，增其光旨，此我所馨香祷祝者也。①

吴经熊说自己“恬静寡言、鸿冥蝉蜕”，“予之情焰，晻暖而永恒”。这大体上承认了他有“骚”的性格。此说另有吴经熊日记为证，他说：“在社交上我努力像一只蝴蝶那样快乐而不在乎。可我独处时或宅家与某些友人一起谈论人生和文学时，我就显示出我的真我……人生是一门很难的艺术，就跟画一幅画似的——亮色与阴影都要用到，且彼此调和。”② 正是这一“亮”和一“闷”交相辉映，才有了他内外兼修的复合优势。

二人入学北洋不到半年，北洋法科预科即因北洋大学和北京大学之间的科系调整而被并入北大法科。他俩同样是已婚，却因不同的生活体验作出了不同的决定：吴经熊南归入东吴大学法科，而徐志摩随北洋法科预科并入北大政治学门。从此走上不同的“道路”，各奔前程。“倘若吴、徐二人按部就班地毕业于沪江，他们两人各自此后的人生轨迹可能就完全不同了，若果真这样毕业，那就不是我们现在所论的内心都藏‘火’的吴经熊和徐志

---

① 吴经熊：《平生珍怪录——予与志摩》，周诚译，载《重大校刊》1937年第11期。

② 吴经熊1937年1月28日日记记录了他与一位聪明女孩的谈话。See John C. H. Wu, *Beyond East and West*, Sheed and Ward, Newyork, 1951, p. 199.

摩了。”[①] 他们的生命轨迹却恰恰相逆而行。徐志摩比吴经熊出世，所以浪漫放荡，悠然乎诗意而自由；而吴经熊比徐志摩入世，反而皈依修禅，扎根于法律以济世。

吴经熊还在德国游学的时候，徐志摩正在闹离婚。1922 年 3 月徐志摩躲在柏林，有时借住在吴经熊和金岳霖等其他中国同学宿舍。于是发生了大家熟知的故事：张幼仪数次来电话，吴经熊都不肯吐露徐志摩的去处。而聪明的张幼仪却猜到丈夫就躲在吴经熊屋里。最后在张幼仪的坚持下，夫妻见面。吴经熊面朝着张幼仪，一手则指着徐志摩，厉声说道："幼仪，这个要跟你离婚的人不过是个瘪三！他根本配不上你，离开他，对你只有好处！"此情此景，吴经熊这番话，显然是对死党明损暗帮的一种"小聪明"玩法，这恰恰是给张幼仪受伤的心上撒盐。离婚协议书签字时，旁边就有两个证人，一个就是吴经熊，另一个是金岳霖。与吴经熊不同，金岳霖就干脆厚道木讷到底。吴经熊 1924 年夏回国当法律教授，徐志摩 1922 年秋回国继续做浪漫诗人。徐志摩去世之后，他怀念这位死党，撰文纪念。吴经熊后来一直喜欢古典诗，还把唐诗顺手拈来地写成《唐诗四季》，1938 年至 1939 年连载于他创办的《天下》。大家投身抗战，他却研究唐诗。

三、他与大法官霍姆斯

1921 年 3 月，美国联邦最高法院大法官霍姆斯（Oliver Wendell Holmes，Jr.，1841—1935）收到一位名叫 John Wu 的来信和他的一篇论文。

霍姆斯 1902 年起任美国联邦最高法院大法官，是"变成法官的诗人"，是美国现实主义法学的人物，人称"伟大的异议者"，当时已在联邦最高法院大法官位置上呆了近 20 年。这封唐突的来信引起了误会，霍姆斯以为这又是一个来求教的初学者，于 4 月 19 日不客气地回复了。当他第二天阅读 John Wu 的文章后，才发现自己误会了。John Wu 是密歇根大学法学院 22 岁的中国留学生吴经熊，他在《密歇根法律评论》上发表了论文。于是，他主动写信给 80 岁的霍姆斯大法官，推荐自己这篇文章。

霍姆斯追了一封信过来道歉，说自己拜读了论文，才知是位"见识渊博的学者"，"我相信你会把我的无知朝好的方面想"。大法官回信中还讨论了这篇论文和一般的翻译艺术。是年，吴经熊还没触碰过电话座机，可是他已经接触到世界顶级的法学家。

1921 年 5 月，他得到了国际和平卡内基（Carnegie）基金的"旅行奖"资金，也就是说，可以自由选择除本校之外的世界上任何一所学校去游学。他首选了欧洲，不是德国，而是法国，当然是巴黎，他进入了巴黎大学。他不忘给霍姆斯写信，说"时空可以变化，但我对阁下您的爱与尊敬保持不变"。他附赠照片一张，大谈自己对祖国的使命感，要拯救中国。我们都记得他的那句豪言壮语——"我有一个祖国要拯救"。

① 李秀清：《从结拜兄弟到法科同窗——吴经熊与徐志摩早期交谊之解读》，载《比较法研究》2008 年第 6 期。

接着他说，“中国文明停滞的一个主要原因即在于错把与过去的连续当作了神圣的义务，并且忽视了过去的神圣权利与皇帝的神圣权利一样无根无据”[①]。令人不得不钦佩的是，22 岁的吴经熊对中国之“问题”，有如此敏锐的观察和结论。旋而他提出一个问题——其实是请教一个令法科生困惑的常见问题——国际法靠什么拥有强制效力？吴经熊用他特有的火辣带腻的煽情语言，想尽量套出霍翁的回答。却拐弯抹角地说：老一代法学家有义务规划好未来，我代表年轻一代，为人类的福利，恳求你给我们留下见证，留下遗产吧。[②]他这是像赶写论文需要有人开导一样的焦急。

霍姆斯的答复给出三层意思：先就年轻人关于国际主义及国际法的提问，说恐怕我没你那么乐观。或许是因为我年老，见过的战争多了。但老法官还是接着说，“我痛恨打击年轻人对理性的信念”，但理性与人们的愿望冲突时，理性对行为的控制就不大了。对吴经熊的提问，老人婉转地说“恐怕我不能深入你邀请我做的自我批评”，我请你去看看我的两篇小文章《理想与怀疑》（Ideals and Doubts）和《自然法》（Natural Law）。[③]

吴经熊后来继续着他们的讨论。吴经熊说自己试图假装赞同他，却实际上劝诱他采取自己的观点，说自己“像个孩子天真地想牵着一个老人的鼻子为他引路”![④] 这年轻的家伙，总是充满“野心”！他天赋很高，自恃很高，功名心气很高，交攀的人地位很高，当然，后来的某些造诣也很高。

老少二人在诗般的语言上具有相当大的共性，这只是一方面。更重要的是，吴经熊擅长语言表达，特别能引人重视。1923 年 5 月 14 日霍姆斯致吴经熊信中也提到，“也许你会像我一样发现，思想并不难，难的是表达思想的语言”[⑤]。霍姆斯这话很精辟。事实证明优秀的语言能力，是学术深度思考的助手。吴经熊后来在法学与禅学上的学术造诣无疑得益于此。他俩优雅、深情、诗意的文字，也助长了他们的思想交流——与其说是法学的交流，不如说是文学加人生经验的交流。

吴经熊总以结识霍姆斯为骄傲，这也难怪，因为霍翁的睿智太有魅力了。其实吴经熊一生只见过霍姆斯两次面。第一次是 1923 年 12 月。这年秋天，吴经熊从欧洲返回美国，他因霍姆斯法官向庞德推荐，[⑥]得以研究员（Research Fellowship）身份在哈佛法学院师从院

---

① John C. H. Wu, *Beyond East and West*, Sheed and Ward, Newyork, 1951, p. 91.

② See John C. H. Wu, *Beyond East and West*, Sheed and Ward, Newyork, 1951, p. 92.

③ See John C. H. Wu, *Beyond East and West*, Sheed and Ward, Newyork, 1951, p. 93 – 94.

④ See John C. H. Wu, *Beyond East and West*, Sheed and Ward, Newyork, 1951, p. 94.

⑤ “Probably you will find as I do, that ideas are not difficult, that the trouble is in the words in which they are expressed.” Max Lerner, *The Mind and Faith of Justic Holmes, His speachs, Essays, Letters and Judicial Opinions*, The Modern Library by Randon House, Inc., 1943, p. 421.

⑥ See Paul Sayre, *The Life of Roscoe Pound, Iowa City College of Law Committee*, State University of Iowa, 1948, p. 310.

长庞德（Roscoe Pound，1870—1964）[①]。吴经熊12月份去了霍姆斯在华盛顿的家，霍姆斯夫妇热情接待了他，他们在书房谈得很轻松，很开心。首次见面，霍姆斯就很幽默，给这位20出头的中国学生最大触动是，“以审美的态度打量生活，别把自己看得太重（taking oneself not too seriously）”[②]。可是以他的个性，吴经熊做不到。第二次见面是在七年后的事了。1929年冬，吴经熊辞去上海法院院长职务，受邀去美国讲学。1930年6月结束回国前，他去比弗利山庄看望90岁的霍姆斯，还向老人显示了一篇未完成论文的开头部分，吴经熊擅长语言赞美，“他对其中一些我对他的评论极为喜悦”。

回国前的1924年4月5日，他致信霍翁，大谈中国及他的未来计划，豪迈地称中国正在再生，“一个中西联姻的婴儿的诞生，我将在这场光荣的运动中发挥自己的作用”。[③] 在那个没有电子邮箱的时代，霍姆斯居然于4月10日速度回信说：

> 你对中国和你的计划的介绍使我非常感兴趣。我不太可能在有生之年看到你们如何解决这些问题，但我的希望和预言与你们同在。也许你努力的方向会因你在家里的经历而改变，但生活的一部分就是在明确地知道努力的方向之前，感受它，并坚持信念。至少我是这样的。如果我将死去，我的临终遗言将是：坚定信念，追求未知的目标。[④]

此处霍翁猜到年轻人容易改变初心，有针对性地给予了教诲，但吴氏在《超越东西方》中删去了这段重要的话。事实上这不是吴经熊毕业回国前唯一的告别信。1924年5月15日，他再次致信霍翁，像总结他俩友谊历程一样，直到20世纪50年代重读，都能“深深打动”他自己，全信被录入《超越东西方》（第115－118页）。

吴经熊1924年回国后，因为他无论客观和主观都很忙，所以与霍姆斯书信往来稀少。老人就会想念他，当突然接到吴的来信时，他会回复说，你失联了这么久，以至于我已经担心你在中国陷入什么麻烦了。1927年1月1日，江苏省政府成立上海公共租界临时法院的当天，他被任命为民事庭推事。他立即写信给霍姆斯报告喜讯，欣喜地说“我是一个praetor peregrini（外国人的总督）！……我可以试着将中国法律霍姆斯化了”[⑤]。他曾一度忽

---

① 吴经熊其实是庞德的第一个中国学生。1937年2月庞德曾环球游行来过中国，吴在上海东吴法学院接待过他。但在中华民国政府1946年邀请庞德的推进工作中，实际出力的却是杨兆龙和倪征，吴经熊并没有起到作用。

② John C. H. Wu, *Beyond East and West*, Sheed and Ward, Newyork, 1951, p. 104.

③ 这是吴氏毕业回国前1924年4月5日致霍姆斯的告别信中的话。参见［美］安守廉、沈远远：《“法律是我的神明”：吴经熊及法律与信仰在中国现代化中的作用》，季美君译，载湘潭大学法学院编：《湘江法律评论》第2卷，湖南人民出版社1998年版，第218页。

④ Max Lerner, *The Mind and Faith of Justic Holmes*, *His speachs*, *Essays*, *Letters and Judicial Opinions*, The Modern Library by Randon House, Inc., 1943, p. 423.

⑤ John C. H. Wu, *Beyond East and West*, Sheed and Ward, Newyork, 1951, p. 113.

略了与霍姆斯的通信，老头着急了——“霍姆斯写信给伦敦的拉斯基[①]教授，告诉他很为我着急!”拉斯基则开始四处打听吴经熊，居然通过英国驻上海的领事来找他，想知道吴经熊“是否还在人世”。

随着老少交往加深，霍姆斯对吴经熊并不是一味地赞赏，而是有睿智巧妙的点拨式批评。1926年有一次吴经熊致信问他的一个奇怪的私密问题——对人的“来生”问题的看法(3月29日吴信)。霍姆斯5月5日回信，回避了吴的这个问题，以不无告诫的口吻说，“我想我所有的终极观念都带有有限的印记”，但要从实践上尊敬和关爱它；接着告诫说“我们必须严肃，以好好工作”。霍翁接着说“当我受到鼓励使我相信我做了我应该干的事情时，我有很大的幸福感，但在内心深处，我相信，我确实这样相信的，它算不了什么”[②]。显然，霍翁是强调务实履行职责，做好当下的事，这是要把吴经熊从幻想世界带回到现实。

然而，霍翁这封信还有下文——在吴经熊的《超越东西方》中被删掉了最后部分，原信中最后一段落有一句话——“这是私人谈话，不能向别人引用，因为一个人对自己内心的信念是羞涩而敏感的，除非是在像诗人和哲学家那样向世人倾吐的古怪时刻。”[③] 霍翁的意思是，个人信仰和人生观应当放在心里。所以吴经熊删掉这几句话是遵照霍翁意见的。霍翁的结论其实就是规劝青年人，“别胡思乱想，踏踏实实地做你该做的”！老人的睿智让年轻的吴经熊一定感到汗颜，所以他说霍姆斯的回信给了他“毁灭性的一棒”（this was certainly a crushing answer to me）。[④]

吴经熊收到霍姆斯去世前的最后一封信，写于1932年3月14日。老人谈了自己退休后的生活状态，说：“前几天有人引用弗兰克福特（Frankfurter）[⑤] 的话，建议我写一本关于法律的书。我能想到第一句话，但在那之后我想学习，我怀疑我是否还会继续学习。不管怎样，我的意思是暂时放松一下生活。”看来霍翁此时已心有余而力不足。然后接着说他写这封信期间，“卡多佐（Cardozo）打来一个电话，我觉得你会像我这样爱他的，从第一眼见他，我就觉得他是一个——优雅的精灵（a beautiful spirit）”。[⑥] 后来这句话果然成了给

---

① 霍姆斯的英国朋友拉斯基（Harold Joseph Laski，1893—1950），英国工党领导人之一，政治学家，费边主义者，西方“民主社会主义”重要理论家。社会民主主义和政治多元主义的重要思想代表。

② John C. H. Wu，*Beyond East and West*，Sheed and Ward，Newyork，1951，p. 110 – 111.

③ Max Lerner，*The Mind and Faith of Justic Holmes*，*His speachs*，*Essays*，*Letters and Judicial Opinions*，The Modern Library by Randon House，Inc.，1943，p. 430.

④ See John C. H. Wu，*Beyond East and West*，Sheed and Ward，Newyork，1951，p. 111.

⑤ 此处应该是指美国法学家费利克斯·弗兰克福特（Felix Frankfurter，1882—1965）。我国有个译者将此处译为“前天我吃了香肠，这也许提醒我，我或许还可以提笔写书”。把人名Frankfurter误译为“法兰克福香肠”，笔者想，福氏如果知道，一定会生气地找霍翁、若望清算的。参见吴经熊：《法律哲学研究》，清华大学出版社2005年版，第332页。

⑥ Max Lerner，*The Mind and Faith of Justic Holmes*，*His speachs*，*Essays*，*Letters and Judicial Opinions*，The Modern Library by Randon House，Inc.，1943，p. 436.

吴经熊最后的“遗嘱”式的暗示。

吴经熊这次给霍姆斯回的信，到达之日，正是霍姆斯逝世当天——1935 年 3 月 6 日，离他生日只差一天。收信的人变成了美国联邦最高法院大法官卡多佐（Benjamin Nathan Cardozo，1870—1938）。这个噩耗就是从卡多佐致吴经熊的信中得到的。信中说：“你的信昨天传到我手里，这一天霍姆斯去世了。你会像我一样感到，一盏伟大的明灯消逝了。没有人能替代他的位置。他将于明天安葬——明天是他的生日。如果他活着，就 94 岁了。”[①]

吴经熊把霍翁与莎士比亚作比较，说“他们的心灵属于同一等级。他们的伟大在于将细节的掌握与对无限的经久渴望结合起来”。吴经熊是很有感知和悟性的，这一点倒很像这位老诗人。他对老人的情感是真诚的，对霍翁的理解也是准确的。与其说这对老少之间是忘年交，不如说是超级粉丝对偶像的崇拜。从霍姆斯来讲，他不只是长者对年轻人的关爱，还有对 John Wu 的灵气与诗性的欣赏。但是当涉及法哲学问题时，霍姆斯的态度就是另外一码事了。

四、他与导师斯塔姆勒

吴经熊获得美国密歇根大学 J. D.（法律博士）后，于 1921 年秋开始游学于欧洲。年轻人基于一般判断，有自由选择游学机会的话，一定是去欧洲——学完英美法之后，还要熟悉欧陆法。但他并不是很清晰应该去欧洲跟谁学。因此他先选了巴黎大学，呆了半年（另有“一年”之说），1922 年才前往德国柏林大学。这下他选对了！当时欧洲最著名且健在的法学家，应该是德国法哲学家鲁道夫·斯塔姆勒（Rudulf stammler，1856—1938）——被吴经熊称为“伟大的新康德派法哲学家”。他投入斯塔姆勒门下当学生。

在这位严肃的德国法哲学大师面前，吴经熊就没有像他在霍姆斯面前那么轻松愉悦了。跟从斯塔姆勒，他吃力多了，因为这是体系严谨的法律哲学。吴氏称斯师为“法学之王”[②]，显然很敬畏。这是因为他的学术，这“畏”与他对霍姆斯的“爱”不同。但吴经熊的性格中就是没有中国人常见有礼貌的谦卑感，他和导师合影时，居然跷起二郎腿，显得气度轩昂的样子。

同时，他继续与霍姆斯保持通信，写信告诉他阅读黑格尔，也阅读斯塔姆勒。斯塔姆勒和霍姆斯的法哲学是迥异的。斯塔姆勒为法律哲学提出了这样的基本任务，即着手研究法律思想的逻辑基础，他认为法学家要做的事情是“理解法律最终统一的纯粹形式”，也

---

① John C. H. Wu，*Beyond East and West*，Sheed and Ward，Newyork，1951，p. 126.

② 在吴经熊第一本法律哲学论文集的献词——三段诗中首句即为“身为法学之王，你是多么美妙的人物和朋友！语言想描述你，就失去灵妙！……”参见田默迪：《东西方之间的法律哲学——吴经熊早期法律哲学思想之比较研究》，中国政法大学出版社 2004 年版，第 30 页，注释 35。

就是探寻以“法的概念”为形式，以“法的理念”为内容的形式体系。[①] 斯氏强调体系思维，而霍氏强调感性洞见。1923 年 3 月吴经熊在《密歇根法律评论》上发表《霍姆斯大法官的法律哲学》，表达了“法律的概念与法律的感知”这二者的“综合”。正如他后来在《超越东西方》中说，斯氏“着重于法律的概念或逻辑方面，霍姆斯则看重感知的（perceptual）或心理（psychological）的方面”。他的雄心又来了，居然公开宣称“我的全部哲学都可视为调和霍姆斯和斯塔姆勒的法律思维的努力”[②]。霍氏表示高兴，而斯塔姆勒则在《密歇根法律评论》5 月号上对此文发表了评论，被吴经熊说成“最为慷慨善意的评论”。这是很模糊的用语，现在无法看到评论内容，但可以猜想，很可能就是对吴经熊的批评。

此后，吴经熊在德国遇到了情绪的低谷，给霍姆斯写信诉苦。但他在《超越东西方》中始终没提自己这封信说了什么。翻阅霍姆斯 1923 年 6 月 16 日致吴经熊回信，从中才得知，吴经熊刚经历了一次挫折——在德国再次申请卡内基奖学金落榜了。很可能吴经熊想延长时间继续留在斯塔姆勒身边，可惜没有钱了。“我为你对卡内基奖学金的失望感到遗憾，但这可能变成一件好事。”然后是安慰的话，“这就是生活。我希望你对哲学的兴趣（明智地理解哲学是最大的兴趣）不会使你离具体问题太远。”[③]这话点到了吴经熊的死穴——可能是他法学人生的死穴。但这不是霍姆斯回信的唯一重点，重点的重点在于——霍姆斯开始担心吴经熊的学术。霍姆斯 6 月 16 日回信中继续写道：

> 虽然我很尊敬斯塔姆勒，但我还是有点担心他会让你离日常生活太远。我注意到他批评了我关于经验和逻辑的评论，我想我很欣赏逻辑——请见我的《法律论文集》，如果你有时间的话，第 180 页，在《法律的道路》中，但是我恐怕我应该在他的形式的绝对价值上有根本的不同——但这又回到了基本原理，这需要花费太长的时间来写。我对绝对真理不相信或一无所知。[④]

同一封信，此处再次点了吴经熊的死穴。“当我在德国在伟大的新康德派法哲学家斯塔姆勒指导下学习时，霍姆斯生怕我太受系统思维的影响，在他看来，系统思想是贫乏空洞的，洞见才是有价值的，而洞见受系统的扼杀。我则试图把二者综合起来。”[⑤] 聪明而勤奋的吴经熊，敏锐发觉斯塔姆勒和霍姆斯法律理论的差异。是的，吴经熊初生牛犊不怕虎，他居然展开一种大胆的尝试——协调两翁的学术！

---

① 参见顾肃：《法律实证主义的哲学基础与方法论特色》，载《南京大学学报（哲学·人文科学·社会科学）》1995 年第 2 期。

② John C. H. Wu, *Beyond East and West*, Sheed and Ward, Newyork, 1951, p. 98.

③ Max Lerner, *The Mind and Faith of Justic Holmes*, *His speachs*, *Essays*, *Letters and Judicial Opinions*, The Modern Library by Randon House, Inc. , 1943, p. 421 – 422.

④ Max Lerner, *The Mind and Faith of Justic Holmes*, *His speachs*, *Essays*, *Letters and Judicial Opinions*, The Modern Library by Randon House, Inc. , 1943, p. 422.

⑤ John C. H. Wu, *Beyond East and West*, Sheed and Ward, Newyork, 1951, p. 98.

图 2　1923 年吴经熊与斯塔姆勒合影

1923 年 3 月，吴经熊写出《荷尔摩斯法官的法律哲学》英文论文，一年后，稍作修改以德文发表为《法律哲学中的认识问题》，[①] 并把文章给了斯塔姆勒和霍姆斯。他后来更傲骄地自称："读者可以把我的整个哲学理解为尝试在法学思想中协调荷尔摩斯与斯丹木拉两人的理念，包括知觉与概念、变化与生成、利益理论与正义理论、经验与理性。"[②]

那么斯塔姆勒和霍姆斯互相之间怎么看对方呢？霍翁不太理解也不赞同斯翁的观点；斯翁虽然看重霍翁关切的问题，但他相信以经验为出发点无法达到法律的中心。[③] 斯塔姆勒和霍姆斯，一个是追求法哲学体系的德国人，一个是洞见法经验真谛的美国人，分别是两座高峰，而 20 多岁的东方小伙子能选定这两峰，着实了不起。

吴经熊撰文试图在两翁之间协调和搭桥，那么，他到底有没有做好？田默迪（Matthias Christian，1941—　）是目前国际上对这个问题作过专门研究的学者，根据他对上述文章的分析，认为吴氏这篇文章"从很远的地方开始谈，但有时好像有所跳跃"，使用双方材料时有"任意取舍的印象"，"由他引述的方式有时不太能看出他是否很彻底研究相关资料，或者他只表达一些个人联想到的事情。他对其他资料的附带提出有时是不精确的，甚至有时会引起误解。""有些地方他给人感觉有一点自抬身价的味道。"他想表现出"他也懂德文与法文"，"或者在一些无关紧要之处提到他个人与荷尔摩斯、斯丹木拉之间的交

① 参见田默迪：《东西方之间的法律哲学——吴经熊早期法律哲学思想之比较研究》，中国政法大学出版社 2004 年版，第 35 页。

② 田默迪：《东西方之间的法律哲学——吴经熊早期法律哲学思想之比较研究》，中国政法大学出版社 2004 年版，第 35 页。

③ 参见田默迪：《东西方之间的法律哲学——吴经熊早期法律哲学思想之比较研究》，中国政法大学出版社 2004 年版，第 35 页。

情”，“他在抽象的思维过程之间，有时安插了一首诗”①。

吴氏的个性决定了他的法哲学“高度”的特殊性。他的大脑、情感和身体三部分都是极其敏锐的。田默迪还讲到吴氏受爱因斯坦一段话的启迪，发现“吴氏深信每一位一流的近代思想家都包含有神秘的成分，甚至好像一位学者愈伟大，他对神秘的敏感度愈高”②。把法学做成这样的“神秘”学问，是吴经熊特殊的学术“高度”。

到了 1925 年，吴经熊对斯塔姆勒专门写了一篇重要的英文文章 Stammler and His Critics，1926 年被译成中文《斯丹木拉之法律哲学及其批评者》发表。③ 此文历数三类学派对斯塔姆勒的批评，各派三人共九人，至少吴氏在文献收集、整理和阅读上狠下了功夫。文章开头先给斯氏以高度评价，认为“斯氏法律哲学，非幻想也，非凿空之论也；其一生精力，为欲解决近代德国法律及经济生活之实在与切要问题也”。他说斯氏“不但为富于正义感之人，且具有科学家之天资也。故其哲学创作，具有科学与批评性质，亦必然之事也”④。转而认为这就是斯氏的“强”处与“弱”点之所在。一方面有“确定与理性”的思想，另一方面纯以论理为据建设真理，实为难事也。他认为斯氏凭逻辑方法不能证明而勉强予以证明，这正是他的弱点。吴经熊又说：“吾非谴责吾师斯丹木拉也。”⑤ 此文多半是分列各家争论观点，文献上也不是没有瑕疵，比如在论述欧美各法学家对斯氏之批评时，吴经熊首先列举韦伯，可是他没有引用韦伯的原话，或许他当时没有读过韦伯的书，却转引舒摩尔（Shanvle）的关于韦伯的观点以替代。⑥

令人惊艳的是，斯塔姆勒 1925 年把弟子此文收入自己的文集《正义理论——现代法律哲学丛书》（*The Theory of Justice*：*Morden Legal Philosophy Seyies*）。这显然是对弟子的赞赏和肯定。霍姆斯也读过这篇文章，他怎么看？1926 年 8 月 26 日给吴经熊的信中，霍翁表示看过斯翁的文章，觉得没有太大的教益（I did not find it instructive）。他也读了吴氏的文章，信中接着很不客气地阐述他的观点：

> 我欣赏你附录中的内容更甚于其他一切。在我看来，这本书的主体似乎是在用学术语言阐述显而易见的东西，或是维护我不相信的命题。我忍不住觉得德国

① 田默迪：《东西方之间的法律哲学——吴经熊早期法律哲学思想之比较研究》，中国政法大学出版社 2004 年版，第 42－43 页。

② 田默迪：《东西方之间的法律哲学——吴经熊早期法律哲学思想之比较研究》，中国政法大学出版社 2004 年版，第 163 页。

③ 参见吴经熊：《斯丹木拉之法律哲学及其批评者》，丘汉平译，载《法学季刊》（上海）1926 年第 2 卷第 8 期。2005 年清华大学出版社出版的《法律哲学研究》（参见该书第 246－274 页），注明的 1933 年版本则是后来上海法学编译社出版的中文书《法律哲学研究》。

④ 参见吴经熊：《斯丹木拉之法律哲学及其批评者》，载吴经熊：《法律哲学研究》，清华大学出版社 2005 年版，第 249 页。

⑤ 参见吴经熊：《斯丹木拉之法律哲学及其批评者》，载吴经熊：《法律哲学研究》，清华大学出版社 2005 年版，第 249 页。

⑥ 参见吴经熊：《法律哲学研究》，清华大学出版社 2005 年版，第 251－252 页。

的过度系统化方法对你的影响太大了。在我看来，康德和黑格尔的体系似乎已经被扔进了废纸篓。……我真不想说任何让你们感到沮丧的话，但我从你们所写的东西中没有发现任何可能会像你们所期望的那样，对法律科学的发展产生深远影响的东西。也许你说的法律科学表明了我们分歧的开始。以前至少你和你的德国老师倾向于相信先验的终极法则。……我不认为这是一个绝对的原则，甚至不认为这是人类的终极目标，诸如人的尊严必须得到尊重等等。……①

他试图“协调”斯翁和霍翁的思想，勇气可嘉，也无疑可助其形成学术登顶的外在气象。至于吴经熊后来在自然法的研究（1955），他在自然法与实定法之上，又增加了圣托马斯·阿奎那的“永恒法”，他笃信这种所谓的“永恒法”，② 这是他“超越”的另一个表现，因为他完全进入了另一个世界——宗教。这超出了我这个凡夫俗子所能评论的范围。

五、他与蒋中正先生

现在无法准确考证他与蒋中正最初见面的时间。据旧报称，1936 年他想争取教育部部长一职，曾携带自己拟就的教育制度方案，赴庐山拜谒。③ 此时的教育部部长是王世杰，是民国干得最好和最长的一任教育部部长。1937 年“八一三”事变，日寇把战火烧到上海，中国守军拼死抵抗。身为官方要员（中央委员、立法委员、法制委员会委员长）的吴经熊说他“非常想家”，夫人来电报说已把家安顿到法租界。他 8 月 18 日找了个摩托车从南京溜回上海。

吴经熊是怎么变成天主教徒的？他自己用一“绊”一“摔”来解释说，“这正是我皈依的情景：盲目地绊倒在门槛上，全身被摔进光明之屋”④。就是在“八一三”事变之后，他回到上海，从此躲进小屋开始闭门读书学宗教。从对此“毫不知情”，到“这些话吸引住我”。⑤ 9 月 16 日，他脆弱到想自杀。事后承认自己“太悲观了，连自杀也不会，因为我真的不相信来世会比今世更好”⑥。10 月 10 日国庆节，吴经熊受邀在广播里作了个颇为煽情的演讲，主旨曰“战事虽然未了，胜败已判若鸿沟”，赞美抵抗的军人，并谴责日军以鼓励民众。⑦ 12 月 18 日，读书三个月后的吴经熊皈依天主教，“心里感到多么快乐”。他不

---

① Max Lerner, *The Mind and Faith of Justic Holmes*, *His speachs*, *Essays*, *Letters and Judicial Opinions*, The Modern Library by Randon House, Inc., 1993, p. 431.

② 参见吴经熊：《正义之源泉：自然法研究》，张薇薇译，法律出版社 2015 年版，第 24 页。

③ 参见轸怀：《闭门读经吴经熊》，载《东方日报》1939 年 12 月 29 日，第 1 版。

④ John C. H. Wu, *Beyond East and West*, Sheed and Ward, Newyork, 1951, p. 224 – 225.

⑤ John C. H. Wu, *Beyond East and West*, Sheed and Ward, Newyork, 1951, p. 225, 230, 232.

⑥ 1937 年 9 月 16 日日记中的自评，参见 John C. H. Wu, *Beyond East and West*, Sheed and Ward, Newyork, 1951, p. 241。

⑦ 《战事虽然未了，胜败已判若鸿沟》（吴经熊广播演讲），载《时报》1937 年 10 月 12 日，第 6 版。

得不承认“我在天性上是怯懦的”。[①] 1937 年生日那天吴经熊在南京作《狂歌》一首，圣诞节前夕更作《廿六年圣诞前夕书怀》一首，他在自传中没有收入。《狂歌》自叹“行届不惑惑正多”，并表达了对孔子、耶稣、释迦的怀疑。《廿六年圣诞前夕书怀》真实记录了他在悲观中的思想转变，摘录几句如下：

> 心羡鱼跃渊，身如鸟在笼；吟诗强自宽，聊以慰残梦。敬将圣诞迎，好把暮景送；一洩江南哀，稍减黍离痛。忆昔游金陵，闲官带清俸；名山堪吏隐，私心庆一统。谈笑多益友，诗文相折衷；一旦烽火起，展转作潜蛰。难民遍地是，死伤百万众；日煎红浪沸，风掀白波动。半载乱未已，生涯鸡菽贫；靖平在望外，犹冀言不中。静思人心恶，文明添惛懵；不有赤子心，徒夸英雄种。咎由人自取，造物岂戏弄？念兹热中肠，泪炙双目肿；一腔悲世意，敢效穷途恸。今朝发弘愿，虔将余生贡；……誓将出世心，权作入世用。[②]

从他的诗句可推测他皈依的心理动态，与日军入侵、与仕途悲观的背景都密切相关。1938 年 1 月中旬，他带全家 13 口离开上海，去了香港，过起老婆孩子热炕头的生活。可他离开战乱中的中国内地，撇下的不只是战争厄运，还有官员职责，还有东吴法学院和战乱中的学生。费青曾在自传中讲到“院长不久后便不负责任地独自离上海”，[③] 就是指东吴院长吴经熊。

在中国军民于淞沪会战拼死抵抗日军的 90 多个日夜里，他身为高官却独自躲在租界，“遁”入神的世界。而与此几乎同时发生的是，同样是法学家的钱端升，却忍心抛下怀孕的夫人，于 1937 年 9 月 13 日与胡适一道受命奔赴北美，从事抗战民间外交去了。或许人们会说，人家信仰天主教了。但这不是理由，没有哪条教义，说教徒可以在危难时刻临阵退却。“八一三”淞沪抗战起，97 岁天主教徒马相伯老人都站出来了。有事实证明，当时上海同样是天主教人士，都义无反顾纷纷投入抗战和救济工作。[④]

在香港，吴经熊躲进小楼，编《天下》、谈诗词、译《圣咏》，于是，他又开始与蒋中正谈圣论经，密切交流。1939 年秋，吴经熊从香港到访重庆，他把自己翻译的《圣咏》呈给蒋中正。蒋先生大为欣赏，便请他重译全部《新约》（新经全集）。[⑤] 奉蒋先生之命接受译经任务后，吴经熊投入几乎全部精力，为了找安静的地方、找助手、找参考书，他费尽了心思，没少下苦功夫。

---

① John C. H. Wu, *Beyond East and West*, Sheed and Ward, Newyork, 1951, p. 317.

② 吴经熊：《廿六年圣诞前夕书怀》及《狂歌》（丁丑生日作于金陵），载《真理与生命》1939 年第 12 卷第 1 期。

③ 费青：《自传》，载白晟编：《费青文集》（下册），商务印书馆 2015 年版，第 691、697 页。

④ 《抗日战争中上海天主教之救济事业》，载《圣心报》1937 年第 51 卷第 11 期。

⑤ 参见方豪：《吴德生先生翻译圣经的经过》，载吴经熊：《蒋“总统”的精神生活》，台北，华欣文化事业中心 1975 年版，第 252 页。

1942年初日军占领香港，他被日本人盯上，想用他，他巧言回绝。事后为此事得意，居然说："在我的一生里，都发现逻辑和理性在应付不管什么人时都挺管用的"①。最后陪都派人营救，5月吴经熊化装后带全家逃离香港，才住到桂林。他"爱上"桂林的洁净街道和清新空气，迟迟不回重庆。"我想在如此劳累的旅程之后享受享受生活，因此在1942年9月1日之前，我一直未赴重庆。"② 他记性真不错，的确，东吴法学院在重庆开学前的9月6日，他倒是去露过一次面。这时候他全家有12个孩子，经济拮据，想重操律师业。孔祥熙夫人打电话告诉他，他妹妹蒋夫人想要跟他谈谈。吴经熊去见了宋美龄，蒋夫人劝他别当律师，他反将一军："要么请总司令派我去美国，在那儿我可为国家做些有用的事，要么，我就不得不干点法务。"③ 这种讲话口气是否真实，只听他说，实在不得而知。蒋夫人提醒他翻译圣经的事，结果就为译圣经向蒋开价每月6000元，蒋居然答应了，并且第一个月可拿到一万元。④ 抗战时期，这可是大数目啊！

1943年春，蒋中正又召见吴经熊问他翻译的事，还关心着有谁可帮助他?⑤ 吴的译稿总是分批由陈布雷呈给蒋中正。1943年10月，吴家迁往贵阳译经一年，1944年秋迁回重庆住在北碚复旦大学校园对面江边，继续译经。他总是闹中求静，香烟一支接一支地吸进去，译文一首首、一章章地译出来。他还常说，最好是到梵蒂冈去。⑥ 1943年11月出了个事故——上次的一份译稿因为手抄不慎，误字太多，陈布雷着急了，不敢呈上去。结果，陈布雷捧出一大沓稿本，拉住方神父，当晚三人通宵校阅了起来，吴经熊一支接一支地抽烟。⑦ 他后来回忆说，这三五年的快乐时光"确实有'如坐春风'的感觉。这是我生平最愉快的年代，而且在学问与修养上也略有收获"⑧。

后来，吴经熊忍不住向蒋中正建议：梵蒂冈有圣经委员会，对原文有疑义时，那里可请教的专家最多，因此表示他很想和方神父一起到梵蒂冈去。不料蒋先生非常赞成，并表示他本人在抗战完成后，也想到国外走一趟，罗马是必定要去的。⑨ 1945年春，蒋氏对《新约》全部译稿作了三次点阅。蒋氏的批点本使用红圈、红铅笔，有可商榷处，他用蓝

---

① John C. H. Wu, *Beyond East and West*, Sheed and Ward, Newyork, 1951, p. 279.

② John C. H. Wu, *Beyond East and West*, Sheed and Ward, Newyork, 1951, p. 288.

③ John C. H. Wu, *Beyond East and West*, Sheed and Ward, Newyork, 1951, p. 288.

④ John C. H. Wu, *Beyond East and West*, Sheed and Ward, Newyork, 1951, p. 289.

⑤ 参见方豪：《吴德生先生翻译圣经的经过》，载吴经熊：《蒋"总统"的精神生活》，台北，华欣文化事业中心1975年版，第252-255页。

⑥ 参见方豪：《吴德生先生翻译圣经的经过》，载吴经熊：《蒋"总统"的精神生活》，台北，华欣文化事业中心1975年版，第252-255页。

⑦ 参见方豪：《吴德生先生翻译圣经的经过》，载吴经熊：《蒋"总统"的精神生活》，台北，华欣文化事业中心1975年版，第257-258页。

⑧ 吴经熊：《蒋"总统"的精神生活》，台北，华欣文化事业中心1975年版，第8页。

⑨ 参见方豪：《吴德生先生翻译圣经的经过》，载吴经熊：《蒋"总统"的精神生活》，台北，华欣文化事业中心1975年版，第259页。

色铅笔在上面表示，措辞非常客气，往往用橡皮擦了再写。比如吴氏原译句子“亏损漠不关”，蒋中正则批示“造句欠妥”，后来吴改为“得失等闲看”，再改为“得失非所患”。从这段译经的经历看来，中年的吴经熊已经增加了不少天主教徒的虔诚，还有御用文人的乖巧。真是岁月磨炼人，也不饶人。

1945年8月15日抗战胜利后第十天，蒋氏又召见吴经熊和方神父，说“我想请德生（经熊字）到梵蒂冈去，你能同去，便更好了”。1946年9月，政府发布任命状——吴经熊为驻教廷公使。[①] 当时罗马拉德朗大学法学博士罗光[②]已在中国驻教廷使馆担任教务顾问。他们在此一直任职到1949年。

1949年2月，局势风雨飘摇，远在梵蒂冈的吴公使收到孙科的电报，要他回国，有急事相商。吴经熊2月21日午夜启程，本来飞香港，因大雾而降落上海。一到长子家中第二天，新生的孙子夭折了。这是不是不祥之兆？一些律师老友来告诉他，政府要让他接任司法部部长，劝吴经熊别接了，说内阁不受欢迎，估计很快就要垮台。意思是，你不要引火上身！吴经熊书上描述了这样的回答：“你们不知道我是基督徒，只要我行得正，就不怕引火上身吗？如果人人都在政府危急的时候退缩，那只会加速它的垮台。”[③] 这话倒是显得铁骨铮铮。见了孙科，果真是让他当司法部部长，吴回答说，我是基督徒，本来牺牲就是我的职责。但吴经熊说自己提出三个条件：一是司法不受任何干涉；二是提高法官的薪酬；三是关于囚犯教育问题，不要经费但要允许他请传教士帮助教育囚犯。[④]这种时候还提这样的条件，相对于一个国家面临的大事，简直是隔靴搔痒的零碎小事。不过几天之后，孙科院长提名他之前，内阁就垮台了。为此，他说自己“既不高兴也不难过”（I was neither happy nor sorrowful at the news），不经意间流露了不可言说的内心独白：“凭借着上主的恩典我已获得道德上的胜利”（With the grace of God I had secured a moral victory），“你看，慷慨是值得的！”（You see it pays to be generous!）。[⑤]

1949年4月国军积极布置长江防线，渡江战役即将打响。天主教徒蒋中正也“遁”回老家宁波奉化了。蒋氏此时之“遁”，究竟是他即将败北的心理，抑或抚慰心理的良药？

---

① 参见方豪：《吴德生先生翻译圣经的经过》，载吴经熊：《蒋“总统”的精神生活》，台北，华欣文化事业中心1975年版，第260页。

② 罗光（Lokuang，Stanislaus，1911—2004），别名焯炤、焯照，湖南衡阳人。1930年被衡阳天语教区选派赴罗马留学。1936年获得罗马传信大学哲学博士学位，自毕业起在罗马传信大学教中国哲学达20多年。1939年获罗马拉德朗大学法学博士，其博士学位论文为《中国法与教会法中的父权概念》（*De potestate patria in jure sinico et canonico*）。1941年获罗马传信大学神学博士学位，成为有哲学、法学和神学三个博士学位的中国第一人。抗日战争时期，兼驻教廷使馆教务顾问。1949年去我国台湾。1961年出任天主教台南教区主教，一度任天主教全球主教大公会议传教委员会副主任委员。1966年，任我国台北总教区总主教，在国际天主教界颇有声望。1978年任我国台湾辅仁大学校长。曾兼任中国文化学院哲学研究所博士班教授、船山学会理会长、哲学会驻会常务理事。

③ 吴经熊：《法律哲学研究》，清华大学出版社2005年版，第393页。

④ John C. H. Wu，*Beyond East and West*，Sheed and Ward，Newyork，1951，p. 337.

⑤ John C. H. Wu，*Beyond East and West*，Sheed and Ward，Newyork，1951，p. 339 – 340.

在这高度紧张的战局气氛下，吴经熊回到宁波向亲兄长告别。蒋先生听说他来了，派车来接吴经熊。吴氏呈上经蒋先生批阅定稿的《新约》手稿复印件，说："我有50岁了，一个人到了50该知道上主给他的人生使命了。我打算将余生投给教育和精神生活。我再也不会将时间浪费在政治上了。"蒋说："啊，那太好了！"谈完后二人在草坪拍照留念，蒋选了右边那张椅子坐下了。按中国习惯，左比右贵，吴不肯坐，请蒋上位就座，蒋不愿意，说"请就座"。恭敬不如从命，吴坐下，神情拘谨，并拢双腿。摄影师按下快门拍下了那张二人在大陆的最后一张照片。吴经熊并拢的双腿，提醒我想到了胡适——那双在总统面前潇洒的二郎腿！

不久，吴经熊重新从宁波启程，去上海，再去香港，回到罗马收拾残局。1949年6月辞去公使职。他去了美国夏威夷，"我呆在火奴鲁鲁对我的智识、灵性及友谊都大有成果。诸多方面，这是我人生新篇章的开始"①。在夏威夷大学任中国哲学与文学的资深客座教授。1951年到1966年，他又先后担任了美国新泽西州私立天主教大学西东大学（Seton Hall University）的法学教授和亚洲学术教授。

回放1937年至1949年这12年，他是怎样"应对"这个大变局的？大家在为抵抗奔波，而他身为高官和教授却带全家"躲"了起来；当他曾经为之奋斗过的政权命悬一线的时刻，他却没有常人那么多的烦恼，一切都可以像翻日历一样地"翻"走。如果是一位普通人，为避战火而逃生是无可非议的。而他偏偏是吴经熊。吴经熊一"摔"、一"躲"、一"遁"、一"翻"，国难岁月就过去了。但这一"遁"一"翻"是经不起质疑的。若望啊，你年轻时要拯救祖国的豪言壮语丢到哪里去了？这正是你求"好生"的精致活法吧？

20世纪50年代至70年代，是他学术静思的黄金期。他抒情描写自己《超越东西方》（1951）的心灵史，挖掘自然法之《正义之源泉》（1955），融贯了《中国人文主义与基督教精神》（*Chinese Humanism and Christian Spirituality*，1965）。晚年的吴经熊于1968年才到台湾定居。继续《中西文化比较》（1968），穿越《禅学的黄金时代》（1969），打通《哲学与文化》（1971），钻研《国父的人格与学说》（1971），弘扬《三民主义与中华文化》（1978），探寻《内心悦乐之源泉》（1981）。还须提到的是，1971年他获聘"总统府"资政，1975年出版《蒋"总统"的精神生活》。他在该书自序中说，这部书"乃是本人在最近十年来所写的关于蒋公宗教思想与人生哲学的文章的一部选集"。他所描述和赞美的"蒋公的思想言行"，基本上是20世纪40年代末以来蒋氏的思想和言行，他笔下的蒋氏已经不是整体和实体意义上的蒋先生。与其说是吴氏对蒋氏的诠释，不如说是吴氏对自己的抒发。

吴经熊超越了法学家历来在律条和文字上的拘束，他在欧美两座高峰间穿行，在法律

① John C. H. Wu，*Beyond East and West*，Sheed and Ward，Newyork，1951，p. 343.

和人文间穿行，在科学与宗教间穿行，更在东方与西方间穿行，是中国法学有史以来学问最超逸、思想最玄奥、文字最诗意的法学家。其学术涉猎范围涉及法理学—法哲学、宪法学、中国法律思想史、哲学、儒学、唐诗、基督教、道教、宗教理论、禅学、心灵之学……他成为一位难以定义的灵修者。他一生经历了青葱的骄狂、壮年的精致、晚年的灵逸，不得不说，他在这个社会活得风生水起，是很成功的“高人”。1986 年 2 月 6 日，吴经熊在台北病逝，享年 87 岁。

思想上想当超越者，但倘若思想与身体与行为分离，会是什么人格呢？他似乎一直按照 18 岁引用的那句格言在追求“好生不死，好死永生”。那么，他的“不死”学问和等身著作，是否为他做了“好生”“好死”的准备或者铺垫？

我国法律体系对法权的直接记载或确认

——以“有权”话语结构为视点的抽样考察

童之伟*

摘　要： 汉语法律文本将“权”这一单汉字名词置于其中，其性质乃直接确认或记载法权。纳入宪法之权即宪权，因宪法是法，而且是根本法，故宪权是首要法权。为强化读者对法权现象的认识，助推法权概念和法权观念的形成，笔者刻意选择用近乎不厌其烦做列举的方式，通过“有权”这个独特而具体的视点来展示包括宪法在内的若干部法律直接记载或确认的法权。对抽样法律条文的逐条梳理表明：我国法律体系用“有权”话语广泛直接记载、确认了法权；刑法因其独特属性未显示“有权”话语，但它通过记载法权的各种具体存在形式，也间接且全面地确认了法权。以中国法律体系和规范汉字为基准采用权、法权、剩余权这三个法学名词，特别是采用其中的法权，对于汉语法学的正常发展极其必要。用规范化汉字名词“法权”取代日语“权利”，是民族的、现代的和面向未来的汉语法学对于核心范畴、基本范畴的紧迫需求。确认中国法律体系对法权的直接记载，是对以上紧迫需求的及时有效“供给”。

关键词： 权　法权　剩余权　“有权”　汉语法学

目　次

* 华东政法大学教授，博士生导师，宪法学博士。

法权即纳入法中之权（可以是现象，也可以是概念），因此，在中国当代法律体系中，不论是宪法还是其他任何一部法律，只要是将“权”作为单汉字名词置于其中，其性质就是直接确认、记载法权。在我国法律体系中，典型的法权主要现身在动词与“权”这一名词结合形成的动宾话语结构中，如“有权”“无权”“弃权”“侵权”“授权”中的“权”，其本身指称权利权力统一体（或共同体，后同），但又能以该统一体身份分别指称权利或权力。只要将权利、权力和它们的任何具体表现形式置于法中，就是法对法权的间接确认、记载，表现为非典型的法权。所以，法权现象在我国法律体系中可谓俯拾皆是。非典型的法权在我国法律体系中的主要现身方式是权利、权力和它们的具体存在形式，如法的权利、自由、个人正当特权、个人豁免，还有法的权力、职权、权限，公权力、正当公职特权、公职豁免，等等。但是，权利、权力有更具体表现形式，往往表现为相应名词（或形容词）与权构成的复合名词，如“人身权”“财产权”“选举权”“立法权”“行政权”“司法权”等，其中的“权”本身是名词，也可理解为法权的表现形式。这些名词在对应的西语（如英语）中也是复合的，只是它们没有与“权”这个汉字名词对等的词，只能根据不同的情况选择或用“rights”或用“power”而已。为能基于我国法律体系本身形成与之相适应的法权现象与法权概念（法权之实与名）意识，本文在我国法律体系中选择了几部有代表性的法律，只集中考察在“有权”话语结构中法权的典型表现形式。为增进法学界对法权现象与概念的认识，笔者刻意选择用近乎不厌其烦做列举的方式，通过“有权”这个独特而具体的视点来展示这些法律直接记载法权的条款。至于直接记载法权的其他条款和间接记载法权的条款，因为它们几乎无处不在，本文一般不做论述，除非某部法律因为其本身的性质没有直接记载法权。

一、宪法之“有权”话语直接确认的法权

一国的法律体系以宪法为根本，考察法律体系直接记载的法权，首先当选择宪法。宪法是根本法，纳入宪法之权是宪权，因宪法是法，而且是根本法，故宪权是首要法权。

我们不妨先仔细看看我国《宪法》把“权”这个单汉字名词独立使用的情形。我国《宪法》的以下诸条款在“有权”“无权”语言结构里直接记载、确认之权，是典型的法权和首要法权。《宪法》中每一个权字，都是一个单汉字名词，是法权在我国《宪法》文本中直接的呈现方式：

第 8 条第 1 款：“……参加农村集体经济组织的劳动者，有权在法律规定的范围内经营自留地、自留山、家庭副业和饲养自留畜。”

第 16 条第 1 款：“国有企业在法律规定的范围内有权自主经营。”

第 63 条：“全国人民代表大会有权罢免下列人员：……”

第 65 条第 3 款：“全国人民代表大会选举并有权罢免全国人民代表大会常务委员会的

组成人员。”

第72条：“全国人民代表大会代表和全国人民代表大会常务委员会组成人员，有权依照法律规定的程序分别提出属于全国人民代表大会和全国人民代表大会常务委员会职权范围内的议案。”

第77条：“全国人民代表大会代表受原选举单位的监督。原选举单位有权依照法律规定的程序罢免本单位选出的代表。”

第99条第2款：“县级以上的地方各级人民代表大会审查和批准本行政区域内的国民经济和社会发展计划、预算以及它们的执行情况的报告；有权改变或者撤销本级人民代表大会常务委员会不适当的决定。”

第101条：“地方各级人民代表大会分别选举并且有权罢免本级人民政府的省长和副省长、市长和副市长、县长和副县长、区长和副区长、乡长和副乡长、镇长和副镇长。县级以上的地方各级人民代表大会选举并且有权罢免本级监察委员会主任、本级人民法院院长和本级人民检察院检察长。选出或者罢免人民检察院检察长，须报上级人民检察院检察长提请该级人民代表大会常务委员会批准。”

第102条第2款：“地方各级人民代表大会代表的选举单位和选民有权依照法律规定的程序罢免由他们选出的代表。”

第103条第2款：“县级以上的地方各级人民代表大会选举并有权罢免本级人民代表大会常务委员会的组成人员。”

第108条：“县级以上的地方各级人民政府领导所属各工作部门和下级人民政府的工作，有权改变或者撤销所属各工作部门和下级人民政府的不适当的决定。”

第116条：“民族自治地方的人民代表大会有权依照当地民族的政治、经济和文化的特点，制定自治条例和单行条例。……”

第130条：“人民法院审理案件，除法律规定的特别情况外，一律公开进行。被告人有权获得辩护。”

在我国《宪法》的以上条款中，权以权利权力统一体或共同体的“资格”或“身份”，十分自然地时而具体指称权力，时而具体指称权利，时而指称权利权力统一体。例如，第102条第2款“地方各级人民代表大会代表的选举单位和选民有权依照法律规定的程序罢免由他们选出的代表”这一规定中的“代表的选举单位”“有权”中的“权”是权力，因为“代表的选举单位”只能是县级以上地方各级人民代表大会、地方各级国家权力机关，它们行使的是属于权力系列的职权或权限，而“选民有权”中的“权”，只能说权利，这里具体表现为选举权。这里特别值得注意的是，“代表的选举单位”和“选民”共有的这个“权”，直接体现出权利、权力共同体特征。所以，我国《宪法》第102条第2款中的名词“权”与下面简要援引的《地方各级人民代表大会和地方各级人民政府组织法》（以下简称《地方组织法》）第44条第2款中的名词“权”和《刑事诉讼法》第3条中的名词“权”一样，都是最典型、最直观的法权，它们是任何西语名词不能与之对等、不能直接翻译的汉语名词，也是任何西语无法直接表述或指称的汉语法律文本记录的法现象单元。这些“权”是汉语法律文本和汉语法学相较于西语法律、西语法学客观上有自己独特性、独立性的基础性证据。汉语法学显现出的自己相对于西语法学的独特性、独立性，不过是主观上顺应这种客观情势而已，它是汉语法学发展到一定阶段必然呈现出的选择和走向。“经济范畴只不过是生产的社会关系的理论表现，即其抽象。”① 法学范畴也是这样，权、法权是对当代中国法律制度中相应客观自在的记录或主观反映。汉语法学从（法的）权利、权力和剩余权中抽象出权，从（法的）权利、权力中抽象出法权，这是相对于西语法学的显著局部优势，应该珍惜。

在这里，特别要留意，法中之权是以权利权力统一体或共同体的“资格”或“身份”在指称具体的各种具体权利、权力，并非它时而是这个意思，时而是那个意思。

二、宪法相关法之“有权”话语直接记载的法权

我国有数量较多的宪法相关法，笔者有意从中选择几部能够较全面反映宪法相关法覆盖面而篇幅又居中的法律文本作为直接记载典型的法权情形的考察对象。本文具体选择的是《全国人民代表大会和地方各级人民代表大会代表法》（以下简称《代表法》）、《立法法》、《地方组织法》和《妇女权益保障法》。

（一）《代表法》“有权”话语中的法权

在《代表法》里，“权”一词在“有权”话语结构中出现20次，它以这种形式直接记载法权的具体情况如下：

第9条第1款：“代表有权依照法律规定的程序向本级人民代表大会提出属于本级人民代表大会职权范围内的议案。议案应当有案由、案据和方案。”

第10条：“全国人民代表大会代表，有权依照宪法规定的程序向全国人民代表大会提出修改宪法的议案。”

第11条第2~6款：“全国人民代表大会代表有权对主席团提名的全国人民代表大会常务委员会组成人员的人选，中华人民共和国主席、副主席的人选，中央军事委员会主席的人选，最高人民法院院长和最高人民检察院检察长的人选，全国人民代表大会各专门委员会的人选，提出意见。县级以上的地方各级人民代表大会代表有权依照法律规定的程序提出本级人民代表大会常务委员会的组成人员，人民政府领导人员，人民法院院长，人民检察院检察长以及上一级人民代表大会代表的人选，并有权对本级人民代表大会主席团和代

① ［德］卡尔·马克思：《哲学的贫困》，载中共中央马克思恩格斯列宁斯大林著作编译局编译：《马克思恩格斯选集》（第1卷），人民出版社2012年版，第222页。

表依法提出的上述人员的人选提出意见。乡、民族乡、镇的人民代表大会代表有权依照法律规定的程序提出本级人民代表大会主席、副主席和人民政府领导人员的人选，并有权对本级人民代表大会主席团和代表依法提出的上述人员的人选提出意见。各级人民代表大会代表有权对本级人民代表大会主席团的人选，提出意见。代表对确定的候选人，可以投赞成票，可以投反对票，可以另选他人，也可以弃权。”

第 14 条第 1 ~ 3 款：“全国人民代表大会会议期间，一个代表团或者三十名以上的代表联名，有权书面提出对国务院和国务院各部、各委员会，最高人民法院，最高人民检察院的质询案。县级以上的地方各级人民代表大会代表有权依照法律规定的程序提出对本级人民政府及其所属各部门，人民法院，人民检察院的质询案。乡、民族乡、镇的人民代表大会代表有权依照法律规定的程序提出对本级人民政府的质询案。”

第 15 条第 1 ~ 3 款：“全国人民代表大会代表有权依照法律规定的程序提出对全国人民代表大会常务委员会组成人员，中华人民共和国主席、副主席，国务院组成人员，中央军事委员会组成人员，最高人民法院院长，最高人民检察院检察长的罢免案。县级以上的地方各级人民代表大会代表有权依照法律规定的程序提出对本级人民代表大会常务委员会组成人员，人民政府组成人员，人民法院院长，人民检察院检察长的罢免案。乡、民族乡、镇的人民代表大会代表有权依照法律规定的程序提出对本级人民代表大会主席、副主席和人民政府领导人员的罢免案。”

第 16 条：“县级以上的各级人民代表大会代表有权依法提议组织关于特定问题的调查委员会。”

第 17 条：“代表参加本级人民代表大会表决，可以投赞成票，可以投反对票，也可以弃权。”

第 18 条：“代表有权向本级人民代表大会提出对各方面工作的建议、批评和意见。建议、批评和意见应当明确具体，注重反映实际情况和问题。”

第 25 条：“代表有权依照法律规定的程序提议临时召集本级人民代表大会会议。”

第 29 条：“代表在本级人民代表大会闭会期间，有权向本级人民代表大会常务委员会或者乡、民族乡、镇的人民代表大会主席团提出对各方面工作的建议、批评和意见。……”

第 47 条：“选民或者选举单位有权依法罢免自己选出的代表。被提出罢免的代表有权出席罢免该代表的会议提出申辩意见，或者书面提出申辩意见。”

这些条款中的权，几乎都是以权利权力统一体或共同体的“资格”或“身份”指称人大代表现有的那份权力。这里需要说明的是，《代表法》第 3 条用“下列权利”来规定“代表享有”之权，其实是属于用词不准确的情况。《代表法》本身明确了代表工作是“执行职务”，行使的属于《监察法》定位的“公权力”，所以，人大代表行使的应该是属于权力类的职权，这是较普遍的共识。①

（二）《立法法》“有权”话语中的法权

《立法法》直接记载“权”这个单汉字名词共44次，其中显现在“有权”结构中的13次，显现在“授权”结构中的31次。下面是以“有权”结构为基准排列的条款中的权，即法权浮现于其中的那些条款的具体内容，包括个别紧密相连的“授权”结构中的权：

第12条：“本法第十一条规定的事项尚未制定法律的，全国人民代表大会及其常务委员会有权作出决定，授权国务院可以根据实际需要，对其中的部分事项先制定行政法规，但是有关犯罪和刑罚、对公民政治权利的剥夺和限制人身自由的强制措施和处罚、司法制度等事项除外。”

第59条：“向全国人民代表大会及其常务委员会提出的法律案，在列入会议议程前，提案人有权撤回。”

第85条第1款：“民族自治地方的人民代表大会有权依照当地民族的政治、经济和文化的特点，制定自治条例和单行条例。自治区的自治条例和单行条例，报全国人民代表大会常务委员会批准后生效。自治州、自治县的自治条例和单行条例，报省、自治区、直辖市的人民代表大会常务委员会批准后生效。”

第108条：“改变或者撤销法律、行政法规、地方性法规、自治条例和单行条例、规章的权限是：（一）全国人民代表大会有权改变或者撤销它的常务委员会制定的不适当的法律，有权撤销全国人民代表大会常务委员会批准的违背宪法和本法第八十五条第二款规定的自治条例和单行条例；（二）全国人民代表大会常务委员会有权撤销同宪法和法律相抵触的行政法规，有权撤销同宪法、法律和行政法规相抵触的地方性法规，有权撤销省、自治区、直辖市的人民代表大会常务委员会批准的违背宪法和本法第八十五条第二款规定的自治条例和单行条例；（三）国务院有权改变或者撤销不适当的部门规章和地方政府规章；（四）省、自治区、直辖市的人民代表大会有权改变或者撤销它的常务委员会制定的和批准的不适当的地方性法规；（五）地方人民代表大会常务委员会有权撤销本级人民政府制定的不适当的规章；（六）省、自治区的人民政府有权改变或者撤销下一级人民政府制定的不适当的规章；（七）授权机关有权撤销被授权机关制定的超越授权范围或者违背授权目的的法规，必要时可以撤销授权。”

这里的权，都是以权利权力统一体或共同体的“资格”或“身份”指称相关各级人大或其常委会拥有的这部分或那部分权力。

① 参见杨毅、金圣海：《对人大代表“权利”与“权力”的几点思考》，载《人大研究》2009年第4期；苏东：《人大代表权利与权力》，载中国人大网，http：//www. npc. gov. cn/zgrdw/npc/xinwen/rdlt/sd/2014 - 11/02/content_ 1884664. htm。

（三）《地方组织法》“有权”话语中记载的法权

《地方组织法》是这样直接记载权、从而形成和分配法权的：

第13条：“地方各级人民代表大会有权罢免本级人民政府的组成人员。县级以上的地方各级人民代表大会有权罢免本级人民代表大会常务委员会的组成人员和由它选出的监察委员会主任、人民法院院长、人民检察院检察长。……”

第24条第2款：“……在主席团会议或者专门委员会会议上答复的，提质询案的代表有权列席会议，发表意见；主席团认为必要的时候，可以将答复质询案的情况报告印发会议。”

第31条第4款：“被提出罢免的人员有权在主席团会议或者大会全体会议上提出申辩意见，或者书面提出申辩意见。……”

第44条第2款：“地方各级人民代表大会代表的选举单位和选民有权随时罢免自己选出的代表。……”

第53条第2款：“……在专门委员会会议上答复的，提质询案的常务委员会组成人员有权列席会议，发表意见；……”

以上纳入《地方组织法》中之权，大都是以权利权力统一体或共同体的“资格”或“身份”指称权力，但也有同时指称权力和权利的。如第44条第2款关于“地方各级人民代表大会代表的选举单位和选民有权随时罢免自己选出的代表”的规定，其中“代表的选举单位”实际上是县级和县级以上地方人民代表大会，即地方国家权力机关，他们“有权”中的“权”属于权力序列的职权，选民“有权”中的“权”是权利，即选举的权利的另一种表现。所以，《地方组织法》第44条第2款中的这个“权”，是最典型、最直观的法权之一。

（四）《妇女权益保障法》“有权”话语结构对法权的记载

《妇女权益保障法》中记载的法权，基本都是以权利权力统一体或共同体的“资格”或“身份”指称权利，这一点不同于前面三部宪法相关法。请看具体规定：

第13条：“妇女有权通过各种途径和形式，依法参与管理国家事务、管理经济和文化事业、管理社会事务。妇女和妇女组织有权向各级国家机关提出妇女权益保障方面的意见和建议。”

第58条第2款：“丧偶妇女有权依法处分继承的财产，任何组织和个人不得干涉。”

第68条第2款：“女方因抚育子女、照料老人、协助男方工作等负担较多义务的，有权在离婚时要求男方予以补偿。……”

第72条第2款：“妇女的合法权益受到侵害的，有权要求有关部门依法处理，或者依法申请调解、仲裁，或者向人民法院起诉。”

第73条：“妇女的合法权益受到侵害的，可以向妇女联合会等妇女组织求助。妇女联合会等妇女组织应当维护被侵害妇女的合法权益，有权要求并协助有关部门或者单位查处。……”

此处需留意，本法使用的“权益”一词中的“权”字也是名词，它在这里以权利权力统一体的“身份”指称权利，与“益”（利益）一起构成另一类复合名词。

三、《刑法》《民法典》用“有权”话语直接、间接记载或确认的法权

刑法、民法都是极重要的基本的法律，它们记载法权的情况或与法权的关系无论如何都必须做考察，即使刑法通常并不包含“有权”话语。

（一）我国《刑法》无“有权”话语，但它用最有力的方式全面保护法权

刑法是规定犯罪和刑罚的法律，是立法机关规定哪些行为是犯罪并给予何种刑事处罚的法律规范的总称。以我国《刑法》规定为例，它宣告的立法目的是“惩罚犯罪，保护人民”（第1条），任务是“用刑罚同一切犯罪行为作斗争，以保卫国家安全，保卫人民民主专政的政权和社会主义制度，保护国有财产和劳动群众集体所有的财产，保护公民私人所有的财产，保护公民的人身权利、民主权利和其他权利，维护社会秩序、经济秩序，保障社会主义建设事业的顺利进行”（第2条）。参照刑法学界的刑罚目的论，[①] 从法权说的角度看，我国《刑法》规定犯罪与刑罚之目的，在于让犯罪人严重侵害法权的犯罪行为得到报应，从而预防犯罪。“保护人民”具体保护什么？实际上是具体保护各种合法之权，即保护各种合法权力和权利。结合我国《刑法》第2条规定的任务，“保卫国家安全，保卫人民民主专政的政权和社会主义制度，保护国有财产”的内容，是保护合法权力；保护“劳动群众集体所有的财产”“保护公民私人所有的财产，保护公民的人身权利、民主权利和其他权利”的内容，是保护合法权利，而“维护社会秩序、经济秩序，保障社会主义建设事业的顺利进行”则是两方面保护活动追求的法律效果。

由于我国《刑法》不全面参与分配法权，只具体规定犯罪和刑罚以保护法权，所以它没有也不需要宏观的“有权”话语，只需涉及法权具体的、微观的构成要素。什么是犯罪？《刑法》第13条规定了两方面显著的危害行为：（1）危害权力的行为，包括“一切危害国家主权、领土完整和安全，分裂国家、颠覆人民民主专政的政权和推翻社会主义制度，破坏社会秩序和经济秩序，侵犯国有财产”；（2）危害权利的行为，包括一切危害“劳动群众集体所有的财产，侵犯公民私人所有的财产，侵犯公民的人身权利、民主权利和其他权利，以及其他危害社会的行为”。危害、侵犯权力、权利，包括危害、侵犯权力、权利主体本身和相应的利益内容、财产内容。如何给犯罪人的犯罪行为以损毁其具体法权的报应并预防犯罪？《刑法》第33条规定了管制、拘役、有期徒刑、无期徒刑、死刑共五种主刑；

---

① 参见陈兴良：《刑罚目的新论》，载《华东政法学院学报》2001年第3期。

第34条规定了罚金、剥夺政治权利、没收财产共三种附加刑；第35条对于犯罪的外国人，还规定了可独立适用或者附加适用驱逐出境。

（二）我国《民法典》用“有权”话语对法权的确认、保障

“我国民法典以民事权利为核心，构建了由人格权、物权、债权、身份权以及其他民事权益所组成的完整的民事权利体系，在各种权利之下，民法典还进一步确立了其内涵和组成。”[①] 这部可谓囊括了全部私权的法典中有大量使用“有权”话语中的名词“权”确认法权的情形。《民法典》使用“有权”话语110次，直接正面确认权、从而法权。该法还11次使用“无权”话语从反面促进对“有权”中的权的保障。原因之一是，“市场经济的发展需要强调交易安全与交易秩序的维护，最具有代表性的就是无权处分规则的设计”[②]。此外，《民法典》还在“侵权”组合下134次使用“权”、在“授权”组合下62次使用汉字名词“权”，它们的描述对象，都直接是法权。《民法典》总共有1260条，笔者只检索其中相对简明的少部分条款看看在“有权”结构下的“权”、法权的呈现方式。需要说明的是，为了形成必要视觉冲击，加深权、从而法权在当代汉语法律体系中几乎无处不在这一真实状况的印象，列举较多数量的条款是十分必要的：

第44条第3款：“人民法院变更财产代管人的，变更后的财产代管人有权请求原财产代管人及时移交有关财产并报告财产代管情况。”

第45条第2款：“失踪人重新出现，有权请求财产代管人及时移交有关财产并报告财产代管情况。”

第53条第1款：“被撤销死亡宣告的人有权请求依照本法第六编取得其财产的民事主体返还财产；无法返还的，应当给予适当补偿。”

第75条第2款：“设立人为设立法人以自己的名义从事民事活动产生的民事责任，第三人有权选择请求法人或者设立人承担。”

第94条第1款：“捐助人有权向捐助法人查询捐助财产的使用、管理情况，并提出意见和建议，捐助法人应当及时、如实答复。”

第120条：“民事权益受到侵害的，被侵权人有权请求侵权人承担侵权责任。”

第121条：“没有法定的或者约定的义务，为避免他人利益受损失而进行管理的人，有权请求受益人偿还由此支出的必要费用。”

第122条：“因他人没有法律根据，取得不当利益，受损失的人有权请求其返还不当利益。”

第147条：“基于重大误解实施的民事法律行为，行为人有权请求人民法院或者仲裁机构予以撤销。”

---

① 王利明：《论民法典的民本性》，载《中国人民大学学报》2020年第4期。

② 王利明：《彰显时代性：中国民法典的鲜明特色》，载《东方法学》2020年第4期。

第 148 条："一方以欺诈手段，使对方在违背真实意思的情况下实施的民事法律行为，受欺诈方有权请求人民法院或者仲裁机构予以撤销。"

第 150 条："一方或者第三人以胁迫手段，使对方在违背真实意思的情况下实施的民事法律行为，受胁迫方有权请求人民法院或者仲裁机构予以撤销。"

第 186 条："因当事人一方的违约行为，损害对方人身权益、财产权益的，受损害方有权选择请求其承担违约责任或者侵权责任。"

第 235 条："无权占有不动产或者动产的，权利人可以请求返还原物。"

第 241 条："所有权人有权在自己的不动产或者动产上设立用益物权和担保物权。用益物权人、担保物权人行使权利，不得损害所有权人的权益。"

第 284 条第 2 款："对建设单位聘请的物业服务企业或者其他管理人，业主有权依法更换。"

第 287 条："业主对建设单位、物业服务企业或者其他管理人以及其他业主侵害自己合法权益的行为，有权请求其承担民事责任。"

第 307 条："……偿还债务超过自己应当承担份额的按份共有人，有权向其他共有人追偿。"

第 312 条："所有权人或者其他权利人有权追回遗失物。……权利人向受让人支付所付费用后，有权向无处分权人追偿。"

第 317 条第 3 款："拾得人侵占遗失物的，无权请求保管遗失物等支出的费用，也无权请求权利人按照承诺履行义务。"

第 331 条："土地承包经营权人依法对其承包经营的耕地、林地、草地等享有占有、使用和收益的权利，有权从事种植业、林业、畜牧业等农业生产。"

第 334 条："土地承包经营权人依照法律规定，有权将土地承包经营权互换、转让。未经依法批准，不得将承包地用于非农建设。"

第 338 条："承包地被征收的，土地承包经营权人有权依据本法第二百四十三条的规定获得相应补偿。"

第 340 条："土地经营权人有权在合同约定的期限内占有农村土地，自主开展农业生产经营并取得收益。"

第 344 条："建设用地使用权人依法对国家所有的土地享有占有、使用和收益的权利，有权利用该土地建造建筑物、构筑物及其附属设施。"

第 353 条："建设用地使用权人有权将建设用地使用权转让、互换、出资、赠与或者抵押，但是法律另有规定的除外。"

第 362 条："宅基地使用权人依法对集体所有的土地享有占有和使用的权利，有权依法利用该土地建造住宅及其附属设施。"

第366条：“居住权人有权按照合同约定，对他人的住宅享有占有、使用的用益物权，以满足生活居住的需要。”

第372条第1款：“地役权人有权按照合同约定，利用他人的不动产，以提高自己的不动产的效益。”

第384条：“地役权人有下列情形之一的，供役地权利人有权解除地役权合同，地役权消灭：……”

第392条：“……提供担保的第三人承担担保责任后，有权向债务人追偿。”

第395条第1款：“债务人或者第三人有权处分的下列财产可以抵押：……”

第417条：“……新增建筑物所得的价款，抵押权人无权优先受偿。”

第430条第1款：“质权人有权收取质押财产的孳息，但是合同另有约定的除外。”

第433条：“因不可归责于质权人的事由可能使质押财产毁损或者价值明显减少，足以危害质权人权利的，质权人有权请求出质人提供相应的担保；……”

第440条：“债务人或者第三人有权处分的下列权利可以出质：……”

第447条第1款：“债务人不履行到期债务，债权人可以留置已经合法占有的债务人的动产，并有权就该动产优先受偿。”

第452条第1款：“留置权人有权收取留置财产的孳息。”

第503条：“无权代理人以被代理人的名义订立合同，被代理人已经开始履行合同义务或者接受相对人履行的，视为对合同的追认。”

第639条：“试用买卖的当事人对标的物使用费没有约定或者约定不明确的，出卖人无权请求买受人支付。”

第701条：“保证人可以主张债务人对债权人的抗辩。债务人放弃抗辩的，保证人仍有权向债权人主张抗辩。”

第751条：“承租人占有租赁物期间，租赁物毁损、灭失的，出租人有权请求承租人继续支付租金，但是法律另有规定或者当事人另有约定的除外。”

第783条：“定作人未向承揽人支付报酬或者材料费等价款的，承揽人对完成的工作成果享有留置权或者有权拒绝交付，但是当事人另有约定的除外。”

第798条：“隐蔽工程在隐蔽以前，承包人应当通知发包人检查。发包人没有及时检查的，承包人可以顺延工程日期，并有权请求赔偿停工、窝工等损失。”

第803条：“发包人未按照约定的时间和要求提供原材料、设备、场地、资金、技术资料的，承包人可以顺延工程日期，并有权请求赔偿停工、窝工等损失。”

第973条：“合伙人对合伙债务承担连带责任。清偿合伙债务超过自己应当承担份额的合伙人，有权向其他合伙人追偿。”

第1006条第1款：“完全民事行为能力人有权依法自主决定无偿捐献其人体细胞、人体组织、人体器官、遗体。任何组织或者个人不得强迫、欺骗、利诱其捐献。”

第 1010 条第 1 款：“违背他人意愿，以言语、文字、图像、肢体行为等方式对他人实施性骚扰的，受害人有权依法请求行为人承担民事责任。”

第 1011 条：“以非法拘禁等方式剥夺、限制他人的行动自由，或者非法搜查他人身体的，受害人有权依法请求行为人承担民事责任。”

第 1012 条：“自然人享有姓名权，有权依法决定、使用、变更或者许可他人使用自己的姓名，但是不得违背公序良俗。”

第 1013 条：“法人、非法人组织享有名称权，有权依法决定、使用、变更、转让或者许可他人使用自己的名称。”

第 1018 条第 1 款：“自然人享有肖像权，有权依法制作、使用、公开或者许可他人使用自己的肖像。”

第 1028 条：“民事主体有证据证明报刊、网络等媒体报道的内容失实，侵害其名誉权的，有权请求该媒体及时采取更正或者删除等必要措施。”

第 1054 条第 2 款：“婚姻无效或者被撤销的，无过错方有权请求损害赔偿。”

第 1128 条第 3 款：“代位继承人一般只能继承被代位继承人有权继承的遗产份额。”

第 1157 条：“夫妻一方死亡后另一方再婚的，有权处分所继承的财产，任何组织或者个人不得干涉。”

第 1167 条：“侵权行为危及他人人身、财产安全的，被侵权人有权请求侵权人承担停止侵害、排除妨碍、消除危险等侵权责任。”

第 1185 条：“故意侵害他人知识产权，情节严重的，被侵权人有权请求相应的惩罚性赔偿。”

第 1205 条：“因产品缺陷危及他人人身、财产安全的，被侵权人有权请求生产者、销售者承担停止侵害、排除妨碍、消除危险等侵权责任。”

第 1207 条：“明知产品存在缺陷仍然生产、销售，或者没有依据前条规定采取有效补救措施，造成他人死亡或者健康严重损害的，被侵权人有权请求相应的惩罚性赔偿。”

第 1215 条第 2 款：“保险人在机动车强制保险责任限额范围内垫付抢救费用的，有权向交通事故责任人追偿。”

第 1232 条：“侵权人违反法律规定故意污染环境、破坏生态造成严重后果的，被侵权人有权请求相应的惩罚性赔偿。”

以上集中展现的是进入我国《民法典》中的少部分“权”、法权，包含它们在内的法律条款虽然看起来很长，但估计它们只占到这部法律中实际用到名词“权”的总数的 14% 左右。或许有学者认为，这些权实际上指称的范围都是中国法律体系和汉语中“权利”一词的内容。确实如此。但是我们不能忘记，我国《民法典》使用的“权”这个汉语名词本身指称和体现的是权利权力统一体或共同体，它既能指称权利，也能指称权力，但却不是权利或权力本身。法权是同时有别于权利、权力的独立的自我，只是在《民法典》的具体背景下实际上指称的是权利。

四、诉讼法“有权”话语记载或直接确认的法权

以上相关法律文本的“有权”直接确认的基本上是实体性法权，但《刑事诉讼法》《民事诉讼法》《行政诉讼法》的“有权”话语直接确认的通常是程序性法权。程序性法权当然也可进一步分为程序性权利和程序性权力，而且各有更具体的存在形式。

（一）《刑事诉讼法》“有权”话语对法权的直接确认

“刑事诉讼法与国家民主法治的盛衰息息相关。甚至可以这么说，刑事诉讼法同国家的民主法治之间的关系密切、敏感的程度，比有的法律更加直接一些。也正因如此，西方有的学者讲刑事诉讼法是小宪法。”① 为什么说刑事诉讼法是小宪法？主要强调它在限制权力、保障权利方面的重要地位。我国《刑事诉讼法》用“有权”话语前后43次直接确认刑事案件办理过程中的程序性法权，另外有“无权”话语1次，具体情况如下：

第3条第1款：“对刑事案件的侦查、拘留、执行逮捕、预审，由公安机关负责。检察、批准逮捕、检察机关直接受理的案件的侦查、提起公诉，由人民检察院负责。审判由人民法院负责。除法律特别规定的以外，其他任何机关、团体和个人都无权行使这些权力。”

第11条：“人民法院审判案件，除本法另有规定的以外，一律公开进行。被告人有权获得辩护，人民法院有义务保证被告人获得辩护。”

第14条第2款：“诉讼参与人对于审判人员、检察人员和侦查人员侵犯公民诉讼权利和人身侮辱的行为，有权提出控告。”

第26条：“几个同级人民法院都有权管辖的案件，由最初受理的人民法院审判。……”

第29条：“审判人员、检察人员、侦查人员有下列情形之一的，应当自行回避，当事人及其法定代理人也有权要求他们回避：……”

第30条第2款：“审判人员、检察人员、侦查人员违反前款规定的，应当依法追究法律责任。当事人及其法定代理人有权要求他们回避。”

第34条第1款、第2款：“犯罪嫌疑人自被侦查机关第一次讯问或者采取强制措施之日起，有权委托辩护人；在侦查期间，只能委托律师作为辩护人。被告人有权随时委托辩护人。侦查机关在第一次讯问犯罪嫌疑人或者对犯罪嫌疑人采取强制措施的时候，应当告知犯罪嫌疑人有权委托辩护人。人民检察院自收到移送审查起诉的案件材料之日起三日以

① 陈光中：《刑事诉讼立法的回顾与展望》，载《法学家》2009年第5期。

内，应当告知犯罪嫌疑人有权委托辩护人。人民法院自受理案件之日起三日以内，应当告知被告人有权委托辩护人。……”

第41条：“辩护人认为在侦查、审查起诉期间公安机关、人民检察院收集的证明犯罪嫌疑人、被告人无罪或者罪轻的证据材料未提交的，有权申请人民检察院、人民法院调取。”

第46条：“公诉案件的被害人及其法定代理人或者近亲属，附带民事诉讼的当事人及其法定代理人，自案件移送审查起诉之日起，有权委托诉讼代理人。自诉案件的自诉人及其法定代理人，附带民事诉讼的当事人及其法定代理人，有权随时委托诉讼代理人。人民检察院自收到移送审查起诉的案件材料之日起三日以内，应当告知被害人及其法定代理人或者其近亲属、附带民事诉讼的当事人及其法定代理人有权委托诉讼代理人。人民法院自受理自诉案件之日起三日以内，应当告知自诉人及其法定代理人、附带民事诉讼的当事人及其法定代理人有权委托诉讼代理人。”

第48条：“辩护律师对在执业活动中知悉的委托人的有关情况和信息，有权予以保密。……”

第49条：“辩护人、诉讼代理人认为公安机关、人民检察院、人民法院及其工作人员阻碍其依法行使诉讼权利的，有权向同级或者上一级人民检察院申诉或者控告。……”

第54条第1款：“人民法院、人民检察院和公安机关有权向有关单位和个人收集、调取证据。……”

第58条第2款：“当事人及其辩护人、诉讼代理人有权申请人民法院对以非法方法收集的证据依法予以排除。……”

第97条：“犯罪嫌疑人、被告人及其法定代理人、近亲属或者辩护人有权申请变更强制措施。……”

第99条：“……犯罪嫌疑人、被告人及其法定代理人、近亲属或者辩护人对于人民法院、人民检察院或者公安机关采取强制措施法定期限届满的，有权要求解除强制措施。”

第101条第1款：“被害人由于被告人的犯罪行为而遭受物质损失的，在刑事诉讼过程中，有权提起附带民事诉讼。被害人死亡或者丧失行为能力的，被害人的法定代理人、近亲属有权提起附带民事诉讼。”

第110条第2款：“被害人对侵犯其人身、财产权利的犯罪事实或者犯罪嫌疑人，有权向公安机关、人民检察院或者人民法院报案或者控告。”

第114条：“对于自诉案件，被害人有权向人民法院直接起诉。被害人死亡或者丧失行为能力的，被害人的法定代理人、近亲属有权向人民法院起诉。人民法院应当依法受理。”

第117条第1款：“当事人和辩护人、诉讼代理人、利害关系人对于司法机关及其工作人员有下列行为之一的，有权向该机关申诉或者控告：……”

第131条：“对于死因不明的尸体，公安机关有权决定解剖，并且通知死者家属到场。”

第155条第2款：“各级公安机关在自己管辖的地区以内，可以直接发布通缉令；超出自己管辖的地区，应当报请有权决定的上级机关发布。”

第190条第1款：“开庭的时候，审判长……告知当事人有权对合议庭组成人员、书记员、公诉人、鉴定人和翻译人员申请回避；告知被告人享有辩护权利。”

第197条第1款：“法庭审理过程中，当事人和辩护人、诉讼代理人有权申请通知新的证人到庭，调取新的物证，申请重新鉴定或者勘验。”

第209条：“人民检察院发现人民法院审理案件违反法律规定的诉讼程序，有权向人民法院提出纠正意见。”

第227条第1款：“被告人、自诉人和他们的法定代理人，不服地方各级人民法院第一审的判决、裁定，有权用书状或者口头向上一级人民法院上诉。……”

第229条：“被害人及其法定代理人不服地方各级人民法院第一审的判决的，自收到判决书后五日以内，有权请求人民检察院提出抗诉。……”

第254条第2款、第3款：“最高人民法院对各级人民法院已经发生法律效力的判决和裁定，上级人民法院对下级人民法院已经发生法律效力的判决和裁定，如果发现确有错误，有权提审或者指令下级人民法院再审。最高人民检察院对各级人民法院已经发生法律效力的判决和裁定，上级人民检察院对下级人民法院已经发生法律效力的判决和裁定，如果发现确有错误，有权按照审判监督程序向同级人民法院提出抗诉。”

第293条：“人民法院缺席审判案件，被告人有权委托辩护人，被告人的近亲属可以代为委托辩护人。……”

第294条第1款：“人民法院应当将判决书送达被告人及其近亲属、辩护人。被告人或者其近亲属不服判决的，有权向上一级人民法院上诉。……”

第295条第2款：“……交付执行刑罚前，人民法院应当告知罪犯有权对判决、裁定提出异议。罪犯对判决、裁定提出异议的，人民法院应当重新审理。”

第299条第2款：“……犯罪嫌疑人、被告人的近亲属和其他利害关系人有权申请参加诉讼，也可以委托诉讼代理人参加诉讼。”

第306条第2款：“被强制医疗的人及其近亲属有权申请解除强制医疗。”

我国《刑事诉讼法》共44次使用“权”这个单汉字名词记录法权现象，其中最值得注意的且有典范意义的是第3条第1款中的“权”：“对刑事案件的侦查、拘留、执行逮捕、预审，由公安机关负责。检察、批准逮捕、检察机关直接受理的案件的侦查、提起公诉，由人民检察院负责。审判由人民法院负责。除法律特别规定的以外，其他任何机关、团体和个人都无权行使这些权力。”其中最后一句中的“权”，是具代表性的法权，因为它的主体，同时是公共“机关”和“个人”，而前者的“权”是权力，后者的“权”是权利，权力和权利在此处展现为“权”这个法律实体。权不仅是法学实体而且是法律实体。这个汉语名词相对于西语名词的表意优势，在《刑事诉讼法》第3条中有了经典的展示，它是任何西语名词所无法取代的，西语若欲引进，只能另造新词。

（二）《民事诉讼法》“有权”话语对相应程序性法权的直接确认

《民事诉讼法》的“有权”话语直接确认的民事案件审判方面的程序性法权，同样分为程序性权力和程序性权利及它们的具体存在形式两部分。我国《民事诉讼法》中显现了28次“有权”话语，它们确认的都是民事诉讼程序性法权，具体确认内容如下：

第12条：“人民法院审理民事案件时，当事人有权进行辩论。”

第13条：“民事诉讼应当遵循诚信原则。当事人有权在法律规定的范围内处分自己的民事权利和诉讼权利。”

第14条：“人民检察院有权对民事诉讼实行法律监督。”

第39条第1款：“上级人民法院有权审理下级人民法院管辖的第一审民事案件；……”

第47条第1款、第2款：“审判人员有下列情形之一的，应当自行回避，当事人有权用口头或者书面方式申请他们回避：……审判人员接受当事人、诉讼代理人请客送礼，或者违反规定会见当事人、诉讼代理人的，当事人有权要求他们回避。”

第52条第1款：“当事人有权委托代理人，提出回避申请，收集、提供证据，进行辩论，请求调解，提起上诉，申请执行。”

第54条：“原告可以放弃或者变更诉讼请求。被告可以承认或者反驳诉讼请求，有权提起反诉。”

第59条第1款：“对当事人双方的诉讼标的，第三人认为有独立请求权的，有权提起诉讼。”

第64条：“代理诉讼的律师和其他诉讼代理人有权调查收集证据，可以查阅本案有关材料。……”

第70条第1款：“人民法院有权向有关单位和个人调查取证，有关单位和个人不得拒绝。”

第80条第1款：“鉴定人有权了解进行鉴定所需要的案件材料，必要时可以询问当事人、证人。”

第150条第2款：“法庭笔录应当当庭宣读，也可以告知当事人和其他诉讼参与人当庭或者在五日内阅读。当事人和其他诉讼参与人认为对自己的陈述记录有遗漏或者差错的，有权申请补正。……”

第171条：“当事人不服地方人民法院第一审判决的，有权在判决书送达之日起十五日内向上一级人民法院提起上诉。当事人不服地方人民法院第一审裁定的，有权在裁定书送达之日起十日内向上一级人民法院提起上诉。”

第207条："申请实现担保物权，由担保物权人以及其他有权请求实现担保物权的人依照民法典等法律，向担保财产所在地或者担保物权登记地基层人民法院提出。"

第209条第2款："最高人民法院对地方各级人民法院已经发生法律效力的判决、裁定、调解书，上级人民法院对下级人民法院已经发生法律效力的判决、裁定、调解书，发现确有错误的，有权提审或者指令下级人民法院再审。"

第233条："没有人申报的，人民法院应当根据申请人的申请，作出判决，宣告票据无效。判决应当公告，并通知支付人。自判决公告之日起，申请人有权向支付人请求支付。"

第242条："在执行中，被执行人向人民法院提供担保，并经申请执行人同意的，人民法院可以决定暂缓执行及暂缓执行的期限。被执行人逾期仍不履行的，人民法院有权执行被执行人的担保财产或者担保人的财产。"

第246条："人民检察院有权对民事执行活动实行法律监督。"

第253条："被执行人未按执行通知履行法律文书确定的义务，人民法院有权向有关单位查询被执行人的存款、债券、股票、基金份额等财产情况。人民法院有权根据不同情形扣押、冻结、划拨、变价被执行人的财产……人民法院决定扣押、冻结、划拨、变价财产，应当作出裁定，并发出协助执行通知书，有关单位必须办理。"

第254条第1款："被执行人未按执行通知履行法律文书确定的义务，人民法院有权扣留、提取被执行人应当履行义务部分的收入。但应当保留被执行人及其所扶养家属的生活必需费用。"

第255条第1款："被执行人未按执行通知履行法律文书确定的义务，人民法院有权查封、扣押、冻结、拍卖、变卖被执行人应当履行义务部分的财产。……"

第259条第1款："被执行人不履行法律文书确定的义务，并隐匿财产的，人民法院有权发出搜查令，对被执行人及其住所或者财产隐匿地进行搜查。"

第283条第1款："人民法院对在中华人民共和国领域内没有住所的当事人送达诉讼文书，可以采用下列方式：……（五）向受送达人在中华人民共和国领域内设立的独资企业、代表机构、分支机构或者有权接受送达的业务代办人送达；……"

第286条："在中华人民共和国领域内没有住所的当事人，不服第一审人民法院判决、裁定的，有权在判决书、裁定书送达之日起三十日内提起上诉。……"

《民事诉讼法》为保障某些"有权"中的"权"，还运用了"无权"话语：

第248条第2款："被申请人提出证据证明仲裁裁决有下列情形之一的，经人民法院组成合议庭审查核实，裁定不予执行：……（二）裁决的事项不属于仲裁协议的范围或者仲裁机构无权仲裁的；……"

第291条第1款："对中华人民共和国涉外仲裁机构作出的裁决，被申请人提出证据证明仲裁裁决有下列情形之一的，经人民法院组成合议庭审查核实，裁定不予执行：……

（四）裁决的事项不属于仲裁协议的范围或者仲裁机构无权仲裁的。”

以上条款中的“权”，都是以权利权力共同体的名义具体指称程序性权利或程序性权力。

（三）《行政诉讼法》“有权”话语直接确认的相应程序性法权

我国《行政诉讼法》是以只准“民告官”为特征，企求在行政法律关系中“更好地实现权力与权利的平衡”的程序法。① 现行《行政诉讼法》前后18次用“有权”话语直接确认行政诉讼案件办理过程中的程序性法权，有时具体表现为行政程序性权利，有时具体表现为行政程序性权力。它们的具体呈现方式如下：

第2条第1款：“公民、法人或者其他组织认为行政机关和行政机关工作人员的行政行为侵犯其合法权益，有权依照本法向人民法院提起诉讼。”

第10条：“当事人在行政诉讼中有权进行辩论。”

第11条：“人民检察院有权对行政诉讼实行法律监督。”

第24条第1款：“上级人民法院有权审理下级人民法院管辖的第一审行政案件。”

第25条第1～3款：“行政行为的相对人以及其他与行政行为有利害关系的公民、法人或者其他组织，有权提起诉讼。有权提起诉讼的公民死亡，其近亲属可以提起诉讼。有权提起诉讼的法人或者其他组织终止，承受其权利的法人或者其他组织可以提起诉讼。”

第29条第2款：“人民法院判决第三人承担义务或者减损第三人权益的，第三人有权依法提起上诉。”

第32条：“代理诉讼的律师，有权按照规定查阅、复制本案有关材料，有权向有关组织和公民调查，收集与本案有关的证据。对涉及国家秘密、商业秘密和个人隐私的材料，应当依照法律规定保密。当事人和其他诉讼代理人有权按照规定查阅、复制本案庭审材料，但涉及国家秘密、商业秘密和个人隐私的内容除外。”

第39条：“人民法院有权要求当事人提供或者补充证据。”

第40条：“人民法院有权向有关行政机关以及其他组织、公民调取证据。但是，不得为证明行政行为的合法性调取被告作出行政行为时未收集的证据。”

第55条第1款：“当事人认为审判人员与本案有利害关系或者有其他关系可能影响公正审判，有权申请审判人员回避。”

第85条：“当事人不服人民法院第一审判决的，有权在判决书送达之日起十五日内向上一级人民法院提起上诉。当事人不服人民法院第一审裁定的，有权在裁定书送达之日起十日内向上一级人民法院提起上诉。逾期不提起上诉的，人民法院的第一审判决或者裁定发生法律效力。”

---

① 参见《为了权利与权力的平衡——对话罗豪才》，载《中国法律评论》2014年第1期。

第92条第2款："最高人民法院对地方各级人民法院已经发生法律效力的判决、裁定，上级人民法院对下级人民法院已经发生法律效力的判决、裁定，发现有本法第九十一条规定情形之一，或者发现调解违反自愿原则或者调解书内容违法的，有权提审或者指令下级人民法院再审。"

第93条第3款："各级人民检察院对审判监督程序以外的其他审判程序中审判人员的违法行为，有权向同级人民法院提出检察建议。"

以上条款中的"权"，都是以权利权力共同体的名义，要么指称程序性权利权力共同体本身（如第10条"当事人在行政诉讼中有权进行辩论"中的"权"，就是行政诉讼程序性权利权力共同体本身），要么具体指称程序性权利或程序性权力。

五、结语

西语无疑有不少优点和比较优势，但相对于普通话和规范化汉字名词，它们在表述权现象进而法权现象这两个具体场合，却有与生俱来的功能性盲点，具体表现为名词缺失。西语本身没有指称权利权力剩余权三者统一体（或共同体）的、与权这个汉语名词对等的名词，所以，西语法学无法从其母国的法律体系中直接"看"到权、法权这两类复合型法现象，因而也不可能有与汉语的权、法权对等的概念或范畴。其中包含的逻辑是，因为不存在与权这个名词对等的名词，因而西语不可能将权区分为纳入法中之权（法权）和留在法外之权（剩余权）。所以，权、法权、剩余权都无法得到从客观现象抽象为概念进入法学思维的机会。笔者估计，西语和西语法学将长期无法消除这个盲点，除非西语世界及时以恰当的新造名词翻译引进"权"和"法权"。另外，应承认，能"看"到权、法权、剩余权，是汉语、汉语法学相对于西语、西语法学的局部比较优势。笔者加上"局部"二字，是要强调：既不要试图否认这个优势，也不要夸大这个优势。

另外，因同样用汉字构词，日语法学就其使用的名词来说，原本应该是可以"看"到"权"和"法权"的，而且确实将"權"作为名词使用了至少数百年，也曾运用过"法權"这个一度作为和制汉语现身的词形，[①] 但却始终没有形成有明确外延和确定的内容（或实质）的对应法学概念，不是像汉语实践法学这样的指称权利权力统一体或共同体的名词。但不能由此简单地认为这是日语法学落后了，因为，即使是在汉字的母国，权、法权、剩余权作为法学基本概念或基本范畴提出来讨论，也是最近二十余年来才发生的事情，而且相应的推广过程还处在现在进行时态。

权这个名词产生在东方，相对于西语在表述权利权力统一体（或共同体）方面有明显比较优势。它指称的事物（权利权力剩余权统一体）是客观的，在文明社会分解为进入法

① 参见磯谷幸次郎『法學通論』（日本法律學校編輯部，1896年）182－194頁。

中之法权（权利权力统一体或共同体）与留在法外之剩余权，这些也都是明显的事实。但是，人们为什么不承认或看不到权、法权呢？笔者认为，这恐怕不能都简单地归结为西语法学中心主义的影响，尽管这种影响毫无疑问是不小的。

权、法权、剩余权都是客观的法现象，把它们抽象为概念，对于汉语法学形成民族的、现代的和面向未来的法的一般理论，是艰巨基础工程的奠基环节。有了它们，特别是有了其中的法权，再加上汉语在历史上翻译引进、在普通话和现代规范化汉字中表现为权利、权力、义务、法律的四个名词，① 新时代需要的汉语法学一般理论就有了较坚实的学理基础。

在从事和完成以上研究活动的过程中，一项关键的工作是处理好与以现行全国高等政法院校通用《法理学》为代表的出版物中使用的和化的“权利”概念的关系问题。和化的“权利”概念的指称范围不限于各种权利，还包括各种公共权力。② 和化的“权利”原本只是19世纪末20世纪上半叶日语法学一度使用过的日本语，不是普通话和规范化汉语名词，③ 且即使是在日本，日语法学也已在整体上放弃这种“权利”达半个多世纪。但当代汉语法学包括全国高等法学院校通用《法理学》教科书在内的一部分出版物仍然沿用清末民初从日语法学传入的和化的“权利”，而且事实上将其放在核心范畴的地位。这种安排或选择，不仅不符合种种正常学理标准，也违反现行《国家通用语言文字法》。该法是“为推动国家通用语言文字的规范化、标准化及其健康发展，使国家通用语言文字在社会生活中更好地发挥作用，促进各民族、各地区经济文化交流，根据宪法，制定本法”（第1条）制定的，其中第3条、第5条分别规定：“国家推广普通话，推行规范汉字。”“国家通用语言文字的使用应当有利于维护国家主权和民族尊严，有利于国家统一和民族团结，有利于社会主义物质文明建设和精神文明建设。”第10条第1款要求：“学校及其他教育机构以普通话和规范汉字为基本的教育教学用语用字。法律另有规定的除外。”按照该法第11条的规定，如果有需要，外延包括各种公共权力的和化的“权利”一词也是可以用的，但“汉语文出版物中需要使用外国语言文字的，应当用国家通用语言文字作必要的注释”。但实际上，现有汉语法学教材和其他出版物使用和化的“权利”一词，均未见“用国家通用语言文字作必要的注释”的情况。

所以，即使仅仅从当今汉语法学教学和研究的现实需要看，基于我国法律体系和普通话、规范汉字名词，确认权、法权、剩余权这三个法学名词、概念，特别是确认其中的法权，对于汉语法学的正常发展来说是必须的，有紧迫性。这种必要性、紧迫性包括用汉语

① 中国古代只有法和律，没有法律，法律与法、律是很不同的东西；法律一词是从日语法学引进的。参见梁治平：《“礼法”还是“法律”?》，载《读书》1986年第9期。

② 参见《法理学》编写组编：《法理学》，人民出版社、高等教育出版社2020年版，第42、46、48、120、123页。

③ 参见童之伟：《“汉语权利”向“和化权利”的变异和回归》，载《学术界》2023年第10期。

普通话和规范汉字名词取代和化的“权利”。更何况，民族的、现代的和面向未来的汉语法学对于用汉语普通话和规范汉字名词呈现的核心范畴、基本范畴同样有紧迫的要求。确认我国法律体系对法权的直接记载，对以上紧迫要求是一种及时“供给”，因而理论和实践意义不可小觑。

宁波法政学堂的官公私三重身份考

——一个通商口岸法律教育的难言之隐

王　伟*

摘　要： 宁波法政学堂性质复杂，并非单纯的公立或者私立，而是存在由公变私的转化。宁波法政学堂成立时的性质是宁波府官立法政学堂，而非后人认为的私立法政学堂。但是宁波法政学堂这一官立身份并不稳固，不久就因为政府主导官员的变化而受到挑战、否定和质疑。中华民国成立后，为了规避政府对于私立法政学校的歧视性政策，宁波法政学堂的毕业生纷纷将学校填写为“公立”，这并非纯属投机取巧，而是事出有因，情有可原。民国政府疏于审查，将宁波法政学堂毕业生一律视为私立法政学堂毕业生，这种做法有欠公允。

关键词： 浙江　宁波　法政学堂　法律教育　学部档案

目　次

清末维新之后，法校如林。在众多新式法政学堂之中，宁波法政学堂极具特色。宁波法政学堂既不位于京师，也不位于省会，而是位于对外通商口岸——宁波。宁波法政学堂可谓引领近代法政教育风气之先。在开办时间上，宁波法政学堂早于学部允许各省开设法

* 复旦大学法学院教授，法学博士。

政学堂的规定，[①] 所以宁波法政学堂被很多人称为中国近代第一所或者第一批私立法政学堂。[②] 然而，这些“第一”之说只有论断而没有论据，缺乏足够的史料支撑。有关宁波法政学堂的研究成果极为罕见，目前只有两篇简短的文章，一篇是陈善颐1964年撰写的《宁波法政学堂、四明专门学校（1906—1914）》，仅1页。[③] 作者陈善颐是宁波人，毕业于北京汇文学校预科班，后入北京税务专门学校，曾在宁波海关工作过。[④] 陈善颐的祖父陈星庚曾经担任宁波法政学堂的实际管理人。另一篇是孙善根撰写的《清末宁波法政学堂的创办及其影响》，发表于2017年，[⑤] 除表格外也只有4页，其中关于宁波法政学堂的核心历史几乎全部重复陈善颐1964年撰写的文章，在史料发掘上没有实质性突破。一所被人们冠之以中国近代第一所或者第一批私立法政学堂的学校，其历史居然只见于这两篇短文，难道是学者们忽视了宁波法政学堂的重要性？显然并非如此，学者们一再重申宁波法政学堂的第一性、重要性，但就是缺乏宁波法政学堂的史料，所谓中国“第一所”“第一批”私立法政学堂的论断也无法得到足够的历史文献支撑。2021年李秀清教授对于私立浙江法政学堂的历史进行了全面深入的梳理和研究，同时与宁波法政学堂等作了比较，最后得出结论：浙江私立法政学校是名正言顺的“第一所”私立法政学校。[⑥] 李秀清教授的这篇文章更是增加了宁波法政学堂地位之谜。

宁波法政学堂（包括其继承者四明专门学校）只存在了短短的8年，距离现在已经超过100年，文献档案存世极少，这在客观上造成了研究宁波法政学堂的困难。笔者查询浙江省档案馆、宁波市档案馆、浙江省图书馆、宁波市图书馆、中国第一历史档案馆、中国第二历史档案馆，均未发现宁波法政学堂的专门档案，只在宁波市天一阁博物馆看到一本薄薄的《宁波法政学堂同学姓名录》，该同学录包含部分学生的名籍之类简略信息。幸运的是，在我国台湾地区馆藏档案中发现宁波法政学堂（及其继承者四明专门学校）的档案史料，包括晚清学部时期形成的宁波法政学堂档案和北洋政府教育部时期四明专门学校档案各一卷，虽然数量不多，但已经是迄今为止见到的宁波法政学堂的唯一一批专门档案。

---

① 参见《学部通行各省御史乔树枏奏请各省添设法政学堂文》（光绪三十二年五月十六日），载朱有瓛主编：《中国近代学制史料》（第2辑下册），华东师范大学出版社1989年版，第475-476页。

② 参见孙善根：《清末宁波法政学堂的创办及其影响》，载《振衣千仞：四明文录·〈鄞州文史〉精选（文化卷）》，宁波出版社2017年版，第731-737页；宋方青：《清末浙江私立法政学堂的兴办》，载《厦门大学学报（哲学社会科学版）》1993年法学专号。

③ 参见陈善颐：《宁波法政学堂、四明专门学校（1906—1914）》（1964年8月31日写于宁波），载《宁波市校史集》，宁波市教育委员会编印1989年版，第46-47页。

④ 参见陈善颐：《北京汇文学校回忆》，载中国人民政治协商会议全国委员会文史资料委员会编：《文史资料存稿选编·教育》，中国文史出版社2002年版，第432-441页。

⑤ 参见孙善根：《清末宁波法政学堂的创办及其影响》，载宁波市鄞州区政协文史资料委员会编：《振衣千仞：四明文录·〈鄞州文史〉精选（文化卷）》，宁波出版社2017年版，第731-737页。

⑥ 参见李秀清：《中国私立法政学校之嚆矢——浙江私立法政学校创建考论》，载《法商研究》2021年第1期。

实际上，根据1913年浙江省民政长官的调查，宁波法政学堂及其继承者四明专门学校的内部档案在当时就已经所剩无几："原报名册经光复变乱，荡然无存，前学部案卷又仅有宣统元年一览表可以资为根据。宣统元年以后一览表，该'两校'并未报部。"① 所以，这两卷档案应该就是清末学部和民国初期教育部保存的那两卷档案，能留到今天，可谓幸存。本文在这两卷档案的基础上，结合其他史料文献，对宁波法政学堂进行全方位研究，核心就是考证困扰学界已久的宁波法政学堂身份之谜。

一、宁波法政学堂的开办与立案

宁波人兴办新式学堂的热情始于1904年前后，当时有一位犹太人"费培德"拟在宁波兴建学堂，宁波当地报纸登载了这件事，"费培德是外国人，尚且要开学堂教我们宁波人，我们宁波人更应该开个学堂教我们同乡。"② 宁波知府喻兆蕃（喻庶三，1862—1920）本来就主张兴办新学，③ 与宁波当时的兴学舆论不谋而合。

光绪三十一年（1905年）九月间，喻兆蕃根据宁波郡绅童德厚等人的申请，将孝廉堂改成法政学堂。

光绪三十二年（1906年）四月，宁波法政学堂公示招考学生。④

光绪三十二年闰四月初二日，宁波法政学堂举行入学考试，"投考学生三十余名"⑤。

光绪三十二年五月初九日（1906年6月30日），宁波法政学堂开学。⑥

在清末法政学堂中，宁波法政学堂的开学时间名列前茅，甚至比京师法律学堂、京师法政学堂的开学日期还要早，⑦ 这与当时中央的兴学政策和宁波地方的兴学风气有关，与地方官员和宁波乡绅的共同支持有关。宁波郡绅童德厚，字瑞麟，浙江宁波鄞县人，同治

---

① 《浙江民政长咨件》（民国二年十二月十三日），载《教育部平档省立四明法政学校》，我国台湾地区史料馆藏，数位典藏号019－020201－0039。

② 《学堂将开》，载《宁波白话报》1904年第5期。

③ 《观察使者萍乡喻公（兆蕃）去思碑记》（光绪三十四年仲秋月镇海刘崇照撰）记载："往者朝廷诏行新政，公适守宁波，以为学堂者育才之渊薮，安攘之道必此焉。先乃建精舍数所以为倡，郡人翕然以应，吾北乡各学堂亦以此而立。"参见中华喻氏族史研究会编：《中华喻氏通谱》（第2部上册），巴蜀书社2012年版，第238页。喻兆蕃与江西同乡陈三立是同年进士，后喻兆蕃之女俞婉芬嫁给陈三立次子陈隆恪。参见马卫中、董俊珏：《陈三立年谱》，苏州大学出版社2010年版，第390页。

④ 参见《法政学堂将次开校》，载《申报》光绪三十二年四月初四日（1906年4月27日）。

⑤ 《考试法政学生题》，载《申报》光绪三十二年闰四月初六日（1906年5月28日）。

⑥ 参见《法政学堂开学》，载《时报》丙午（1906年）五月十一日。

⑦ 京师法律学堂于1906年9月正式开学，而京师法政学堂于1907年才设立。参见熊达云：《松冈义正与京师法律学堂的民法学教育》，载李卓主编：《南开日本研究（2014）》，天津人民出版社2014年版，第110页；李闯：《清末京师法律学堂创办始末》，载《北京档案》2020年第5期；吴朋寿：《京师法律学堂与京师法政学堂》，载中国人民政治协商会议全国委员会文史资料研究委员会编：《文史资料选辑》（第142辑），中国文史出版社2000年版，第167页。

六年（1867 年）举人，曾任刑部郎中、度支部郎中，热心教育，担任过宁波府中学堂总董。[①] 根据曾经担任宁波法政学堂干事（后为学监）的孙表卿（1870—1967）回忆，宁波法政学堂的规则章程由陈季衡拟定。陈季衡（1877—1928）即陈时夏，浙江鄞县人，曾经参加辛亥革命，[②] 他早年留学日本，因此宁波法政学堂的课程设置基本上模仿日本，开设有政治、法律、经济、史地等课程。[③]

立案是开办学堂的重要手续，是指在政府的登记在案。立案即立身，无立案则无合法身份，有立案则有合法身份。立案并非民国时期才引进的教育行政管理手段，立案也并非仅仅针对官立学校的手段，无论是官立学校还是私立学校都需要立案。清末就已经开始用立案手段管理官、私学堂。1905 年清政府设学部，根据学部官制，学部管理全国教育学艺事务，学部下设四个司：专门司、普通司、实业司、图书司，其中专门司核办大学堂、高等学堂以及政法等专门学堂。[④] 对于近现代学校来说，取得合法身份是指获得政府的立案，取得合法身份的日期是其在政府教育行政主管机关立案的日期。学校合法身份的判断标志首推立案，只有在政府立案才是学校合法化的标志。

宁波法政学堂 1906 年开办时并没有立即向学部申请立案。按照三年学制，该校第一批学生定于光绪三十四年（1908 年）年底毕业。为了学生的利益，也为了宁波法政学堂的合法身份，光绪三十四年年初，宁波法政学堂通过宁波知府夏孙桐（接任喻兆蕃）、浙江提学使支恒荣、浙江巡抚冯汝骙逐级上报，向朝廷提出请求——奖励毕业生出身并给学堂立案。这就是《浙江巡抚冯汝骙为宁波府法政学堂学生毕业请援案给奖事奏折》（以下简称《第一次请奖折》）的来由，[⑤] 该奏折的时间在光绪三十四年三月十六日（1908 年 4 月 16 日）。

《第一次请奖折》的核心是两个申请：（1）奖励宁波法政学堂毕业生出身；（2）给宁波法政学堂立案。对于宁波法政学堂这两项请求，浙江巡抚冯汝骙提出的方案是：第一，暂时不给毕业生奖励出身；第二，先行立案。[⑥]

对于宁波法政学堂请奖立案之事，朝廷没有立即批准，而是要求“学部”先行提出意见。[⑦] 光绪三十四年四月十六日（1908 年 5 月 15 日），学部对宁波法政学堂申请给奖立案

---

① 参见《府中学堂请拨经费》（1907 年 8 月 29 日），载宁波市档案馆编：《〈申报〉宁波史料集》，宁波出版社 2013 年版，第 1713 页；徐雁平：《清代东南书院与学术及文学》，安徽教育出版社 2007 年版，第 553 页。

② 参见李蓉芳：《辛亥革命志士陈季衡》，载宁波市鄞州区政协文史资料委员会编：《风范千秋：三江文存·〈鄞州文史〉精选（人物卷）》，宁波出版社 2012 年版，第 339－343 页。

③ 参见乐承耀：《宁波与辛亥革命》，宁波出版社 2011 年版，第 32 页。

④ 参见《学部官制草案》（1906 年），载陈元晖主编：《中国近代教育史资料汇编·教育行政机构及教育团体》，上海教育出版社 2007 年版，第 17－18 页。

⑤ 参见《第一次请奖折》，载《政治官报》光绪三十四年三月十八日（1908 年 4 月 18 日）第 169 号。

⑥ 参见《第一次请奖折》，载《政治官报》光绪三十四年三月十八日（1908 年 4 月 18 日）第 169 号。

⑦ 参见《第一次请奖折》，载《政治官报》光绪三十四年三月十八日（1908 年 4 月 18 日）第 169 号。

一事给出意见，详见《学部奏议覆浙江巡抚冯汝骙奏宁波府法政学堂毕业奖励折》（以下简称《第一次请奖折学部奏议》）：①

该堂（指宁波法政学堂）既系三年毕业，与京师法政学堂别科办法相似，惟从前未经浙江巡抚咨报有案，其学科课程、学生程度无从悬揣，行知浙江巡抚将该学堂详细办法先行报部，将来毕业时仍将教员、讲义、学生、试卷送部考核，如果学堂章程、学生程度皆与京师法政学堂别科程度相符，将来方可准照京师法政学堂别科，一律给奖。②

学部的意见与浙江当局的意见基本相似，宁波法政学堂的待遇分两步走：先报学部立案，立案之后再决定是否给毕业生奖励。光绪三十四年四月十六日（1908 年 5 月 15 日），接到学部的意见后，最高当局批准了宁波法政学堂先立案再请奖的方案。③ 宁波法政学堂随即在学部立案。④

二、宁波法政学堂成立时的性质

学堂财产与经费来源是决定学堂官立、私立性质的主要因素。根据清末制度，学校性质分官立、公立、私立三种，由官筹费设立者，名为官立；由地方绅富捐集公款设立者，名为公立；由一人出资设立者，名为私立。⑤ 相应地，清末法政学堂也分为官立法政学堂、公立法政学堂、私立法政学堂三类。⑥ 宁波法政学堂成立时的财产与经费从何而来，是确定宁波法政学堂性质的关键因素。

宁波法政学堂的校舍是宁波孝廉堂。宁波一地，人才荟萃，举人众多，宁波孝廉堂是宁波官方专为宁波举人而设，是清末宁波举人的会文之所，⑦ 每月由宁波知府主持月课，每人写八股文一篇、八韵诗一首，第一名奖励制钱 6000 文，依次递减，至第三十名为 2000

① 参见《学部奏议覆浙江巡抚冯汝骙奏宁波府法政学堂毕业奖励折》，载《政治官报》光绪三十四年四月二十六日（1908 年 5 月 25 日）第 206 号。

② 《第一次请奖折学部奏议》，载《政治官报》光绪三十四年四月二十六日（1908 年 5 月 25 日）第 206 号。《学部奏议覆浙江巡抚冯汝骙奏宁波府法政学堂毕业奖励折》在《学部官报》（1908 年 5 月 20 日，第 54 期）中被称为《请覆宁波府法政学堂不得援引仕学馆章程请奖折》，奏折名称不同，但内容完全相同。

③ 参见《第一次请奖折学部奏议》，载《政治官报》光绪三十四年四月二十六日（1908 年 5 月 25 日）第 206 号。

④ 参见《学部奏覆核浙江省宁波法政别科毕业试卷循章请奖折》，载《政治官报》宣统元年十二月二十一日（1910 年 1 月 31 日）第 815 号（“宁波法政学堂于光绪三十二年二月设立，原拟照仕学馆章程办理，上年经臣部奏准，饬令遵章改为别科三年毕业，业经咨行遵办在案。”）。

⑤ 参见《奉部饬准教育部咨根据法令将官立、公立、私立学校性质详为解释一体遵办具报》，江苏财政厅、清理江苏官产处饬第 341 号（1915 年 11 月 28 日），载《江苏省公报》1915 年第 714 期。

⑥ 参见《学部通咨各省饬令各官立、公立、私立法政学堂应延聘专门毕业人员充当教员缘由文》，载《内阁官报》1911 年第 20 期。

⑦ 参见魏伯祯：《辛亥革命宁波光复亲历记》，载上海市政协文史资料委员会编：《上海文史资料存稿汇编（政治军事）》，上海古籍出版社 2001 年版，第 260 页。

文，三十名以下每人奖励1000文。“这种待遇为宁波所独有。”[①] 宁波孝廉堂改建为宁波法政学堂之后，宁波府拨付给孝廉堂的经费改为拨付给宁波法政学堂，这是宁波法政学堂的主要经费来源。

除了宁波府拨付的专款之外，宁波法政学堂的经费还有两个官方来源：一是宁波府辖各县提供的协款，二是浙江省财政给予宁波法政学堂的补助。[②]

根据陈善颐的文章，宁波法政学堂的学生全免学费，学校只向每位学生收取“入学费”2元、每学期膳费15元、讲义费3元、杂费2元。[③] 毫无疑问，全免学费是官立学堂的重要标志。

1908年允许宁波法政学堂立案的学部意见没有提到宁波法政学堂的官立或者私立身份。浙江巡抚冯汝骙在给朝廷的《第一次请奖折》中也只是模糊地提到支持宁波法政学堂立案的理由：“今宁郡法政学堂开办较早，查核学生资格、学科程度、毕业年限均与京师仕学馆及法律学堂情形无异。”[④] 学部也没有追问宁波法政学堂的性质，但认为宁波法政学堂与京师法律学堂的三年制别科“相似”。[⑤] 京师法律学堂则是地道的官立法政学堂。

早在宁波法政学堂开办之前，光绪二十九年十一月二十六日（1904年1月13日）《奏定学务纲要》第16条规定：“私学堂禁专习政治法律。近来少年躁妄之徒，凡有妄谈民权自由种种悖谬者，皆由并不知西学、西政为何事，亦并未多见西书……盖科学皆有实艺，政法易涉空谈……此次章程，除京师大学堂、各省城官设之高等学堂外，余均宜注重普通实业两途。其私设学堂，概不准讲习政治、法律专科，以防空谈妄论之流弊。”[⑥] 也就是说，从1904年开始，清政府明令禁止设立私立法政学堂。宁波法政学堂开办于1906年，《奏定学务纲要》禁止私立学堂专习法政的规定仍然有效。即使到1908年宁波法政学堂取得学部立案时，禁止私立学堂专习法政的规定依然有效。宁波法政学堂在开办之时和立案之时在法律上不可能是一所私立法政学堂。

宁波知府、浙江提学使、浙江巡抚对于宁波法政学堂的立案不遗余力，申请文件中的遣词造句中处处显示宁波法政学堂的“官方”色彩。仔细对照《第一次请奖折》（光绪三十四年三月十六日）与《第一次请奖折学部奏议》（光绪三十四年四月十六日），可以发现

① 魏炯：《回忆宁波的光复》，载中国人民政治协商会议宁波市暨各县（市）区文史资料委员会合编：《宁波文史资料》（第11辑），宁波市政协文史委编印1991年版，第35页。

② 《宁波法政学堂扩充费在厘饷局于善举项下支给》，参见商丽浩：《政府与社会：近代公共教育经费配置研究》，河北教育出版社2001年版，第205页。

③ 参见陈善颐：《四明专门学校（1906—1914）》（1964年8月31日写于宁波），载宁波市教育委员会编：《宁波市校史集》，宁波市教育委员会编印1989年版，第46页。

④ 《浙江巡抚冯汝骙奏宁波府法政学堂将届毕业请奖立案折》（光绪三十四年三月十八日），载《政治官报》1908年第169号。

⑤ 参见《学部奏议覆浙江巡抚冯汝骙奏宁波府法政学堂毕业奖励折》，载《政治官报》光绪三十四年四月二十六日（1908年5月25日）第206号。

⑥ 璩鑫圭、唐良炎编：《中国近代教育史资料汇编·学制演变》，上海教育出版社1991年版，第497页。

一个共同点：这两个奏折都没有提及宁波法政学堂是一所私立学堂。从学部意见中看，学部也根本没有审查宁波法政学堂的身份是官立还是私立，仅关心其办学程度是否类似于京师法律学堂的别科水平。即使在立案之后的《学部奏覆核浙江省宁波法政别科毕业试卷循章请奖折》（以下简称《第二次请奖折学部奏覆》，宣统元年十二月初十日批）中，也没有出现任何显示或者暗示宁波法政学堂属于私立学校的词语。在1906年宁波法政学堂开办之时的报道中也从来没有提及这是一所私立法政学堂，例如，《时报》如此报道宁波法政学堂的开学：

> 甬郡孝廉堂前由府尊喻庶三太守禀准上宪，改作法政学堂，招考录取学生送堂肄业，一切章程规模业由府尊布置周妥，定于本月初九日行开学礼，各处学堂学生均往参观，颇行热闹。①

我国台湾地区史料馆藏的宁波法政学堂学部档案揭示，宁波法政学堂在开办时是一所官方设立的法政学堂，而这里的所谓“官方”不是浙江省府，而是宁波郡府。此档案为目前仅见的宁波法政学堂全宗档案。②

《宁波法政学堂毕业生档案》包括宁波法政学堂及浙江省递交给学部的申请书、毕业生名单等重要文件。其第一份文件是宣统元年（1909年）十二月的《学部奏覆核浙江省宁波法政别科毕业试卷循章请奖折》（《第二次请奖折学部奏覆》）原稿。相比刊登在《政治官报》上的奏折，《宁波法政学堂毕业生档案》的内容更为丰富，增加了《政治官报》没有登载的重要文件，如宣统元年二月三十日浙江巡抚增韫为宁波法政学堂毕业生咨请给奖折（以下简称《第二次请奖折》）。

《第二次请奖折》由浙江提学使支恒荣汇报给时任浙江巡抚增韫，再由增韫提交给学部。《第二次请奖折》透露的重要信息如下：

浙江提学使支恒荣复查后认定：

> 宁波法政学堂于光绪三十一年由前州府喻守禀准设立，由孝廉堂改办，入学资格限以举贡生员及师范中学之毕业生，程度既高，课程亦甚完密。惟尚在未奉法政学科定章之先，是以课程不免参差……此次毕业派员会同考试，尚皆合格，自应照章准予毕业给奖。③

给予宁波法政学堂本次毕业生的奖励包括八品录事、九品录事、书记官分部补用不等，即宁波法政学堂毕业生取得官方认可的相应官阶。

---

① 《法政学堂开学》，载《时报》丙午（1906年）五月十一日。

② 参见《宁波法政学堂民前五至三学年度毕业生》（以下简称《宁波法政学堂毕业生档案》），我国台湾地区史料馆藏，数位典藏号019－010103－0008。

③ 《咨请奖给事》（宣统元年二月三十日），载《宁波法政学堂民前五至三学年度毕业生》，我国台湾地区史料馆藏，数位典藏号019－010103－0008。

《宁波法政学堂毕业生档案》里面有一份重要文件——《浙江宁波府法政学堂呈送毕业生履历各科分数册》，里面有每一位毕业生的履历和分数，起首句均为“宁波府立法政学堂谨将本学堂三年科本年毕业学生×××履历、年岁、籍贯、三代及历期历年考试总平均分数……造册呈送”等字样。在这份文件中，宁波法政学堂的性质就包含在其名称之中——“宁波府立法政学堂”，即宁波法政学堂是一所由宁波地方政府设立的法政学堂，言下之意，宁波法政学堂自然应属官府所立。

《宁波法政学堂毕业生档案》还包括另外一份重要文件——《宁波法政学堂毕业生履历分数、请假旷课册》，每一位学生履历分数页的起首句均为“浙江省宁波府官立法政学堂谨将本学堂别科本年毕业学生×××履历、年岁、籍贯、三代及到堂年月、历期历年考试总平均分数……造册呈送”等字样。在这份正式文件中，宁波法政学堂的名称是“浙江省宁波府官立法政学堂”，“官立”二字豁然已经出现在呈送给政府的官方文件之中。值得注意的是，官方并未质疑宁波法政学堂以“宁波府立法政学堂”“浙江省宁波府官立法政学堂”名义呈送上来的造册文件，反而批准给予毕业生奖励的请求。这至少说明，无论是宁波府、浙江提学司、浙江省府、学部等，在看到“宁波府立”“浙江省宁波府官立”字样时，均未表示异议。由此可以断定，宁波法政学堂从1905年创立到1908年立案前后，均被视为一所宁波府设立的官立法政学堂。清政府直到1909年才对禁止私立学堂专习法政的法律有所松动，直到1910年才正式允许私立学堂专习法政。在1909年之前，没有私立法政学堂的生存空间和先例。例如，1907年年初，绍兴郡绅士陶心云提议筹集资金设立绍兴法政学堂，时任浙江巡抚张曾敭（张筱帅）明确反对，理由就是：拟议中的绍兴法政学堂属于私立法政学堂，而《奏定学务纲要》明文规定私立学堂禁止专习法政。① 对此，绍兴法政学堂的倡议人并未提出宁波法政学堂的例子作为支持开办的理由，可见宁波法政学堂在当时并非私立法政学堂。直到1910年1—2月（宣统元年十二月），绍兴法政学堂才借助学部1909年6—7月（宣统元年五月）允许开办“贵州民立法政别科”的机会得以成功立案。② 绍兴法政学堂与“贵州民立法政别科”一道成为中国最早成立的一批私立法政学堂。

经笔者考证，这所“贵州民立法政别科”其实就是西南法政学堂（又称贵州公立法政学堂），其作为民立（私立）学堂能在1909年得以立案殊为难得。在筹建西南法政学堂时，因为其私立法政学堂性质，违反清政府有关私立学堂不得专习法政的禁令，贵州提学司不予呈请立案，学堂“备遭留难”。③ 直到贺国昌担任贵州提学使，才终于将西南法政学

---

① 参见《浙抚批驳设立法政学堂》，载《申报》光绪三十二年十二月十四日（1907年1月27日）。

② 《私立绍兴法政学堂的立案经过》，载《私立绍兴法政学堂立案卷》，我国台湾地区史料馆藏，数位典藏号019－000000915A。关于贵州民立法政别科的立案，参见《黔人举定第三次请愿代表》，载《申报》1909年8月16日，第3版。

③ 参见贵州省地方志编纂委员会编：《贵州省志·教育志》，贵州人民出版社1990年版，第302页。

堂咨部立案，[①] 立案时间在宣统元年五月。[②] 西南法政学堂的正式名称是“公立西南法政学堂”，其名称中的“公立”，是指该校发起方并非个人而是民间机构——贵州自治学社。按照清末的学堂分类，民间机构发起成立的学堂可以称为“公立”，但实际上是私立。从目前可以得到的史料来看，1909 年在贵州成立的西南法政学堂堪称中国第一所私立法政学堂。

在西南法政学堂、绍兴法政学堂这两所私立法政学堂获得立案特批之前的 1908 年，直隶保定府公共团体集资拟设“直隶公立法政学堂”（又称保定公立法政学堂），以公立学堂的名义刊登招生广告，考生报名日期为当年（光绪三十四年）八月十六日起至二十日止，[③] 后又延长五天，[④] 入学考试日期是当年九月三日。[⑤] 直隶公立法政学堂采用先招生开学、后申请立案的方式，[⑥] 企图通过既成事实以促使立案，希望以“公立”学堂的名义规避清政府禁止私立学堂专习法政的规定。直隶公立法政学堂的发起人应付上面的提法就是：“公立法政学堂自与私习有间”，[⑦] 可惜这一障眼法最后被政府识破，不但不予立案，反而勒令该学堂停止招生，改为法政讲习所。[⑧] 假如直隶公立法政学堂当时蒙混过关成功立案，或将成为中国历史上第一所私立法政学堂。

三、宁波法政学堂的校长、教师、学生与课程

（一）校长

清末学堂没有校长一职，学堂最高负责人的头衔是“监督”。宁波法政学堂的监督是谁？现有的研究成果存在不同描述。

根据陈善颐的文章，宁波法政学堂的监督（校长）由知府延聘，月修 50 元，宁波法政学堂的负责人分别是孙振麒、陈星庚、张寿镛（约 1911 年担任宁波法政学堂监督）、沈祚延。[⑨] 然而，1910 年后担任宁波法政学堂教习的魏伯祯（1877—1975）回忆：“这个学堂，并无校长，只有监督名称，由宁波知府兼任。堂中设监学一人，总管一切。监学与教员都是举人。”[⑩] 魏伯祯的回忆得到毛翼虎、洪可尧的佐证，宁波法政学堂“负责人就由喻兆蕃

---

① 参见冯祖贻、曹维琼、敖以深主编：《辛亥革命——贵州事典》，贵州人民出版社 2011 年版，第 126 页。

② 参见贵州市地方志编纂委员会编著：《贵阳通史：远古至清末的贵阳》（上卷），贵州人民出版社 2011 年版，第 276 – 277 页。

③ 参见《保定公立法政学堂招生广告》，载《北洋官报》1908 年第 1840 册，第 8 页。

④ 参见《保定公立法政学堂续招新生广告》，载《北洋官报》1908 年第 1845 册，第 9 页。

⑤ 参见《保定公立法政学堂广告》，载《北洋官报》1908 年第 1850 册，第 9 页。

⑥ 参见《直隶公立法政学堂示》，载《北洋官报》1908 年第 1899 册，第 9 页。

⑦ 《直隶公立法政学堂示》，载《北洋官报》1908 年第 1899 册，第 9 页。

⑧ 参见《直隶公立法政学堂公启》，载《北洋官报》1909 年第 2009 册，第 9 页。

⑨ 参见陈善颐：《四明专门学校（1906—1914）》，载宁波市教育委员会编：《宁波市校史集》，宁波市教育委员会编印 1989 年版，第 46 页。

⑩ 魏伯祯：《辛亥革命宁波光复亲历记》，载上海市政协文史资料委员会编：《上海文史资料存稿汇编（政治军事）》，上海古籍出版社 2001 年版，第 260 页。

自己领衔，举人孙表卿为干事，负实际责任”①。

笔者查阅宁波市天一阁博物馆馆藏图书《宁波法政学堂同学姓名录》（光绪三十四年戊申冬付印，馆藏号：朱续0083），其首页记载了宁波法政学堂三位监督，分别是喻兆蕃、文绅、夏孙桐，他们的具体身份如下：（1）二品顶戴署浙江布政使司宁绍台兵备道前宁波府知府、监督喻兆蕃，庶三，籍贯江西萍乡县；（2）赏戴花翎二品衔宁波府知府、前监督文绅，籍贯汉军正白旗；（3）赏戴花翎湖州府知府调署宁波府知府、监督夏孙桐，籍贯江苏江阴。

此外，根据浙江巡抚冯汝骙的《第一次请奖折》，宁波法政学堂“由该府（指宁波府）督率开办”“该府学训导孙树义为代理监督”。② 孙树义的正式头衔是“六品衔大计卓异宁波府学训导提调”，浦三，籍贯浙江余杭。③

在监督（及代理监督）之下，宁波法政学堂实际管理人是“监学”。宁波法政学堂第一任监学是拣选知县主干事兼监学孙振麒（孙表卿，1870—1967），籍贯浙江奉化。

综合上述史料，笔者认为，宁波法政学堂的监督（名义上的校长）就是宁波知府，而实际管理人则是监学。陈善颐的文章将监学误以为监督。宁波法政学堂的实际管理人孙振麒、陈星庚、张寿镛、沈祚延均只是该学堂监学，而非监督。

（二）教师

根据天一阁博物馆馆藏图书《宁波法政学堂同学姓名录》（馆藏号：朱续0083），（叶一），在光绪三十四年，宁波法政学堂教习包括：

平原贞治，日本大阪府人，日本法学士，教习；

贺绍章，契先，浙江镇海县，举人，日本法政大学法政科毕业生，教习；

陈士达，仲泉，浙江慈溪县人，日本经纬学校毕业生通译兼日文教习；

陈彰寿，仲文，浙江石门（崇德）县，花翎五品衔候补通判日本法政大学法政科毕业生，教习；

徐令誉，之生，浙江仁和县，廪生，日本法政大学法政科毕业生，教习；

费廷璜，玉如，江苏长洲县，廪生，日本法政大学法政科毕业生，教习；

张慰祖，江苏吴江县，优贡生，日本法政大学法政科毕业生，教习；

张敬胜，吉常，浙江山阴县，大清律教习；

章述洨，许泉，浙江鄞县，增生，日本法政大学政治科毕业生，教习。

在上述9位教师中，有几位颇值一提。

---

① 毛翼虎、洪可尧：《宁波辛亥革命人物范贤方》，载《宁波文史资料》（第4辑），中国人民政治协商会议宁波市委员会文史资料研究委员会编印1986年版，第28页。

② 《第一次请奖折》（光绪三十四年三月十八日），载《政治官报》1908年第169号。

③ 参见《宁波法政学堂同学姓名录》，光绪三十四年戊申冬印。

章述洨（1870—1915），字许泉，浙江鄞县人，宁波末代状元章鋆之侄（一作章鋆四子）。张述洨的父亲章鏊是举人。庚子事变后赴日留学，与同乡范贤方入日本法政大学政法速成科。回国后在宁波法政学堂担任教习，宁波府教育会副会长。辛亥革命时与魏炯、范贤方等人共同维持宁波的局势。民国初年担任临时省议员，“浙省单行法多其超创”，后担任永嘉地方审判厅民庭推事长，“生平敢于任事，未尝以难推辞”①。

陈彰寿，字仲文，浙江石门（崇德）人，日本法政大学毕业。曾任江苏法政宣讲所教员，宁波法政学堂教员，奉天提法使总务科员，京师地方审判厅推事，甘肃高等审判厅厅长，山西高等审判厅厅长，大理院推事等。②

此外，魏炯（1878—1975），字伯桢，浙江鄞县人。早年留学日本，专攻监狱法。1910年任宁波法政学堂教习，③ 辛亥革命期间担任宁波民团总局总办，民国后担任四明专门学校教习，宁波证券物品交易所理事长，浙江省政治会议委员兼司法厅长。民国二年（1913年）十二月五日加入浙江鄞县律师公会。④

此外，留日学生范贤方也曾担任宁波法政学堂教习。范贤方（1877—1917），字仰乔，浙江鄞县人，“状貌魁伟，性情豪爽”，1906年入宁波法政学堂学习，同年由喻兆蕃以公费保举留学日本法政大学法政速成科，1908年回国，任浙江巡警道兼洋务总办王丰镐的秘书，1909年担任宁波法政学堂教习。辛亥革命期间与魏炯、章述洨等人主持宁波局势，“整理秩序，一尘不惊，而全郡光复矣”⑤。

由此可见，宁波法政学堂教员多有留日法政速成的背景，其中魏炯、范贤方、章述洨三人是辛亥革命时期宁波的革命党领导人。⑥

（三）学生

宁波法政学堂1906年招收的第一批学生不属于五年制正科，而属于三年制别科，此第一批学生被称为甲班，共计36人，在光绪三十四年冬季毕业（约1908年年底或1909年年初）。

---

① 洪可尧主编：《四明书画家传》，宁波出版社2005年版，第312页。章述洨多被误作为章述汶。

② 参见日本政法大学大学史资料委员会编：《清国留学生法政速成科纪事》，裴敬伟译，广西师范大学出版社2015年版，第185－186页。

③ 参见魏炯：《回忆宁波的光复》，载中国人民政治协商会议宁波市暨各县（市）区文史资料委员会合编：《宁波文史资料》（第11辑），宁波市政协文史委编印1991年版，第29页。

④ 参见《浙江鄞县地方审判庭区域内行使职务律师履历表》，载《鄞县律师公会职员履历表》，宁波市档案馆，旧13－1－38。

⑤ 范贤方：《宁波光复记》，载宁波市政协文史委员会编：《辛亥革命宁波史料选辑》，宁波出版社2011年版，第24－27页；毛翼虎、洪可尧：《宁波辛亥革命人物范贤方》，载《宁波文史资料》（第4辑），中国人民政治协商会议宁波市委员会文史资料研究委员会编印1986年版，第27－30页；浙江省政协文史资料委员会编：《辛亥革命浙江人物谱》，浙江人民出版社2011年版，第171－172页。

⑥ 参见魏炯：《回忆宁波的光复》，载中国人民政治协商会议宁波市暨各县（市）区文史资料委员会合编：《宁波文史资料》（第11辑），宁波市政协文史委编印1991年版，第29－45页。

笔者综合天一阁博物馆馆藏图书《宁波法政学堂同学姓名录》（光绪三十四年戊申冬月付印，馆藏号：朱续0083）与我国台湾地区史料馆藏《宁波法政学堂毕业生档案》中的《毕业生履历分数册》，分别编制“宁波法政学堂第一届毕业生名单”（见表1）、“宁波法政学堂第二届毕业生名单”（见表2）。

表1　宁波法政学堂第一届毕业生名单

姓名	号	年龄	籍贯	出身
王序宾	箓轩	36	浙江宁波府奉化县连山乡小万竹人	癸卯举人拣选知县
张　恺	梅嶺	32	浙江宁波府鄞县城内人	癸卯举人拣选知县
李宗鑑	伯琪	29	浙江宁波府奉化县松林乡下	附生
虞锡晋	桐侯	25	浙江宁波府慈溪县北唐荔桥人	附生
董良史	晋卿	30	浙江宁波府鄞县城内人	附生
钱玉麒	增龄	23	浙江宁波府鄞县西门外新河塘人	附生
余名琮	隆之	19	浙江宁波府镇海县人	附生
洪绍祖	之彝	28	浙江宁波府慈溪县石孔潭人	附生
张鹏霄	劼庄	32	江西袁州府萍乡县北路芝馥山人	附生（一作优增生）
胡学炎	肖谢	24	浙江宁波府奉化县松林乡	附生
孙云澄	同升	29	浙江宁波府奉化县萧王庙人	附生
王彬麒	叔瑾	31	浙江宁波府奉化县连山乡	附生
张之权	一卿	26	浙江宁波府奉化县忠义乡	附生
蔡　瀛	一峯	29	浙江台州府黄岩县高平庄人	附生
周骏声	枕淇	44	浙江宁波府奉化县城内人	优廪贡生，不论双单月尽先选用训导
林邦翰	草字头专香	23	浙江宁波府象山县城内人	附生
梁绍鳣	仲威	22（21）	浙江台州府太平县人	附生
竺景崧	杏林	30	浙江宁波府奉化县禽孝乡	附生
卢肇琮	原名肇璜，号钓溪	22	浙江台州府临海县东乡洋渡庄人	附生
郎允麟	原名兆尘，号晞庭	31（25）	浙江台州府临海县	知州，不论双单月指分贵
王保诚		28	浙江宁波府象山县城人	附生
施祖洛	桂森	31	浙江宁波府鄞县城内人	附生
蒋锡侯	介卿	30	浙江宁波府奉化县溪口	附生
陆费熺	子粹	22	浙江嘉兴桐乡县人	附生
朱赓棠	友萼	32	浙江宁波府鄞县西南乡	附生

续表

姓名	号	年龄	籍贯	出身
叶文旭	原名国钧，号粲如	22（24）	浙江台州府临海南乡	附生
陈庆泰	子祥	22（21）	浙江宁波府慈溪县掌起桥人	附生
张康达	尹夫	37（35）	浙江宁波府奉化县北街	附生
郑世炤	原名瑞麐，号明甫	40	浙江宁波府慈溪县人	附生
叶济时	原名时，莓坡	30（22）	浙江台州府太平县城内人	福建遇缺先选用府经历
徐人骥	子骐	24	浙江台州府太平县西城	附生，校外生插班毕业
叶　简	策霆	22	浙江台州府太平县牧屿人	附生，校外生插班毕业
孙教成	曙临	34	浙江宁波府奉化县萧王庙人	廪贡生，校外生插班毕业
罗韵珂	逸琴	26	浙江台州府黄岩县洋屿下罗	附生，校外生插班毕业
侯锡封	觐韩	30	浙江宁波府奉化县金溪乡	优附生，校外生插班毕业
谢瑞唐	子初	29	浙江台州府太平县城内人	附生，校外生插班毕业

注：年龄栏目中第一个数字为天一阁藏书记载，括号内为我国台湾地区史料馆藏档案中的不同记载。两者记载相同者不加括号。

表2　宁波法政学堂第二届毕业生名单

编号	姓名	号	年龄	籍贯	出身
1	刘祖望	孝绳	24	安徽庐州府庐江县人	附贡江苏试用知县（以下光绪三十四年正月考入）
2	谢锡安	康侯	41	浙江宁波府象山县西洲人	附生（光绪三十四年四月考入）
3	江　飏	佐赓	28	江苏松江南汇县大围镇人	附生（光绪三十四年四月考入）
4	石占棠	梦元	21	浙江宁波府象山县文山人	监生
5	王可镕	冶青	23	浙江宁波府象山县城内人	监生
6	郑禄钟	义卿	21	浙江宁波府象山县灵下舍人	监生
7	周贵和	道甫	24	浙江宁波府象山县人	附生（监生）
8	谢簧初	滋敷	26	浙江宁波府象山县西洲人	监生（附生）（光绪三十四年四月考入）
9	巢文烈	詠沧	37	江苏常州府武进县人	监生，浙江候补县丞（校外听讲生）
10	李思濬	舜文	23	浙江宁波府慈溪县丈亭人	附生
11	忻毓陶	枌邻	25	浙江宁波府鄞县陶公山	监生，宁波师范学堂毕业
12	陈召南	顺甫	27	浙江宁波府奉化县陶坑人	监生（附生）（光绪三十四年四月考入）
13	陆元春	晋亭	27	浙江宁波府慈溪县	附生，补习毕业（光绪三十三年正月校外考取插入第一班，至光绪三十四年十二月止共计两年，宣统元年补列第三学年，共计在堂三学年）

注：天一阁藏《宁波法政学堂同学姓名录》对于第二届学生的年龄记载为尚未毕业时的年龄，我国台湾地区馆藏档案中记载的年龄为毕业时年龄，本表记载毕业时年龄。

光绪三十四年十一月，宁波府提出，宁波法政学堂首届毕业生36人已届三年期满，请求浙江提学司派员会考。浙江提学司委托郡绅翰林院编修盛炳纬到宁波法政学堂监考。考试日期在光绪三十四年十二月初八日至十三日，共计6天。宁波法政学堂还邀请教育会人员和各校名誉员绅“逐日莅堂会考”。这次毕业考试，除了普通科目考试之外，对于最重要的四门课目加试一题，这四门课目是民法、商法、刑法、国际公法。在原有课目外，还加试“经学”“史学”各一题，经学题分数并入“人伦道德科”，史学题分数并入“皇朝掌故科”。将毕业考试平均分加上历年考试平均分合计，得出学生毕业总分。80分以上为最优等，70分以上为优等，60分以上为中等。①

根据经过皇帝批示的奏折，宁波法政学堂第一届毕业生取得了相应的奖励，例如，考取最优等的举人拣选知县王序宾、张恺获得“以知县尽先选用各加一级”的奖励；多数毕业生获得的奖励是“录事、书记官、直州判、库大使、按司狱、县主簿等官”②。

1910年2月26日《申报》刊登宁波法政学堂宣传及招生广告，将其毕业生获奖之事昭告社会：“本校戊申年毕业奖案，业由学部奏请照别科例给奖，于宣统元年十二月初十日奉旨依议钦此。得奖诸君可速赴京供职领凭，恐未周知，特此广告。”

宁波法政学堂第二届学生仍是别科。第二届学生于光绪三十四年正月和四月考入学堂，于宣统二年十二月完成学业。第二届毕业生数量比第一届毕业生数量有所下降，共计12人，另有1人为补习生。宁波法政学堂第二届学生毕业考试的时间在宣统二年十一月二十一日至十二月初十。毕业考试由浙江提学使邀请学务公所议长“盛绅”莅临学堂会考。根据学部改订考试新章，总平均分80分以上为最优等，70分以上为优等，60分以上为中等。实际考试结果是：在第二届13位毕业生中，考列最优等者2人，考列优等者9人，考列中等者2人。第二届学生使用的讲义有73本。③

除了上述第一届、第二届毕业生外，宁波法政学堂还有大量校外生以及入学但未能毕业的学生，限于篇幅，不一一列举。宁波法政学堂毕业生中有人做过法官、律师。例如，宁波法政学堂第一届毕业生陈庆泰，籍贯浙江慈溪县，1928年加入鄞县律师公会，曾任大理院书记官，浙江临海初级审判庭、浙江第一地方法院、浙江第一地方审判庭推事，后执行律师业务。④ 宁波法政学堂第二届别科毕业生谢赟初，籍贯浙江象山县，1928年加入鄞县律师公会，曾任浙江第三地方法院推事，衢县初级检察厅检察官，镇海县审检所专

① 参见《第二次请奖折》，载《宁波法政学堂民前五至三学年度毕业生》，我国台湾地区史料馆藏，数位典藏号019－010103－0008。

② 《第二次请奖折学部奏覆》，载《政治官报》宣统元年十二月二十一日（1910年1月31日）第815号。

③ 参见《浙江巡抚增韫奏学部咨文》（宣统三年三月十九日），载《宁波法政学堂民前五至三学年度毕业生》，我国台湾地区史料馆藏，数位典藏号019－010103－0008。

④ 参见《鄞县律师公会职员履历表》，宁波市档案馆，旧13－1－37。

审员。[①]

（四）课程

《宁波法政学堂毕业生档案》除了《第二次请奖折》之外，还附有《毕业生分数等第表》《毕业生履历分数册》。《毕业生分数等第表》上详细列明宁波法政学堂第一届毕业生从1906年年初至1908年年底的全部24门课程：

> 人伦道德、大清律、史学、西洋史、法学通论、宪法、行政法、民法、刑法、商法、民事诉讼、刑事诉讼、财政、经济、国际公法、国际私法、政治学、国法学、裁判所构成法、论理、警察学、监狱学、日文、政治地理。

将宁波法政学堂首届别科的课程名单与清政府后来公布的京师法政学堂别科的课程名单相比较，[②] 可以发现，宁波法政学堂在课程设置上有领先京师法政学堂之处。例如，宁波法政学堂率先开办了国法学、民事诉讼、刑事诉讼、经济、监狱学。由于宁波法政学堂开办在先，京师法政学堂规定在后，因此也出现了一种情况：有的课程京师法政学堂有而宁波法政学堂没有，如人伦道德、皇朝掌故、大清律例、宪法。不过宁波法政学堂很快就将这几门新章规定的课程加入进课程体系，与京师法政学堂别科程度“尚属相符”[③]。

宁波法政学堂第二届（别科）课程包括如下24门：

> 人伦道德、大清会典要义、大清律例要义、政治学、法学通论、理财原论、宪法、行政法、民法、刑法、商法、裁判所构成法、国际公法、国际私法、财政学、监狱学、辩学、世界史、世界地理、算学、格致、体操、经学、史学。

比较宁波法政学堂第一届课程与第二届课程，可以发现，二者大体相当。

四、宣统二年（1910年）身份突变与民国初期的公私之争

宣统二年，浙江巡抚增韫向学部提出：“宁波法政学堂及东湖法政学堂均系私立而在省城外，惟其设立在新章颁布以前，且曾咨部核准有案，可否准其仍旧设立？”[④] 对此，学部欣然同意：

> 通商口岸，须用司法人才实与省城同关紧要，自应将私立法政学堂限于省会一节酌量推广，凡繁盛商埠及交通便利之地，经费充裕、课程完备者，一律准予

---

① 参见《鄞县律师公会职员履历表》，宁波市档案馆，旧13－1－37。

② 京师法政学堂别科课程名单详见《学部奏改定法政学堂章程折》，载朱有瓛主编：《中国近代学制史料》（第二辑下册），华东师范大学出版社1989年版，第497页。

③ 参见《第二次请奖折》，载《宁波法政学堂民前五至三学年度毕业生》，我国台湾地区史料馆藏，数位典藏号019－010103－0008。

④ 《学部奏酌量推广私立法政学堂片》（宣统二年十月初九日），载《浙江教育官报》宣统二年（1910年）第44期。

呈请设立法政学堂，以广造就。[①]

对于学部的上述意见，皇帝朱批：“依议，钦此。”[②]

增韫为什么突然将宁波法政学堂的官立身份视为私立？档案文献中均无记载。笔者分析，这很可能与当时浙江财政吃紧有关。增韫奏称：“臣伏查理财之道，节流视开源为尤亟。浙省近年府库奇绌，筹款本属为难。”[③]“浙省财力困绌，指拨为难。”[④] 省级财政的困难往往是州县级财政困难的反映，清末尚未有独立的省级或者州县级财政，中央允许州县财政的存留制度非常严苛。[⑤] 与省级财政相比，州县财政更不稳定，州县财政支持的项目规模小、变动大，很容易出现人在钱在、人走钱空的现象。相应地，县立学堂的稳定性不如州立学堂，州立学堂的稳定性不如省立学堂，而省立学堂的稳定性又不如中央财政支持的国立学堂（如京师大学堂），这是中央集权制的必然表现，很难改变。清末兴起的官立法政学堂，几乎全部是省级或者省级以上的官立法政学堂，[⑥] 极少见到州立（府立）法政学堂，其主要原因就在于清代州县政府缺乏相对独立的财政权，即使希望开办州立法政学堂，也是心有余而财力不足。宁波知府喻兆蕃“筹款开办”宁波法政学堂，[⑦] 可谓前无古人，后无来者。但喻兆蕃有能力筹措官款开办宁波法政学堂，并不能保证在他离任之后宁波法政学堂继续可以取得宁波府的财政支持。缺乏稳定的地方财政支持，是宁波法政学堂的身份由官转私的经济原因。宣统二年宁波法政学堂的身份突然由官转私，这为后来民国初期的身份争议埋下了伏笔。

进入民国之后，私立法政学校的生存环境迅速恶化。1912 年《律师暂行章程》第 4 条第 3 款规定：“在国立、公立大学或专门学校修法律之学三年以上得有毕业文凭者”[⑧]，可以不经考试得充律师。这一条厚公薄私的法律对于私立法政学校毕业生明显不利。一些私立法政学校毕业生开始利用“公立”一词大做文章。他们既不敢说自己毕业于官立学堂，也不愿说自己毕业于私立学堂，而是化私为公，在法政学堂名称前面增加“公立”一词，

---

① 《学部奏酌量推广私立法政学堂片》（宣统二年十月初九日），载《浙江教育官报》宣统二年（1910 年）第 44 期。

② 《学部奏酌量推广私立法政学堂片》（宣统二年十月初九日），载《浙江教育官报》宣统二年（1910 年）第 44 期。

③ 《浙江巡抚增韫奏织造工量为变通折》，载《政治官报》1910 年第 878 号。

④ 《浙江巡抚增韫奏法政学堂拟办分科暨添设法律专科折》（宣统二年二月二十八日）。

⑤ 参见魏光奇：《清代州县财政探析》（上），载《首都师范大学学报（社会科学版）》2000 年第 6 期。

⑥ 参见《清末各省督抚奏设省城法政学堂一览表》，载朱有瓛主编：《中国近代学制史料》（第二辑下册），华东师范大学出版社 1989 年版，第 499 - 502 页。

⑦ 参见《浙江巡按使咨一件》（民国三年六月十七日），我国台湾地区史料馆藏，教育部平档省立四明法政学校，数位典藏号 019 - 020201 - 0039。

⑧ 《律师暂行章程》，载《申报》1912 年 9 月 26 日，第 1 版。

以取得“不经考试得充律师”的待遇。① 宁波法政学堂的毕业生也面临一个艰难选择：究竟是按照成立初期的官立学堂身份还是按照增韫施加的私立学堂身份？在官立和私立之间，他们选择了一个折中的名词：公立。这种用“公立”一词取代“私立”的做法并非异想天开。清末的公立、私立概念并不像后来那样泾渭分明，有浑水摸鱼的空间。

清末学堂分为官立、公立、私立三种。② 这种三分法来自日本，但日本的“公立”一词与清末的“公立”一词内涵不同。日本的公立就是官立，而清末的所谓公立学堂是指两人以上共同集资兴办的私立学堂，③ 其实仍是私立学堂。④ 例如，清末浙江的民办学堂就包括两类：公立学堂和私立学堂，其中由多人集资或村族集体创办，并于庙产、公田、祖祠等公产收入中提取维持经费的，是公立学堂；由私人投资创办并承担日常经费的，是私立学堂。⑤ 1910 年，湖南省长沙乡绅根据允许私立学堂专习法政的新规申请成立私立性质的法政学堂——“湖南公立法政学堂”，学生每人每年交学费 24 元，其余办学经费由发起学堂的乡绅共同承担。⑥ 这是一起典型的名为公立实为私立的例子。清末有识之士已经注意到官立、公立、私立三种学堂界限不清的现状，建议将现有学堂孰为官立、孰为公立、孰为私立，划分界限，以便上下有所依据。⑦

民国成立之后，政府在法律用词上渐趋严谨，公立、私立的概念发生了变化，官立概念不复存在，此时的公立学堂等于清末的官立学堂，而清末的所谓公立学堂到了民国也就变成了私立学校。以下是 1915 年江苏省政府公报的一则敕令中的部分内容，对这一问题作了详细的解释：

> 自民国成立以后，官立之名废，惟依经费所自出异厥名称：其以国库金支给者，为国立；以省经费支给者，为省立；以县经费支给者，为县立；又旧令由城镇乡担任经费者，名城镇乡立，新令改为，由自治区负担设立者，名区立；今由私人或私法人担任经费者，名私立。新令改有，由私人之经费设立者，名私立，而在专门学校则由部设立者，为国立；由各地方设立者，为公立。综此名称上之各种区别，如仍照从前所分官、公、私三种性质而言，国立、省立、县立者，皆官立也；区立虽属自治机关，仍由各地方官督率办理，亦官立也；专门学校之名

① 其实，在这几人之前，已经有数位宁波法政学堂毕业生凭借“浙江宁波法政学堂毕业”的模糊身份而请领到律师证书，侥幸过关，这些毕业生包括林国瑜、陆费燏、忻毓陶、张恺、施祖洛、董良史、余名琮、孙教成、曹善修、周沛恩、王廷杰等，参见《司法部发给律师证书月表》，载《司法公报》1913 年第 12 期。

② 例如，学部发文就有官立、公立、私立三种法政学堂之分，参见《学部通咨各省饬令各官立、公立、私立法政学堂应延聘专门毕业人员充当教员文》，载《内阁官报》宣统二年（1911 年）七月二十日第 20 期。

③ 参见《清末北京志资料》，张宗平、吕永和译，北京燕山出版社 1994 年版，第 187 页。

④ 参见韩梯云：《论我国民亟宜组织公立学堂以补官力之不足》，载《直隶教育杂志》1906 年第 10 期。

⑤ 参见《浙江通志・教育志》（一），浙江人民出版社 2019 年版，第 495 页。

⑥ 参见《湖南省城公立法政学堂禀学司立案文》，载《湖北官报》1910 年第 137 期。

⑦ 参见《论设学部办法》，载《东方杂志》1905 年第 12 期。

> 为公立者，实亦官立也。此外，在事实上尚有以国费、省费、县费支办而名为公立者，亦属于官立范围。惟私立名称则含有从前公立、私立两种性质，因私人及私法人所设立者，均曰私立，非皆一人出资设立者也。以上所举，皆名称与事实前后不同之点，最易滋误会而起争执……考旧制官、公、私之称，本以经费所出为标准，今即依据此议，不论国立、省立、县立及何种名目，凡由国家完全筹费设立者，悉照原呈官立办理，其余由私法人或私人筹设者，无论国家有无补助、是否由地方官督办，皆不在前项范围以内。似此办法，按之旧制、现制，均无抵触。①

由于概念的统一化和严谨化，过去打着“公立”旗号其实是私立的学校，到了民国就很难再继续鱼目混珠，此公立非彼公立。

在1913年12月16日《政府公报》（第582号）登载的《司法部发给律师证书月表（二年七月份）》中出现几位宁波法政学堂毕业生的名字：胡廷玉、沈守廉、欧祺、吴飏，在资理财格栏目里，他们的毕业情况是：“浙江宁波公立法政学堂毕业”。在1914年《司法公报》（第7号）登载的《发给律师证书一览表》中也出现了这几位宁波法政学堂毕业生的名字，其资格栏目填写的同样是“浙江宁波公立法政学堂毕业”或者“浙江宁波府公立法政学堂”。

宁波法政学堂毕业生将学校填写为“宁波公立法政学堂”，绝非偶尔笔误，其目的无非是用最简单的方法满足1912年《律师暂行章程》第4条第3款的要求。显然，这一行为事出有因，一来宁波法政学堂的正式名称中从来没有出现过“私立”二字，二来清末公立、私立概念模糊不清，宁波法政学堂早期毕业生（尤其是宣统二年以前的毕业生）也未必清楚母校的性质。即使按照1912年教育部的解释，清末宁波法政学堂成立时的身份也难以遽然判定。根据前文的论述，宁波法政学堂在成立初期的性质本来就是“宁波府立”“宁波官立”，其毕业生在民国时期自称毕业于“公立”法政学堂似乎情有可原。宁波法政学堂身份的复杂性在于其性质发生过变化，由初期的官立变为后期的私立，这就导致了民国时期教育部、司法部对其毕业生定性上的误判或者偏见，这两个部门认为，宁波法政学堂不是一所真正公立性质的法政学堂，而是一所私立法政学堂。

1914年3月18日，司法总长章宗祥在分别给江苏高等检察厅、京师高等检察厅的训令中引用教育部意见：“宁波法政学堂现已改名四明专门学校，② 在前清毕业称公立者，与现

---

① 《奉部饬准教育部咨根据法令将官立、公立、私立学校性质详为解释一体遵办具报》［江苏财政厅、清理江苏官产处饬第341号（1915年11月28日）］，载《江苏省公报》1915年第714期。

② 《申报》1912年2月29日即刊登四明专门学校招生广告，称“本校向名宁波法政学堂，本年扩充校舍，增设政商两科，添聘东西洋专门毕业教员，并呈请中央政府立案，定名为四明专门学校”。

称公立性质不同。”① 章宗祥根据教育部的意见，认定宁波法政学堂毕业生巢文烈、江飏、谢篑初3人不具有免试取得律师资格的能力，撤销已经颁发的律师证书。② 在同时作出的另外一个训令中（给浙江高等检察厅），基于相同的原因，司法总长章宗祥一口气撤销了29名宁波法政学堂毕业生的律师证书。③ 宁波法政学堂毕业生全军覆没，无论是宣统二年以前的毕业生还是宣统二年以后的毕业生，一律被视为私立法政学堂毕业生，他们刚刚到手不久的律师证书被撤销追缴。可以说，这32名律师证书得而复失的毕业生成了宁波法政学堂“私立”身份的牺牲品。很明显，进入民国之后，私立法政学校遭受民国政府的公然歧视，其毕业生的待遇低于公立法政学校毕业生的待遇。误判加歧视政策，最终导致宁波法政学堂开启的法律教育难以为继，宁波法政学堂的继承者——四明专门学校很快就被改为宁波甲种商业学校，这所一度被誉为“中国所首创之法校”④ 也彻底告别了法律教育事业。宁波法政学堂可谓兴于官立，亡于“私立”，成也身份，败也身份。

宁波法政学堂第一届毕业生郎允麟、张恺、董良史、孙教成、余名琮、施祖洛等人在清末可以堂堂正正取得朝廷赐予的身份奖励，但进入民国之后就只能以宁波“公立”法政学堂毕业生的名义偷偷摸摸申领律师证书。在司法部大规模撤销宁波法政学堂毕业生律师证书的事件后，该校法科已经很难吸引到学生，停办法律教育已经成为必然。目前涉及宁波法政学堂的教育史志等只注意到其为全国最早成立的法政学堂这一光鲜的一面，很少注意到其停办的细节，更没有注意到这所最早成立的法政学堂最终停办的真正原因，也就很难从宁波法政学堂的“失败”中总结出教训。

民国初年，迫于1912年《律师暂行章程》第4条第3款的压力而变私为公者并不限于宁波法政学堂毕业生。1914年，经司法部和教育部核查，所谓“中州公立法政学校”在前清学部立案时的身份也不是真正的公立性质，其毕业生刘炳烈、李朝栋等人的律师证书也因此被司法部撤销。⑤ 其实，在1913年梁启超担任司法总长时就已经制定规则，通过核对教育部毕业名册的方式堵住骗领律师证书的漏洞。⑥ 由于“毕业人多，档案山积，检送挂漏，在所难免”，教育部简化程序，对于宣统三年以前的毕业生，“以前清学部或提学使所

---

① 司法部训令第175号、第176号（中华民国三年三月十八日），载《政府公报》1914年3月22日第672号。

② 参见司法部训令第175号、第176号（中华民国三年三月十八日），载《政府公报》1914年3月22日第672号。

③ 参见司法部训令第174号（中华民国三年三月十四日），载《政府公报》1914年3月22日，第672号。

④ 《浙江巡按使咨一件》（中华民国三年六月十七日），我国台湾地区史料馆藏，教育部平档省立四明法政学校，数位典藏号019－020201－0039。

⑤ 参见《令京师高检厅追缴刘炳烈律师证书送部存案文》（1914年3月14日第158号令）、《令河南高检厅追缴李朝栋等律师证书送部存案文》（1914年3月14日第159号令），载《司法公报》1914年第7期。

⑥ 参见《司法部布告发给律师证书须凭教育部毕业名册文》（1913年12月10日），载《政府公报分类汇编》1915年第36期。

给毕业证书为凭”①，这一简化措施给宣统三年以前的毕业生留下了一个可钻的空子，再加上民国初年公立、私立概念突然与清末旧制不同，新制未必人人理解，出现大量以私为公的情况也就在所难免，不能全怪宁波法政学堂的毕业生偷梁换柱、浑水摸鱼。

私立法政学校及其毕业生是1912年《律师暂行章程》第4条第3款歧视性规定的受害者，这一规定直接影响私立法政学校毕业生的生存，进而也影响私立法政学校的生存。有些私立法政学校的人既不愿意投机取巧、变私为公、偷梁换柱，也不愿意忍气吞声、坐以待毙，而是公开抗争。例如，与林长民一同开办私立福建法政学堂的刘崇佑（1877—1941），直接请求司法部修改1912年《律师暂行章程》第4条第3款，赋予私立法政学校毕业生与公立法政学校毕业生同等待遇。遗憾的是，司法部断然拒绝了刘崇佑的请求，其理由冠冕堂皇，中国崇尚官立贬抑私立的教育传统从中暴露无遗：“前清私立各校，究与国立、公立者有间，而律师为司法上三职之一，关系綦重……故资格不得不严，而官立、私立遂不得不略示区别。”② 宁波法政学堂及其毕业生成了这一“略示区别”政策的牺牲品。直到1916年修正《律师暂行章程》终于将私立法政学校放入第4条，实现了国立、公立、私立的平等，经过司法部、教育部认可的私立法政学校毕业生可以享受“不经考试得充律师”的待遇。③ 然而，私立法政学校享受平等待遇仅仅一年，司法部又一次修正《律师暂行章程》，将国立、公立、私立大学法政毕业生可以“不经考试得充律师”的待遇统统删除。④ 这次，虽然出现了皆不欢喜的三输局面，但终于实现了各类法政学校毕业生表面上的平等。

五、余论

1912年，宁波法政学堂改名为四明专门学校，下设法律科。⑤ 1914年，四明专门学校改名为宁波公立甲种商业学校，不再设法律科。⑥ 至此，宁波法政学堂彻底消失。

宁波法政学堂在开办时并非私立法政学堂，而是公立法政学堂，是浙江省第一所官立法政学堂，其成立时间早于位于省城杭州的官立浙江法政学堂。宁波法政学堂也是中国第

---

① 《教育部致司法部变通发给律师证书调查原案办法请查照办理函》，载《政府公报》1913年12月21日第587号。

② 《批福建私立法政学校代表刘崇佑等呈请修正律师暂行章程第四条由》（1913年1月9日），载《司法公报》1913年第5期。

③ 参见《修正律师暂行章程》（第4条第2款）（1916年10月24日，司法部令第93号），载《政府公报》1916年第291号。

④ 参见《修正律师暂行章程》（第3条）（1917年11月23日，司法部令第342号），载《政府公报》1917年第668号。

⑤ 参见《四明法政学校民国一、二学年度毕业生》，我国台湾地区史料馆藏，数位典藏号019－020201－0039。

⑥ 参见《旧宁属县立商业学校概况》（中华民国十三年六月），载宁波图书馆古籍部藏：《旧宁属县立甲种商业学校职教员同学录》，无年代，油印本，宁波市档案馆藏，全宗号旧10－1－114。

一所州级（市级）官立法政学堂。由于宁波法政学堂属于州级官立法政学堂，级别不高、财力不足、地位不稳，随着宁波知府喻兆蕃的离任，随着浙江巡抚的变更，宁波法政学堂的官立身份开始动摇，新任浙江巡抚增韫不再承认宁波法政学堂的官立地位，将其归类为私立法政学堂。宁波法政学堂从此走向下坡路。进入民国之后，原宁波法政学堂毕业生的官立（公立）身份没有得到民国政府的承认，这进一步造成了宁波法政学堂的继承者——四明专门学校的迅速衰落，最终改弦更张，弃法从商。宁波法政学堂是否为中国第一所私立法政学堂，这其实是一个伪命题，因为从开办经费、校舍财产、校长任命、毕业生给奖、档案原始记录来看，宁波法政学堂在1905—1909年开办初期的身份就是一所官立、府立学堂，而非私立学堂。严格来说，至少对于这一时期内毕业的学生，应该肯定其官立法政学堂毕业生的身份。民国政府疏于审查，将宁波法政学堂毕业生一律视为私立法政学堂毕业生，这种做法有欠公允。民国政府可以疏于审查，但后世治史者，却有必要拿出较真的精神，详加考证，恢复宁波法政学堂的本来面目。

生态文明法治

论“环境”是环境法的逻辑起点

蔡守秋*

摘　要：环境法的逻辑起点，是指人们在环境法治建设和环境法学领域的思想、思维、推理或知识体系、学科建构的基础和出发点。从环境法规体系化和环境法知识理论化角度来看，“环境”是环境法和环境法学的逻辑起点，这已经由环境法治建设和环境法学的实践所证明。说“环境”是环境法的逻辑起点，其中一个重要理由就是“环境”的概念体现了环境法和环境法学特定的目的、理念和价值观，反映了环境法的重点、目的、主要调整范围和对象。“环境”概念表明环境是影响人类生存和发展的“自然因素的总体”和“生命物质”，这明确承认和肯定了环境法中的人与自然的关系，说明环境法是保障“生命物质”之法，是发展生存经济、道义经济、“绿色经济”、“共享经济”之法。“环境是自然因素的总体”的“环境”概念，以及建立在这一“环境”概念基础上的环境整体观和综合生态系统理论，是实行环境综合治理、系统治理、多元共治的重要法律依据和理论依据。所谓“环境不是物”，是指中国《环境保护法》和《民法典》中的“环境”不属于中国《民法典》定义或规定的“物”或“财产”（包括动产和不动产），不是中国民法、物权法中作为排他性物权的客体的“物”或“财产”。“环境”是具有生命力的生态系统，是人与自然生命共同体。环境是一种广义的物或一种广义的财物。作为“环境要素”的动物不等于民法中的“物”。“环境”主要是一种“公众共用物”（环境共用益物、环境共用财物、环境共用财富），是一种重要的、具有共享或共用功能的共用财富（共用财或共财、共用物或共物、共用财产或共产）。因为《民法典》物权编中规定的物（财产）是与排他的权利即物权（财产权）紧密联系在一起的概念，而环境是一种与排他的权利即物权（财产权）没有直接联系的自然因素、生命物质，环境不是可交易物、可流通物或商品。“环境属于公众共用物”是环境法治建设的基础理论和重大实践问题。古今中外的法律大多将环境规定为共用物。环境法律和环境法学的责任和使命就

---

* 武汉大学教授，福州大学法学院讲座教授。

是，维护包括各种自然资源和环境要素在内的共用物的合理总量和适宜质量，建立健全环境综合治理模式和多元共治机制，促进生态文明建设和经济社会的可持续发展。

关键词：环境　环境法　逻辑起点　物　自然因素　生命物质　财物　共用物　排他的权利　环境综合治理

目　次

对“环境”概念的理解，是检验环境法基础知识的“试金石”。目前学界对如何构建环境法治体系（包括环境法的法律规范体系，环境法治的实施、监督、保障体系，环境法的法学理论体系、学科体系），一直存在不同的主张和观点。这些不同观点，都涉及或者取决于对环境法的逻辑起点或基础概念的理解和认识。

一、环境法治建设和环境法学研究的实践证明，“环境”是环境法的逻辑起点

北京大学首任校长严复在其翻译的《穆勒名学》（即《逻辑学体系》）① 中指出，逻辑是“一切法之法，一切学之学；明其为体之尊，为用之广，则变逻各斯为逻辑以名之。学者可以知其学之精深广大矣”②。逻辑（logic）是一个外来词语音译，就是希腊语中的“逻各斯”（logos）。狭义上逻辑是指思维的规律，广义上逻辑泛指规律，包括思维规律和客观规律。讲逻辑或符合逻辑的基本要求是前后连贯、不自相矛盾。逻辑学就是关于思维的形式和思维的规律的科学，是以推理形式为主要研究对象的学科。

就形式逻辑而言，所谓推理，是指从某些命题到一个命题的推论过程，所谓演绎推理，是指命题之间的必然推论，概念演绎体系是根据概念上下位阶关系而建立起来的命题体系。

① 《穆勒名学》，又译为《逻辑学体系》，英文原名“*A System of Logic，Ratiocinative and Inductive*”，出版于1843年。作者约翰·斯图亚特·穆勒（John Stuart Mill，1806—1873，或译约翰·斯图尔特·密尔），是英国经济学家、思想家、哲学家。其主要著作有《逻辑学体系》《论自由》《政治经济学原理》《功利主义》等。严复在1900—1902年翻译了该书的前半部分，1905年金陵木刻出版。1981年，商务印书馆再版了《穆勒名学》。

② ［英］约翰·穆勒：《穆勒名学》，严复译，商务印书馆1981年版，第2页。

在法学中，近代德国自然法学家克里斯蒂安·沃尔夫（Christian Wolf，1679—1754）首创概念演绎体系思想，[①] 并且在19世纪被萨维尼的弟子普赫塔进一步发展完善。普赫塔认为从最高公理出发，演绎展开不同位阶的法律概念，从而形成一个没有逻辑矛盾的概念等级体系，即“概念的谱系”（genealogy of concept），以此作为发现法律规则和案件裁判的基础。[②] 需要注意的是，对于某些崇拜“法律不是逻辑”“权力的逻辑优于逻辑的力量”[③] 的学者来说，与他们讲逻辑是“一切法之法”可能遇到“有理说不清”的尴尬。

从环境法规体系化和环境法知识理论化角度来看，“环境”是环境法和环境法学的逻辑起点，这是由环境法治建设和环境法学的实践所证明，并且谁也难以否定的事实。迄今为止，我国立法部门和法学界从“环境”这一基础概念出发，已经形成并且还在继续形成一系列由“环境”所限定、所派生的专门术语、概念，如生态环境、生活环境、环境污染、环境破坏、环境问题、环境利益或环境公（共）益、环境共用物（环境益物、环境财物、环境财富）、环境权（环境权利或环境权益）、环境义务、环境侵权、环境法律责任（环境民事责任、环境刑事责任、环境行政责任）、环境损害、环境修复（环境恢复）、环境诉讼（环境民事诉讼、环境行政诉讼、环境公益诉讼）、环境保护（环境污染防治、环境改善、环境建设）、环境保护运动、环境治理（环境管理）、环境监测、环境标准、环境规划、环境监督、环境监督管理体制、环境正义、环境公平、环境秩序、环境安全、环境民主、环境平等、环境公众参与、环境道德、环境政策、环境法规、环境法典、环境法治等。正是上述一系列专门术语、概念构成了具有特色的环境法体系和环境法学理论。所谓环境法的逻辑起点，就是指人们在环境法治建设和环境法学领域的思想、思维、推理或知识体系、学科建构的基础和出发点。无论从环境法发展的历史看，还是从环境法的现状看；无论从中国环境法、外国环境法看，还是从国际环境法看，“环境”都是环境法当之无愧的基础和出发点。对于环境法来说，笔者没有发现有谁提出、发现、论证了比“环境”更为正当、合理和科学的其他基础和出发点。

---

① See Franz Wieacker, *A History of Private Law in Europe*, *with Particular Reference to Germany*, *translated by Tony Weir*, Clarendon Press, 1995, p. 224 – 225.

② See Franz Wieacker, *A History of Private Law in Europe*, *with Particular Reference to Germany*, *translated by Tony Weir*, Clarendon Press, 1995, p. 317 – 318.

③ 在法治实务中，就具体案件而言，不管学界如何反对，最高层级的法院怎么说，案件就怎么判，法律就是什么；这就是“力量的逻辑在此优于逻辑的力量”。在德国法学中，有一个名为“通说”的特色概念，其直译是“占统治地位的观点”，也被戏称为“统治者的观点”（Meinung der Herrschenden）。现有研究大都认为，通说特指在实务界和理论界同时占据支配地位的观点，通说意味着法律文献中最重要的声音与最高层级法院的观点达成一致。参见 Uwe Wesel, Aufkl? rung über Recht: Zehn Beitr? ge zur Entmythologisierung, 1981, S. 16；庄加园：《教义学视角下私法领域的德国通说》，载《北大法律评论》（第12卷·第2辑），北京大学出版社2011年版；黄卉：《论法学通说（又名：法条主义者宣言）》，载《北大法律评论》（第12卷·第2辑），北京大学出版社2011年版。

二、“环境”是中国环境法中的首要概念、特有概念和基础概念

笔者之所以说“环境”是环境法的逻辑起点，其中一个重要理由就是“环境”是中国环境法中的首要概念、特有概念和基础概念。“环境”的概念体现了环境法和环境法学特定的目的、理念和价值观，反映了环境法的重点、目的、主要调整范围和对象。“环境”是说明环境法是一个新兴的、独立的法律部门，环境法学是一个新兴的、独立的法学二级学科的一个重要标志和理由。认识和掌握“环境”的含义、特征和重要性，有利于认识和掌握环境法学与其他部门法学的联系和区别，有利于深刻理解什么是环境法的逻辑起点。进一步提高对“环境”这一基础概念的理论认识，实际上就是提高对环境法的逻辑起点的理论认识。

法学理论的一个重要特点是坚持法治思维，法治思维就是基于法律规范的思维，是根据或基于法律规范进行法律逻辑推理和理论抽象。研究和讨论中国环境法学的“环境”概念，必须从中国法律中规定的“环境”出发。我国《环境保护法》（2014 年）第 2 条规定：“本法所称环境，是指影响人类生存和发展的各种天然的和经过人工改造的自然因素的总体，包括大气、水、海洋、土地、矿藏、森林、草原、湿地、野生生物、自然遗迹、人文遗迹、自然保护区、风景名胜区、城市和乡村等。”笔者认为，上述“环境”概念，反映了环境法和环境法学特定的目的、理念和价值观，并成了环境法知识体系的逻辑起点。

（一）“环境”概念直接体现了人与自然的关系，特别是环境对人的影响和意义

我国《环境保护法》（2014 年）第 2 条规定：“本法所称环境，是指影响人类生存和发展的各种天然的和经过人工改造的自然因素的总体……”澳大利亚 1979 年《环境规划与评估法》将环境定义为“影响人类、个人或人的社会群体之周围事物的所有方面”。斯洛伐克 1993 年《环境保护法》指出，“生活环境是直接影响人类的那一部分环境”。美国法学教授戴维·卡斯苏托（David N. Cassuto）① 在其所著《词语的法律：诉讼资格，环境，以及其他有争议的术语》（《哈佛环境法律评论》2004 年第 28 卷第 1 期）一文中已经敏锐地认识到环境对人的影响，他指出：环境由“影响或作用”（influences，or forces）人类的“周围条件”（the surrounding conditions）组成。上述对环境的法律定义将环境落实到影响人类生存和发展的各种天然的和经过人工改造的自然因素的总体，从而开宗明义地点明了人与自然的关系，毫不含糊地突出了环境对人的影响，充分说明了环境对人的作用、价值和意义。

“环境”概念明确承认和肯定人与自然的关系，为环境法调整人与自然关系的理论提供了坚实的法律基础。法律保护环境也就是法律保护人与环境之间的良好的、平衡的、和

① 戴维·卡斯苏托（David N. Cassuto，也译为卡苏托），美国佩斯大学法学院法学教授。

谐的关系；用法律调整人与自然的关系，实际就是用法律保护和改善环境以形成人与自然的和谐（包括人与自然的和谐共生、共存、共发展）关系。

我们要充分认识“环境”“影响人类”的含义、逻辑关系和哲理意义，近现代资本主义国家的法律和法学强调和突出的是人对自然（环境）的支配、主宰、控制、征服和统治，而环境法中的环境重视和强调环境对人的影响和作用。从语言逻辑、思维逻辑看，在“环境影响人类”的陈述句中，作为主语的“环境”与作为宾语的“人类”意味着一种“主体与客体”的关系，正如马克思所说的“人创造环境，同样，环境也创造人”[①] 所揭示的人与环境的关系一样。同样的认识也体现在人们对某些法律用语中的逻辑关系的理解和争论上。

例如，瑞士 1992 年《宪法》第 120 条规定：“1. 应保护个人及其环境免受基因技术的滥用。2. 联邦应就动物、植物和其他生物的生殖和遗传物质的适用制定法律。在这样做时，它应考虑到被造物的尊严以及人、动物和环境的安全，并应保护动物和植物物种的遗传多样性。”据此，徐国栋教授认为，“瑞士宪法第 120 条第 2 款赋予了被造物尊严权，等于说植物和动物是享有尊严权的主体。这是在立法史上第一次赋予植物主体地位，所以受到全世界的关注”[②]。类似的例子还有《德意志联邦共和国基本法》（2002 年 7 月 26 日修订）第 20a 条规定：“出于对后代的责任，国家在宪法秩序的范围内，通过立法、行政和司法行动保护生命和动物的自然基础。”[③] 该宪法第 20a 条（保护自然生活环境）颁布后，在法学界曾引起激烈争论：有的学者根据上述规定认为，这是第一个把动物权利写进宪法的国家，它表明德国要用宪法来保障动物作为生命的存在权利；有的学者认为德国宪法承认了自然和动物的主体的资格或主体的法律地位。谢飞指出，德国联邦议会以压倒性的多数票，将动物保护纳入基本法即德国的宪法。这一修订的重要改变之一是加上了“和动物”三个字。由此，德国成为欧盟第一个将动物权益保护写入宪法的国家。[④] 显然，之所以产生上述认识及其争论，其中一个重要原因是：是否坚持法律推理时的形式逻辑。

2020 年 4 月 10 日，习近平总书记在中央财经委员会第七次会议上强调，“要深化对人与自然生命共同体的规律性认识，站在人与自然和谐共生的高度来谋划经济社会发展，实

---

① 《马克思恩格斯文集》（第 1 卷），中共中央马克思恩格斯列宁斯大林著作编译局编译，人民出版社 2009 年版，第 545 页。

② 徐国栋：《从浅绿民法到深绿民法：生态环境法典编纂与借鉴》，载微信公众号“中国法学会环境资源法学研究会”2023 年 9 月 21 日，https：//mp. weixin. qq. com/s/67arTK6UY_ xsw9GgxQ5PIQ。

③ 《德意志联邦共和国基本法》的英文第 20a 条是“The state takes responsibility for protecting the natural foundations of life and animals in the interest of future.”（载 http：//www. fass. org/fasstrack/news – item. asp？news – id = 526）翻译成中文是，“为了后代的利益，国家负有保护生命和动物的自然基础的责任”。

④ 参见谢飞：《动物权益同样需要保护》，载中国经济网 2022 年 4 月 17 日，http：//www. ce. cn/xwzx/gnsz/gdxw/202204/17/t20220417_ 37501229. shtml#：～：text = 动物权益同样需要保护。

现人与自然和谐共生”①。传统法学理论的主流，对自然的态度和认识是：人与自然是截然分割和对立的两个方面，要么坚持“人类中心主义”或“人类沙文主义”，将自然视为“客体”，视为人占领、支配、征服、掠夺、剥削的对象；要么尽量忽视、轻视、否定、回避、蔑视、贬低自然的作用以及人与自然的关系。生态文明观是基于当代生态学的新的意识形态和伦理观念。当代生态学把作为环境整体的地球看作地球生态圈，这是对自然界的新看法；把世界看作“人—社会—自然”复合生态系统，这是对世界的新看法。环境法工作者要深刻认识“环境”“影响人类生存和发展的”意义，这种认识是“人与自然生命共同体”的生态文明理念在法律上的反映和落实。生态环境和生态系统是值得尊重的生命体，人类是自然之子、是大自然的有机组成部分、是生命之网中的一个重要环节，人与自然和谐是生态文明的本质特征，环境法只有以生态文明观为指导、实现生态化，才能成为保护环境生态的良法和利器。

（二）“环境”概念表明环境是“自然因素的总体”和“生命物质”

《环境保护法》（2014 年）第 2 条规定，“本法所称环境，是指影响人类生存和发展的各种天然的和经过人工改造的自然因素的总体”，这表明环境是“自然因素的总体”和“生命物质”。

第一，“环境”概念表明环境是“自然因素”和“生命物质”，是道德经济（生存经济）、“共享经济（绿色经济）”发展的物质基础。

环境法律中的“环境”是指“自然因素”（或各种自然因素的总体，简称自然），“自然因素”是相对于“人力因素”（“人为因素”“社会因素”）而言，传统私法和公法中的“物”（或财产）基本上属于“人力因素”，其主要体现为人对物的劳动、生产、控制力和支配力的“生产品”（或“劳动力结晶”“商品”“财产”）；从“自然因素”与“人力因素”的重要区别，我们可以理解环境法与传统私法和公法、环境法学与传统公法学和私法学的重要区别。民商法在西方资本主义国家是市场经济之法，在我国则誉为“市场经济的基本法”②。例如，民法专家王利明教授认为：“民法典是市场经济的基本法，为市场经济发展保驾护航。只有市场经济发展起来了，才有制定民法典的社会基础。”③ 环境法是保障“生命物质”之法，是生存经济（subsistence economy，也译为生计经济）、道义经济

---

① 学而时习：《历次中央财经委员会会议，总书记强调了什么?》，载求是网，http://www.qstheory.cn/zhuanqu/2021-08/20/c_1127778036.htm。

② 对于民法的性质和功能，诸如民法之“商品经济本质论”“市民社会本质论”等，我国法学界从 20 世纪八九十年代开始，曾经进行了长达 20 余年的争论。争论的结果，是选择了“商品经济本质论”。当时《民法通则》之所以得以颁布，其一个重要原因就是看中民法具有的经济功能，有助于发展商品经济。从某种意义上可以说，民法的“商品经济本质论”，是在中国实行改革开放、发展市场经济的特殊的历史情境、论辩氛围中形成的；也可以说，社会主义市场经济制度这一命题必然是构建有中国特色的民法制度这一命题的逻辑前提和立论依据。

③ 张毅等：《人民美好生活的法治保障》，载《人民日报》2020 年 5 月 31 日，第 1 版。

（moral economy）之法[①]，是适应“绿色经济”“共享经济”之法。

“环境”是影响人类生存和发展的自然因素表明，环境是一种无价的、不可用货币或国内生产总值（GDP）衡量的“生命物质” （或生存物质）。彼得·林堡（Peter Linebaugh）教授指出，水、空气、土壤、火这些都是历史上的生存物质（the historic substances of subsistence）。[②] 人的生命是不可计价的，人的生命赖以存在的“环境”这种“生命物质”也是无价的。在现实生活中，在私有制和市场经济体制下，人们崇拜的是有价的或可以计价的、作为排他性物权（产权）客体的私有财产或可交易物，信仰的是货币、资本、“金钱万能”。所以，货币（金钱）自诞生以来，就一直被视为财富的象征和载体：个人财产以货币为尺度，市场交易以货币为媒介，企业经营以货币为目标，政府征税也以货币为对象。但是，依据洛克的说法，由于黄金、银块和其他各种贵金属及宝石并不会腐烂，所以除了美观价值外，它们对于人的生存是没有用处的。由于环境是一种无价的、不可用货币或GDP衡量的“生命物质”（或生存物质），所以从直接关系讲，它与个人财产无关、与市场无缘、与政府税收无涉。

传统经济学（包括传统民法和经济法）中的发展主要指用GDP、货币和资本衡量的经济发展，这种发展目标追求GDP或财产数量的最大化。英国经济学家舒马赫在《小的是美好的》一书中，主张通过“超经济学”的研究来补充与完善对环境问题和经济问题的认识，他强调：“更重要的是看到存在着市场上从未出现过的‘益品’（goods，或益物）；这些益品私人不能占有或者尚未占有，但仍然是人类全部活动的主要先决条件，例如：空气、水、土壤乃至整个现存的自然环境。”[③] 基于环境是对人有利的生存物质、生命物质和益品的基本认识，环境法和环境法学所推崇的发展是指绿色发展、可持续发展、人与自然和谐发展，是追求益品的最大化，是追求“美好生活”和人的全面发展。“美好生活”（Buen vivir，也译为“好生活”，西班牙语）与财产或经济发展意义上的富裕生活不同，美好生活更强调基本生活条件的保障和改善，以及精神层面的幸福，认为人与人、人与自然之间的和谐是社会生活和经济活动不可或缺的组成部分。美好生活在南美的印第安人哲学里很流行，这个信念深深植根于安第斯文化之中，而且与安第斯文化中延续地球生命的“地球

---

① 由于自然环境、共用地、共用自然资源等维持着穷人的生计，因此可以将由它们支持的经济称为生存经济（subsistence economy，也译为生计经济）或是道义经济（moral economy）。参见王行坤：《公园、公地与共同性》，载《新美术》2016年第2期。

② Peter Linebaugh，*Stop*，*Thief*！*The Commons*，*Enclosures*，*and Resistance*，ISBN：978－1－60486－747－3，PM Press 2014. Oakland，CA94623，13. 彼得·林堡教授是美国历史学家，从1994年起先后在纽约大学、哈佛大学、塔夫茨大学和托莱多大学任教。他是一位对公众共用物进行深度研究的学者，已经发表《〈大宪章宣言〉：一切人的自由与共用物》《停止，小偷！公众共用物、围墙和抵抗》等著作和论文。

③ ［英］E. F. 舒马赫：《小的是美好的》，虞鸿钧、郑关林译，商务印书馆1984年版，第30页。

母亲”帕查玛玛（Pacha Mama）女神有着紧密的联系。[①] 基于美好生活的理念，2008 年《厄瓜多尔宪法》第 74 条规定：“个人、社区、民族和国家有权受益于环境和自然财富，使他们能够享受好生活。”

基于环境是“生命物质”的理解，民法学者徐国栋教授在“中国式现代化与生态环境法典编纂学术研讨会”上的主旨演讲中说，“我个人认为现在的民法之所以是浅绿的，是因为它的客体里不分有生命体和无生命体”，“可以预测的结果是，生态法在未来会变得越来越重要……因为这个法解决生存的问题，其他法都只解决发展的问题”。为此，徐国栋教授不仅提出了“民法客体的去生物化”，即主张民法客体物不应该包括生物（包括动物、植物、微生物），还提出了“‘民法要改名’、其中一个可以考虑的选择是将民法改名为‘共生法’”等主张。[②] 笔者认为，某些民法学者不必杞人忧天，诚所谓“瘦死的骆驼比马大，破船还有三千钉”，民法的重要地位和重大作用无人撼动、无法代替。笔者真正担忧的是人少力薄势单的环境法学者，他们中的有些人已经基本上看不到环境法的特点、意义和作用，不但放弃了对“环境法这一独立的法律部门”和“环境法学这一独立的法律二级学科”的坚守，而且企图将新兴的环境法和环境法学拉到传统的民法和民法学领域。从这个角度看，笔者同意徐国栋教授的如下观点：环境法的发展（包括但不限于环境法改名为生态法）与民法（包括但不限于民法改名为共生法）的发展是相关的。如果说第一代环境法对应浅绿民法，则第二代环境法或生态法对应深绿民法。所以，民法与环境—生态法如影随形，两者共振。[③]

我国春秋时期的思想家管仲认为，“地者，万物之本原，诸生之根菀也”（《管子·下篇·水地》）；“水者何也？万物之本原也，诸生之宗室也”（《管子·下篇·水地》）。马克思指出，“人本身是自然界的产物”[④]，“人靠自然界生活”[⑤]，自然是“人的存在的基础”[⑥]。《中共中央、国务院关于加快水利改革发展的决定》（2010 年）强调，“水是生命之源、生产之要、生态之基”。党的十八大报告同时提到“以人为本”“良好生态环境是人和

---

① 参见［美］大卫·汉弗莱斯：《“美好生活”理念能否改变主流环境观?》，Estelle 译，载对话地球网 2017 年 1 月 13 日，https：//dialogue. earth/zh/6/43479/。

② 徐国栋：《从浅绿民法到深绿民法：生态环境法典编纂与借鉴》，载微信公众号“中国法学会环境资源法学研究会”2023 年 9 月 21 日，https：//mp. weixin. qq. com/s/67arTK6UY_ xsw9GgxQ5PIQ。

③ 徐国栋：《从浅绿民法到深绿民法：生态环境法典编纂与借鉴》，载微信公众号“中国法学会环境资源法学研究会”2023 年 9 月 21 日，https：//mp. weixin. qq. com/s/67arTK6UY_ xsw9GgxQ5PIQ。

④ 《马克思恩格斯选集》（第 1 卷），中共中央马克思恩格斯列宁斯大林著作编译局编译，人民出版社 1972 年版，第 24 页。

⑤ 《1844 年经济学哲学手稿》，载《马克思恩格斯全集》（第 42 卷），中共中央马克思恩格斯列宁斯大林著作编译局编译，人民出版社 1979 年版，第 95 页。

⑥ 《1844 年经济学哲学手稿》，载《马克思恩格斯全集》（第 42 卷），中共中央马克思恩格斯列宁斯大林著作编译局编译，人民出版社 1979 年版，第 122 页。

社会持续发展的根本基础”“人与自然和谐发展”。[①] 习近平主席在“领导人气候峰会”上的讲话，同时提到“以人为本”、“以自然为根”和“人与自然和谐”，他强调，“坚持以人为本”“大自然孕育抚养了人类，人类应该以自然为根”“坚持人与自然和谐共生”[②]。法国作家罗曼·加里在《天根》一书中指出，“大自然是人类生存之根，是所有生命的根”[③]。英国劳工历史学家 E. P. 汤普森（E. P. Thompson）将道德经济（the moral economy）或“共用物习俗”（customs in common）视为对理论家将“真实抽象”（real abstractions）与现实社会性混淆的倾向的纠正。[④] 美国历史学家、科学家伊凡·伊里奇（Ivan Illich）[⑤] 指出，在整个历史上，生存的道德经济（the moral economy of survival）都是以作为共用物的那部分环境为基础的。平民（commoners，也译为共享人、普通人）承认对“共用物”（commons）的使用要求，不是为了生产商品，而是为了他们家庭的生存（the subsistence of their households）。[⑥]

总之，我们要充分认识“环境”是“生命物质”的含义，这不仅夯实了“环境是环境法的逻辑起点”的基础，而且有助于理解“以人为本，以自然为根，以人与自然和谐为魂”的环境法价值观。“以人与自然和谐为魂”，是环境资源法学具有特色和激情的基本理念，是最能体现生态文明的本质特征的特色观念、核心观念。“灵魂”者，命脉、根本所系也。灵魂表示事物的核心，比喻事物中起主导和决定作用的因素。“以人与自然和谐为魂”表示，“人与自然和谐”是中国生态文明建设和环境资源生态法的“直接目标”、“根本目的”和“终极目的”，“元价值”、“终极价值”和“主导价值”，“主导精神”、“普遍精神”和“绝对理念”，共通原则、最高原则和至善原则。“以人与自然和谐为魂”表明，只有在思想和行动上坚持“人与自然和谐”，人才是真正具有强大生命力和灵魂的人。

第二，“环境”概念表明环境是“自然因素的总体”，是实行环境综合治理、系统治理、多元共治的依据。

所谓各种“自然因素的总体”即各种天然的自然因素和人工改造的自然因素的总体，包括各种自然因素中的自然物及其功能、自然能源和自然力。

将“环境”定义为“各种自然因素的总体”，这里体现的是“整体主义”，而不是

---

① 胡锦涛：《坚定不移沿着中国特色社会主义道路前进为全面建成小康社会而奋斗——在中国共产党第十八次全国代表大会上的报告》，载《人民日报》2012 年 11 月 18 日，第 1 版。

② 习近平：《共同构建人与自然生命共同体——在“领导人气候峰会”上的讲话》，载《人民日报》2021 年 4 月 23 日，第 2 版。

③ ［法］罗曼·加里：《天根》，宋维洲译，漓江出版社 1992 年版，第 127 页。

④ See E. P. Thompson, *Customs in Common: Studies in Traditional Popular Culture*, New Press, 1993.

⑤ 伊凡·伊里奇（Ivan Illich，1926—2002，也译为伊万·伊利奇），美国著名思想家、历史学家、科学家。1956 年到波多黎各担任天主教大学副校长，1959 年至 1961 年担任波多黎各高等教育和公共福利顾问委员会委员。

⑥ See Ivan Illich, *Silence is a Commons*, The Coevolution quarterly (January 1, 1983), https://www.inist.org/library/1982-03-21.Illich.Silence%20is%20a%20Commons.pdf.

“中心主义”（包括人类中心主义、生物中心主义、生态中心主义等中心主义）；这说明环境是具有整体联系性、总体不可分割性的“综合生态系统”，说明环境不同于《民法典》、《物权法》（已失效）中不可分割的单个物、特定物、具体物。2013 年 11 月，习近平总书记在《关于〈中共中央关于全面深化改革若干重大问题的决定〉的说明》中指出：“山水林田湖是一个生命共同体，人的命脉在田，田的命脉在水，水的命脉在山，山的命脉在土，土的命脉在树。用途管制和生态修复必须遵循自然规律，如果种树的只管种树、治水的只管治水、护田的单纯护田，很容易顾此失彼，最终造成生态的系统性破坏。由一个部门行使所有国土空间用途管制职责，对山水林田湖进行统一保护、统一修复是十分必要的。”① 2015 年 9 月，中共中央、国务院印发的《生态文明体制改革总体方案》强调：“树立山水林田湖是一个生命共同体的理念，按照生态系统的整体性、系统性及其内在规律，统筹考虑自然生态各要素、山上山下、地上地下、陆地海洋以及流域上下游，进行整体保护、系统修复、综合治理，增强生态系统循环能力，维护生态平衡。”2018 年，中共中央、国务院《关于全面加强生态环境保护　坚决打好污染防治攻坚战的意见》强调，“坚持山水林田湖草是生命共同体。生态环境是统一的有机整体。必须按照系统工程的思路，构建生态环境治理体系，着力扩大环境容量和生态空间，全方位、全地域、全过程开展生态环境保护。”2021 年 10 月，中共中央办公厅、国务院办公厅《关于进一步加强生物多样性保护的意见》指出，“统筹考虑生态系统完整性、自然地理单元连续性和经济社会发展可持续性，统筹推进山水林田湖草沙冰一体化保护和修复。”②

总之，“环境是自然因素的总体”的“环境”概念，以及建立在这一“环境”概念基础上的环境整体观和综合生态系统理论，有利于我们深刻理解“山水林田湖草沙海冰是一个生命共同体”的习近平生态文明思想；既是实行环境综合治理、系统治理、多元共治的重要法律依据和理论依据，也是构建环境法治体系的逻辑起点。

三、“环境”不是“物”，“环境”主要是一种“共用物”

由于中国法律中的“环境”和“物”都有明确的、不同的法律定义，所以中国法律定义的“环境”不是中国法律定义的“物”。但是，环境法中的环境要素包括大气、水、海洋、土地、矿藏、森林、草原、湿地、野生生物、自然遗迹、人文遗迹、自然保护区、风景名胜区、城市和乡村等物质，它们不仅作为“环境因素”出现在新制定的环境法律中，而且作为“物的因素”（或“财产的类型”）早已存在并继续存在于传统的民法、行政法等

① 习近平：《关于〈中共中央关于全面深化改革若干重大问题的决定〉的说明》，载中共中央文献研究室编：《十八大以来重要文献选编》（上），中央文献出版社 2014 年版，第 507 页。

② 《关于进一步加强生物多样性保护的意见》，载人民网，http：//politics. people. com. cn/n1/2021/1020/c1001 －32258372. html。

其他法律中。据此，人们不禁要问，环境法中的“环境因素”与传统民法、行政法中的“物的因素”有何联系或异同？笔者认为，“环境”不是物，“环境”就是环境；大气、水、海洋、土地等“环境要素”作为整体环境的有机组成部分，同样具有环境的法律性质和法律地位；至于大气、水、海洋、土地等在民法、行政法中的法律性质和法律地位，则应基于“环境是环境法的逻辑起点”这一命题进行具体分析。

（一）“环境不是物”的含义

笔者所谓“环境不是物”的含义如下：

1. 中国环境法和民法中的“环境”不属于中国《民法典》定义或规定的“物”

无论是在日常生活、学科知识中，还是在法律中，物的种类、数量和形态都很多。以中国《民法典》为代表的许多法律中规定的“物”是有选择的、有取舍的、由特定价值观所决定的“作为物权客体的物”。显然，中国《环境保护法》和《民法典》中的“环境”不属于中国《民法典》定义或规定的“物”或“财产”（包括动产和不动产），不是中国民法、物权法中作为排他性物权的客体的“物”或“财产”、商品或交易物。

从法律逻辑来看，如果中国《环境保护法》和《民法典》中的“环境”属于中国《民法典》定义或规定的“物”或“财产”（包括动产和不动产），那么就可以逻辑地推出如下结论：保护和改善环境就是保护和改善民法中的“物”或“财产”，防止环境污染和破坏就是防止污染和破坏民法中的“物”或“财产”；环境权可以纳入物权（或财产权）的范畴，或者说环境权是物权（或财产权）的一种；环境损害可以纳入物的损害（或财产损害）的范畴，或者说环境损害是物的损害（或财产损害）的一种；在环境治理（包括环境的保护、改善、建设、整治和管理，以及防治环境污染、破坏和损害等）和环境法治建设中，根本不需要制定那么多法律、创新那么多的法律制度，只要充分适用或利用现有的或传统的民事法律和民法制度就可；中国环境法可以纳入民法的范畴，或者说环境法是民法的一个组成部分；中国环境法学可以纳入民法学的范畴，或者说环境法学是民法学的一个组成部分。

如果说中国环境法和民法中的“环境”不属于中国《民法典》定义或规定的“物”，那么“环境”是什么？

（1）“环境”是具有生命力的生态系统，是人与自然生命共同体。

目前，包括环境法学、生态学、环境学在内的许多学科都有生态系统的内容，大多数国家的环境法和许多国际性环境法律规范性文件都有生态系统的规定，环境是具有生命力的综合生态系统、是人与自然生命共同体逐渐成为人们的共识。基于对环境是生态系统的理解，不少国家的法律采纳了“生态系统”“生态平衡”的概念①，逐渐实施法律生态化进

① 中国的《宪法》《环境保护法》等法律，还采用了“生态环境”的概念。

程，包括但不限于宪法、民法、行政法、刑法和诉讼法的生态化。根据民法学者徐国栋教授的研究①，目前在世界上201个国家和地区中，有现行有效民法典的国家和地区共91个，其中有14部民法典以不同的形式体现了绿色理念或生态法思想，占比15%。上述14部民法典体现绿色理念的一种重要模式就是以1993年《苏联和各加盟共和国民事立法纲要》为代表的大生态法模式。徐国栋教授在《民法典整体贯彻绿色理念模式研究》一文中认为，以法律保障生态环境是世界潮流，宪法、民法、环境法、行政法、刑法、民事诉讼法等都是达成生态环保目的的手段。他把民法典中的环保内容看作广义生态法的一部分，认为民法在规定调整对象时确定了民法可调整平等主体间的环保关系。环境保护绿色理念现身于宪法、民法和民事诉讼法，表明这三个部门法也成了大生态法的一部分。他还特别强调，"1993年版《苏联和各加盟共和国民事立法纲要》创立的大生态法模式，它以对象条款贯彻绿色理念，把民法典的相关内容看作广义生态法的一部分"，我国"可进一步借鉴大生态法模式来处理《民法典》《民事诉讼法》与未来的《环境法典》的关系"②。

（2）环境是一种广义的物或一种广义的财物。

笔者认为，为了将日常生活、学科知识和法律中提到的某些"事物"（包括事与物）与中国《民法典》明确定义的"物"区别开来，可以引入"狭义的物"和"广义的物"的概念。例如，我国著名学者周枏先生认为："在古代罗马，人们所称的物，是指除自由人外而存在于自然界的一切东西，不管是对人有用的，无用的，甚至是有害的，均属于广义的物。至于奴隶，在罗马奴隶社会，它不是权利义务的主体，而被法律规定为权利义务的客体，也是一种物。后来，法律和法学思想不断发展，罗马法逐渐把物限定为一切人力可以支配、对人有用，并能构成人们财产组成部分的事物，在优帝《学说汇编》中，它包括有体物、权利和诉权，又称'财物'（bona），这是狭义的物。"③ 我国学者江平、米健在分析古罗马法时期物的内涵与外延的广泛性时也指出，罗马人认为"不论有形、无形，对世、对人以及法律上的利益，都在物的范围内，如空气、海洋、奴隶、山川、河流等都属物的范畴"④。19世纪法国著名学者奥布里和罗（Aubry et Rau）在《民法学原理》一书中创立并系统地阐释了广义财产的概念，他们认为，（对共用物）"虽然对其不易拥有财产权（de propriété），但这种性质的事物（les choses）仍然属于法律的管辖范围，以规范其使用，而不是绝对放弃每个人（de tous）的自由裁量权（la discrétion）"。因此，没有什么可以阻止立法者组织这种治理的方式，从而保证保护共用物（des communs）。⑤ 总之，"环境"虽然

① 参见徐国栋：《民法典整体贯彻绿色理念模式研究》，载《中国法学》2023年第2期。

② 徐国栋：《民法典整体贯彻绿色理念模式研究》，载《中国法学》2023年第2期。

③ 周枏：《罗马法原论》（上册），商务印书馆1994年版，第298－299页。

④ 江平、米健：《罗马法基础》，中国政法大学出版社1987年版，第116页。

⑤ Aurélien Bamdé，Les choses communes：notion，domaine，régime，https：//aurelienbamde. com/2019/12/02/les－choses－communes－notion－domaine－regime/；Aubry et Rau，Cours de droit civil français，4e éd.，1869.

不是中国《民法典》明确定义的“狭义的物”，但可以纳入“广义的物”（或“广义的财产”）的范畴，即“环境”是“广义的物”（或“广义的财产”）的一个重要组成部分。

另外，法国、德国、英国、美国等很多国家的法律（包括民法典）没有像中国《民法典》那样规定“物（或财产）”的统一定义，一些法律或法学的文献资料中往往将“环境”视为或称为“环境财产”（environmental property），并且主张“在一国范围内，人人都可被认为是侵害环境财产行为的受害人，在法律上被确认为与加害行为有直接利害关系，从而人人都可以提起诉讼”①。由于这些国家法律中的财产已经超出了中国《民法典》规定的“物（或财产）”的范围，因而这种财产相对于中国《民法典》中的“物（或财产）”，实际上属于“广义的物”或“广义的财产”。

2. 作为“环境要素”的动物不等于民法中的“物”

在环境法中，环境要素包括野生生物（主要指野生动植物），生物多样性保护法、野生动植物保护法、自然保护地（包括国家公园）法等环境法律主要是保护野生生物的法律。虽然在数千年的民法史上，动物长期与无生命财产处于同样的地位即被作为动产看待；但在一些国家的一些法律中，作为“环境要素”的野生动植物、作为自然因素有机整体的生态系统（如河流、国家公园、地球生物圈或大自然等）不等于民法中的“物”（或“作为客体的物”），有些国家的民法典甚至明确规定“动物不是物”。根据徐国栋教授的研究，在91个颁布实施了民法典的国家和地区中，“有26个国家和地区②的民法典重设了动物民法地位，4个国家③正打算进行重设”。“所谓重设，就是不再把有生命的动物与无生命的物件等同。重设的模式有四类，即动物非物模式、动物有感生灵模式、特殊客体模式（又称全动物模式）、有限主体模式。一旦完成动物民法地位重设，民法整体必须经受或大或小的重构。”例如，1988年3月通过的《奥地利民法典》第285a条规定，“动物不是物；它们受特别法保护。适用于物的规定仅适用于动物，但以不存在不同的规定为条件”。徐国栋教授认为，“《奥地利民法典》第285a条在世界范围内开创了在民法典中重设动物地位的先例，它以否定的方式规定动物非物”，“这种模式，是对民法对象理论底座的挑战。传统民法所调整的是人身关系和财产关系，如果民法的对象中出现了一个既非人身，又非财产

---

① Cfr. Giovanni Lobrano, Uso dell'acqua e diritto nel Mediterraneo. Uno schema di interpretazione storico – sistematica e de iure conden – do, p. 6, Su, http://www.dirittoestoria.it/3/ TradizioneRomana/ Lobrano – Acqua – diritto – Mediterraneo. htm 6.

② 它们是《奥地利民法典》、《德国民法典》、《瑞士民法典》（包括该国的《债法典》）、《阿塞拜疆民法典》、《摩尔多瓦民法典》、《加泰罗尼亚民法典》、《荷兰民法典》、《捷克民法典》、《法国民法典》、《葡萄牙民法典》、《西班牙民法典》、《斯洛伐克民法典》、《比利时民法典》、《魁北克民法典》、《哥伦比亚民法典》、《波多黎各民法典》、《俄罗斯联邦民法典》、《乌克兰民法典》、《白俄罗斯民法典》、《乌兹别克斯坦民法典》、《哈萨克斯坦民法典》、《吉尔吉斯斯坦民法典》、《塔吉克斯坦民法典》、《亚美尼亚民法典》、《爱沙尼亚民法典》、《立陶宛民法典》。

③ 它们是《意大利民法典》《秘鲁民法典》《智利民法典》《韩国民法典》。

的动物，上述理论就必须重构”[①]。《德国民法典》（1998 年）、《阿塞拜疆民法典》（2000 年）、《瑞士民法典》（2002 年）、《摩尔多瓦民法典》（2002 年）、《加泰罗尼亚民法典》（2006 年）、《荷兰民法典》（2011 年）等也有“动物不是物”的规定。《阿塞拜疆民法典》（2000 年）第 135 条第 3 款甚至规定：“植物和动物不是物。它们的法律地位由专门法律确定。”总之，按照上述以《奥地利民法典》为代表的模式，动物不是物，动物保护法等环境法律是调整人们对待动物行为的专门法律、主要法律，只有在动物保护法等专门法律、主要法律没有规定时，才适用民法有关物（或财产）的规定。

如果“动物不是物”，那么动物是什么？为此，在“动物民法地位重设”过程中，有些民法典不仅明确了“动物不是物”，而且解决了“动物是什么”的问题。

（1）动物是有感生灵。所谓有感生灵，是能感觉、察知、反应，有快乐感和痛苦感的存在物。例如，《动物福利普世宣言》指出，“动物是活生生，有知觉的存在物（beings）”[②]。《捷克民法典》（2012 年）第 494 条规定：活动物作为有感生灵，具有特殊的意义和价值。《法国民法典》（2015 年）新增的第 515 – 14 条规定：动物是有感生灵，受制于保护它们的法律。加拿大《魁北克民法典》（2015 年）新增的第 898. 1 条规定：动物不是财产。它们是有感生灵，它们有生物学的紧迫需要。《哥伦比亚民法典》（2015 年）第 655 条承认动物的有感生灵性质。《葡萄牙民法典》（2016 年）第 201 – B 条规定：动物是有感生灵，并因其性质而成为法律保护的对象。《西班牙民法典》（2017 年）第 333 条的附加条款规定：动物是有感生灵；必须尊重其有感生灵的品质，根据每个类型动物的特征确保其福利。《斯洛伐克民法典》（2018 年）第 119 条第 3 款规定：活动物作为能用自己的感官进行感知的生物，具有特殊的意义和价值，在民事关系中具有特殊的地位。《比利时民法典》（2020 年）第 3. 39 条规定：动物是有感觉的，有生理需求。

（2）动物在法律和法学中的其他名称或其他法律地位。法治实践说明，动物和法律都有不同的类型。在国内外现行法律体系和法学理论中，不同的法律和法学家对动物（特别是动物、家养动物、珍贵稀有野生动植物）赋予不同的法律待遇、法律地位和法律名称，如特殊客体、特殊物、有限主体、消极主体、利益主体、无能力的主体、家庭成员、被造物（人与动物同为上帝创造物）、享有尊严权的主体、权利主体、主体等。例如，《动物权利全球宣言》（1977 年 9 月 23 日）在导言中宣布，“所有的生命（allliving beings）都拥有天赋的权利，而任何有神经系统的动物都各有其权利”。其第 1 条规定，“所有动物都生来平等，同样享有生存的权利（rights to existence）”。《波多黎各民法典》（2020 年）第一编的标题是：法律关系（人、家畜、驯化动物、财产、事实、行为与法律行为）。此标题把家畜、驯化动物作为人与财产之间的中项，使其处在既非人也非财产的地位。该法典第

---

① 徐国栋：《动物民法地位的四类重设与我国的应然选择》，载《西南政法大学学报》2023 年第 2 期。

② 载我国台湾动物社会研究会网 2001 年 6 月 1 日，https：//www. east. org. tw/publication/6060。

232条（条名“家畜、驯化动物”）进一步规定：①家畜和驯化动物是有感生灵。②家畜是靠人照管、与人共同生活、需要人供养的非野生动物。③驯化动物是为了改变其行为而受训，以图实现警卫、保护、搜救、诊疗、协助、娱乐人及其他类似活动的动物。④家畜和驯化动物并非财产或物，不是强制执行的对象，工业、体育活动、娱乐用动物，不在此限。① 上述法律规范表明，家畜不是人、不是财产（或物）、不是野生动物，家畜是有感生灵。至于狗，从目前国内外法律对狗的法律地位或名称规定来看，狗既不属于无生命物，也不属于野生动物、畜禽②、家畜家禽③，狗具有伴侣动物、工作动物、家庭动物（家养动物）等不同的名称或多种法律地位。基于上述情况，民法学者徐国栋指出，“世界上许多国家都以单行法或民法典赋予了动物一定的主体资格，这些国家构成‘动物民法观’问题上的主流，此等主流构成21世纪法律文化的一部分，我国不参与其中，就是自外于主流”④。

（二）“环境”主要是一种“共用物”

所谓“环境不是物”，不是说环境没有价值、没有意义或没有用，而是指：环境法中的“环境”不是中国《民法典》定义的“物”或“财产”（包括动产和不动产），不是中国民法、物权法中作为排他性物权的客体的“物”（财产）、商品或交易物；“环境”主要是一种“公众共用物”（环境共用益物、环境共用财物、环境共用财富），是一种重要的、具有共享或共用功能的共用财富（共用财或共财、共用物或共物、共用财产或共产）。

1. 古今中外的法律大都将环境规定为共用物

（1）国外的法律大都将环境规定为共用物。

古罗马法学家埃流斯·马尔西安（Marcianus）在《法学阶梯》第3卷中指出，“根据自然法（Jus naturalis），空气、流水、大海及海滨是共用物（属于一切人共用）”⑤（D. 1，8，2，1）。杰尔苏（Celsus，96—138）在《学说汇纂》第39卷中也指出，“大海如空气一样，为全人类所共用”⑥（D. 43，8，3，1）。乌尔比安（Ulpianus）说：“……在批复中常

---

① Véase Código Civil de Puerto Rico，Ley Núm. 55 – 2020，1 de Junio de 2020，p. 66.

② 2020年4月8日，农业农村部发布了《国家畜禽遗传资源目录（征求意见稿）》（以下简称《目录》），其中不再把狗作为畜禽，理由是：随着人类文明进步和公众对动物保护的关注及偏爱，狗已从传统家畜“特化”为伴侣动物，国际上普遍不作为畜禽，我国不宜列入畜禽管理。参见《农业农村部关于〈国家畜禽遗传资源目录〉公开征求意见的通知》，载农业农村部官网，http：//www. moa. gov. cn/hd/zqyj/202004/t20200408_ 6341067. htm?luicode = 10000011&lfid = 1076036404984690&u = http% 3A% 2F% 2Fwww. moa. gov. cn% 2Fhd% 2Fzqyj% 2F202004% 2Ft20200408_ 6341067. htm。

③ 联合国粮农组织统计的家畜家禽中没有狗，国际上普遍不按畜禽管理狗。

④ 徐国栋：《穿过新冠肺炎危机入典的〈民法总则〉》，载《法学评论》2020年第5期。

⑤ ［意］桑德罗·斯奇巴尼选编：《物与物权》，范怀俊、费安玲译，中国政法大学出版社2009年版，第16–17页。

⑥ ［意］桑德罗·斯奇巴尼选编：《民法大全选译·物与物权》，范怀俊译，中国政法大学出版社1993年版，第11页。笔者将译文中的“共有”改为“共用”。

被提及的是大海和海滨像空气一样为一切人共用……[①]（D. 47，10，13，7）。”查士丁尼在《查士丁尼法学总论》（des Institutes de Justinien qui，或《法学阶梯》）中指出，“根据自然法则，人类共用的物（communes）有：空气、河流的水、海洋，可航河流的河岸”[②]。多马特（Domat）以同样的方式写道：“天空、星星、光、空气和海洋是整个人类社会的共用财物（biens tellement communs），任何人都不能成为它们的主人，也不能剥夺其他人使用；此外，所有这些事物（choses）的情况性质与一切人的共同使用（usage commun）完全相称。”因此，有些东西，因为它们服务于一切人，不能独占和排他（appropriées individuellement et exclusivement）。这些都是共用物（choses communes）。[③] 罗马法中的共用物（res comunes）主要指空气、水流、海洋和海滨（海岸）等，它们由一切人（包括本国人、外国人、奴隶）自由、任意、无限制地使用；在现代，这些共用物就是环境法中的环境或环境要素。

根据徐国栋教授的研究，《智利民法典》《厄瓜多尔民法典》《阿根廷民法典》《墨西哥民法典》《巴西民法典》等13个拉美民法典或民法典草案，均有公众共用物的规定。例如，1857年的《智利民法典》第585条遵循马尔西安的路线规定：“大自然安排成一切人共用之物，例如公海，不得处于所有权之下，任何国家、社团或个人均无权据为己有。”1870年的《路易斯安那民法典》第450条和第482条第1款也把公海（和空气）列为共用物。现行的《路易斯安那民法典》第449条仍然如此。《希腊民法典》较多地体现了马尔西安《法学阶梯》第3卷（D. 1，8，2，1）中的精神，其第967条规定了流水、海岸、可航河流的河岸、大湖及其湖岸为“一切人共有（共用）的物”。《希腊民法典》第968条把“一切人共有（共用）的物”的所有权界定为公域（Public domain）；第970条规定个人可通过政府根据法律规定的条件授予的特许获得“一切人共有的物”，但不得妨碍他人使用这些物。[④]

《法国民法典》（1804年公布施行，后经多次修改）第714条宜译为：“有一些不属于任何人而为一切人共同使用的物。警察法律规定享用它们的方式。”经审查，民法典确立的共用物概念的特点是两个标准：不占有和向一切人开放使用，自由获取（en libre accès，或

---

① 参见［意］桑德罗·斯奇巴尼选编：《民法大全选译·物与物权》，范怀俊译，中国政法大学出版社1993年版，第14页。需要说明的是，笔者根据对原文的理解，对译文有所改动。

② des choses qui sont par la loi de la nature communes au genre humain：l’air，l’eau des rivières，la mer et par conséquent le littoral des mers. Titre I du livre deuxième des Institutes de Justinien.（《查士丁尼法学总论》第二卷标题一）

③ Aurélien Bamdé，Les choses communes：notion，domaine，régime，https：//aurelienbamde. com/2019/12/02/les – choses – communes – notion – domaine – regime/.

④ 参见徐国栋：《“一切人共有的物”概念的沉浮——“英特纳雄耐尔”一定会实现》，载《法商研究》2006年第6期。

免费访问），无须针对严格界定的共同体的利益。[①] 克莱蒙婷·方丹（Clément – Fontaine）认为：“根据对共用物概念的新方法，第714条被解释为具有规范价值（valeur normative），而不仅仅是对事物状态的描述。换言之，这是因为人们真正希望将某些东西留给共用，这些东西被称为共用物，而不是因为它们的性质。它们不属于任何人，因为它们的使用必须是一切人的共用。”[②]

2005年2月28日，法国议会两院联席会议通过了《环境宪章》；接着，时任法国总统雅克·希拉克颁布了一条改革1958年宪法的法令，在宪法前言中加进了环境宪章。法国《环境宪章》宣布，“环境是人类共用的财富”，这确立了环境作为公众共用物的法律地位。1992年1月3日颁布的法国《水法》规定，“水是国家的共用遗物（the common heritage of the nation），水资源开发和保护需服务于公共利益和可持续性原则”。2006年12月30日修订的法国《水与水生环境法》不仅保留了1992年《水法》的原则，承认使用水是一切人的权利；而且进一步规定：“根据法律和条例以及先前确立的权利，水的使用属于一切人，每个自然人都有权在经济上可接受的条件下获得安全饮用水，以满足其食物和卫生需要”（《水与水生环境法》第1条）；“任何土地的拥有人、租客、农民或物权拥有人，在任何国有水道或湖泊的沿岸，均须将受该步行地役权（servitude）规限的土地留给该水道或湖泊的管理人、渔民及行人使用”（《水与水生环境法》第2条）。法国在1998年5月27日颁布的《环境法典》规定：“在一个国家领土范围内的空间、物产资源、自然环境、景点、风景区、空气质量以及多种多样的、并且保持相互间平衡的所有动植物种群均属于全国人民的共用财物”；“水体为全民族的共享财产。遵循自然资源平衡管理的原则保护、开发和发展可用水资源符合全民族的共同利益。人人均有权遵照法律、法规及以往制定的法律、法规的规定使用水。”法国《环境法典》（2022年11月3日）第L110 – 1条第1款明确规定：“自然空间、资源和环境、遗址和景观、空气质量、动植物物种、多样性，以及它们参与其中的生物平衡是国家共用遗物（du patrimoine commun de la nation）的一部分。”需要特别指出的是，包括法国《环境法典》在内的许多国家法律和国际环境法协定，都将自然资源、环境、遗址、景观等称作“共用遗物”（不少中国学者将其译为“共用遗产”）或“人类遗物”（不少中国学者将其译为“人类遗产”），这里的“共用遗物”或“人类遗物”不是像中国《民法典》中规定的与排他性物权（或财产权）联系在一起的“遗产”，而是指祖先留下的共用物（不特定多数先人留下的劳动成果）。祖先留下的共用物是指历史悠久或年代久远的，在传统上、习惯上被视为公众可以自由、直接、免费、非排他性享用的

---

① Aurélien Bamdé，Les choses communes：notion，domaine，régime，https：//aurelienbamde. com/2019/12/02/les – choses – communes – notion – domaine – regime/.

② M. Clément – Fontaine，Le renouveau des biens communs：des biens matériels aux biens immatériels. 克莱蒙婷·方丹先生，“共用财物（des biens communs）的更新：从物质性财物（des biens matériels）到非物质性财物（biens immatériels）”。

共用物。英国社会哲学家伦纳德·特里劳尼·霍布豪斯（Leonard Trelawney Hobhouse，1864—1929）[1] 将人为遗物分为两种：一是私人遗产，二是作为许多人劳动成果的遗产。他认为，“个人积聚的资产才是本人的财产，遗传的资产应该是共有的财产，也就是说，这项财产通常应该在死时归还共同体。自然资源和过去世代的财富，在充分履行共同生活职能的共同体中，通常不能视为私人所有权的适当目的物”[2]。

由于《德国民法典》没有规定水资源是属于国家所有权的客体，德国法律一般将水资源规定为一种“公物”；我国法学界虽然也将“公物”翻译为国家所有物，但这种国家所有物不同于《德国民法典》中规定的作为私权的国家所有权的客体，而是一种行政性或公法性国家所有权的客体。[3] 其中不少“公物”具有公众共用功能或公众共同享用性，如道路、广场、自然水流或人工水流等。德国《水管理法》（1996 年）[4] 规定，“只要不与其他的法律相对立……每个人都可以在一定的范围内利用地表水，就像依据州法律允许共同使用一样”（第 23 条公共用水）；“为家庭生活，为农业、家禽饮用或少量为暂时目的之用”地下水无须批准（第 33 条无须许可的利用）。修订的德国《水平衡管理法》（2009 年）[5] 明确规定，“流动的表层水域之水和地下水不具所有权属性”（第 4 条之 2），“为了公共福祉和与公共福祉相一致的个人利益，使用水域”（第 6 条之 3）。

彼得·林堡教授在《〈大宪章宣言〉：所有人的自由与共用物》一书中指出，我们一般只知道英国 1215 年的《大宪章》（Magna Carta），而很少有人听过 1217 年的《森林宪章》（the Charter of the Forest）（虽然在当时的英国，二者是并列的）。[6] 前者的核心在于保护私有产权和财产，后者的核心在于保护所有自由人共享自然资源的权利，《森林宪章》比《大宪章》更全面、更有效地将自由授予英格兰每个人。《森林宪章》通过压缩国王森林特权、授予自由人部分森林使用权和共用权这三个方面，满足了各阶层人群的需求。[7] 因此，

---

① 伦纳德·特里劳尼·霍布豪斯（Hobhouse，Leonard Trelawney，1864—1929），英国政治思想家、哲学家、社会学家。

② ［英］伦纳德·霍布豪斯：《社会正义要素》，孔兆政译，吉林人民出版社 2006 年版，第 133 页。笔者认为，如果按照中国《民法典》有关物（或财产）和物权（或财产权）的法律定义，这段话宜改译如下：“个人积聚的财物才是本人的财产，遗传的财物应该是共用的财物，也就是说，这项财物通常应该在死时归还共同体。自然资源和过去世代的财富，在充分履行共同生活职能的共同体中，通常不能视为私人所有权的适当目的物。”

③ 参见［德］汉斯·J. 沃尔夫、奥托·巴霍夫、罗尔夫·施托贝尔：《行政法》（第 2 卷），高家伟译，商务印书馆 2002 年版，第 456 页。

④ 《德国水管理法》，载湖北水事研究中心网 2011 年 7 月 2 日，https：//hbssyjzx. hbue. edu. cn/_ t373/99/31/c4764a104753/page. htm。

⑤ 德国《水平衡管理法》（Gesetz zur Ordnung des Wasserhaushaltes，WHG），也译为《规范水平衡管理的法》、《规范水预算的法律》或《水基准法》，简称德国《水法》，1957 年颁布，到 2009 年 7 月 31 日已经经过 8 次修订。

⑥ See Peter Linebaugh, *The Magna Carta Manifesto：Liberties and Commons for All*, Berkeley：University of California Press, 2009.

⑦ 参见刘茜茜：《1217 年英格兰〈森林宪章〉自由问题探析》，载《理论界》2018 年第 4 期。

在13世纪的英格兰，森林是所有人的共享财富，它得到世世代代使用者的精心呵护。目前在英国，关于公众共用物的专门性法律有：《公众共用物法》（The Commons Ac，1285年制定，1876年、1899年、1908年等修订，2006年最新修订）、《大城市公众共用物法》（1866年制定，1869年修订）、《公众共用物登记法》（1965年）等。英国《公众共用物法》规定了一些公众共用物权利（rights of common），以确保每一个人可自由出入共用土地。英国1949年《国家公园和乡村进入法》、1968年《乡村法》、2000年《乡村和道路登记法》等，从法律上确立了公众在乡村道路上的自由通行权。

目前美国有不少法律均有共用物的规定。《宾夕法尼亚州宪法》（1971年）第1条（权利宣告）第27款规定：“人民（people，可译为人们）享有关于清洁的空气、纯净的水以及保护环境的自然的、景观的、历史的和美学的价值的权利。宾夕法尼亚州的公共自然资源是包括后代人在内的一切人的共用财产（the common property of all the people）。作为这些资源的受托人，州政府应当为一切人的利益保育和维持这些资源。”① 《华盛顿州水法》第10条规定：“依据现有权利，州内的水资源都归公众拥有。”《马萨诸塞州水道法》第2条规定，“水资源属于全体人民”。《俄勒冈州制定法》第537章第110条规定：“州内所有的水资源均归公众拥有。” 密歇根州的1970年《环境保护法》第202节把空气、水体和其他自然资源列入公共信托原则所保护的物质客体的范围，确认公民和其他法律主体有提起关于公共信托的空气、水和其他资源的诉讼的起诉权。《阿拉斯加州水使用法》第30条规定：“在州的任何地方，水都被保留于人民共同拥有，并且应遵从于适当和有益的使用以保持溪内正常流量和水等级。”

现行国际条约也有不少有关共用物的规定。1967年《关于各国探索和利用包括月球和其他天体的在内外层空间活动所应遵守原则的条约》确定外层空间与公海一样，属于“共用物”，不属于任何国家的主权管辖范围；任何国家、组织或个人不得以任何方式将外空的全部或一部分据为己有；各国都可在平等的基础上，根据国际法自由探索和利用外层空间和天体。1979年《关于各国在月球和其他天体上活动的协定》规定月球及其自然资源是全人类的共用财物。1972年《保护世界文化和自然遗产公约》规定的人类世界遗物（world heritage of mankind，中国学者一般译为人类世界遗产），主要指文化遗物和自然遗物。1982年《联合国海洋法公约》第136条规定，“区域” 及其资源是人类的共同继承财产。第137条规定：①任何国家不应对“区域”的任何部分或其资源主张或行使主权或主权权利，任何国家或自然人或法人，也不应将“区域”或其资源的任何部分据为己有。任何这种主权

① Christina. Simeone，Necessity and Possibilities of Constitutional Environmental Rights，University of Pennsylvania Scholarly Commons（2006），http：//repository. upenn. edu /mes_ capstones /7. 注意，美国法律中的财产没有像中国《民法典》那样统一的法律定义，财产有时混同于财物即广义的财产，在不同语境下财产包括具有排他性的财产和不具有排他性的财产。

和主权权利的主张或行使，或这种据为己有的行为，均应不予承认。②对“区域”内资源的一切权利属于全人类，由管理局代表全人类行使。这种资源不得让渡。但从“区域”内回收的矿物，只可按照本部分和管理局的规则、规章和程序予以让渡。③任何国家或自然人或法人，除按照本部分外，不应对“区域”矿物主张、取得或行使权利。否则，对于任何这种权利的主张、取得或行使，应不予承认。①

（2）中国环境法律中的“环境”可以理解为共用物。

在我国《物权法》（2007年）颁布前，笔者在环境法研究中很少涉及共用物的法律问题，其中一个重要原因是我国法学界对法律中的“物或财产”“物权或财产权”没有统一明确的法律定义。2007年颁布《物权法》后，鉴于法律对“物”和“物权”作出了明确的法律定义，笔者才开始研究“公众共用物”问题即物权法、民法中的“物或财产”与环境资源法中的“环境或自然资源”的关系问题。笔者认为，要树立“环境是公众共用物”的思想，首先要明确判断共用物的标准。以往法律中的私权和公权都旗帜鲜明地强调其排他性；公众共用物及其享用权（或使用权）的最基本特征是其非排他性或共享性，也就是说，公众中的每一个人在使用或享用公众共用物时，并不排除公众中的其他人也使用或享用公众共用物，这意味着不特定多数人可以共同享用同一公众共用物。例如，公众中的任何一个人在享用（或使用）“十五的月亮”（或空气、水域、公众共用广场等）时，并不排除公众中的其他人也享用（或使用）“十五的月亮”（或空气、水域、公众共用广场等），而是可以与公众中的其他人共同享用它。《财产法的动态分析》② 认为，私有、国有、公众共用这种财产三部曲已经过时了，主张从排他性财产和非排他性财产这两个方面分析财产和财产权。因此，公众共用物及其使用权的非排他性或共享性，是区别以往法律中的私权和公权与共用权的基本性质；是否具有排他性是界定、区别和判断三类物（或三类财富）的主要标准，这也是一个逻辑问题。③

我国《环境保护法》中的环境之所以不是《物权法》、《民法典》中规定的物（或财

① 鉴于《联合国海洋法公约》已经明确规定，任何国家或自然人或法人不应将“区域”或其资源的任何部分据为己有，也就是说，“common heritage of mankind”不是具有排他性的财产。中文版的1982年《联合国海洋法公约》，将“common heritage of mankind”译为“人类的共同继承财产”，其中“财产”容易与我国《民法典》规定的与排他性“物权（或财产权）”联系在一起的“物（或财产）”混淆；为此，笔者建议将“common heritage of mankind”译为“人类共用的遗物”。

② See Michael A. Heller, *The Dynamic Analytics of Property Law*, 2 Theoretical Inquis of Law 82 – 86（2001）.

③ 有一些“自相矛盾”的法学家，一方面强调私权和公权的基本性质是排他性，另一方面认为某些私权和公权具有非排他性；一方面坚持物（财产）和物权（财产权）的排他性，另一方面在具有排他性的物（财产）和物权（财产权）里面违反逻辑地纳入具有非排他性的共用物和共用权的内容。这些都是“法律不是逻辑”或法律不是科学的一个重要表现。

产），是因为《物权法》、《民法典》[①] 中规定的物（财产）是与排他的权利即物权（财产权）紧密联系在一起的概念，《环境保护法》中的环境是一种与排他的权利即物权（财产权）没有直接联系的自然因素、生命物质，环境不是可交易物、可流通物或商品。分析《环境保护法》有关“环境”的定义可知，“环境”基本上是一种公众共用物即公众共用环境（或公众共用的环境要素、公众共用的各种自然因素），环境是各种自然因素的总体即环境是各种公众共用物的总体，其中，各种天然的公众共用物对应于各种天然的自然因素，各种人工改造的公众共用物对应各种人工改造过的自然因素，公众共用的大气、水、海洋、土地、森林、草原、湿地、野生生物等是“老天爷”或大自然对人类的恩赐，公众共用的人文自然遗迹是人类老祖宗对其后代的恩赐，不少公众共用的道路、广场、公园、共用建筑设施是政府投资建设或单位个人捐献给公众的共用物。特别是作为整体环境组成部分的光环境、辐射环境、声音环境和某些功能性环境，它们更是具有开放获得性、不可阻断性、物权化成本高甚至不可能确定产权的典型共用物。在我国《环境保护法》和生态文明建设中的生态系统，也可以纳入公众共用物的范围即“作为共用物的生态系统”（Ecosystem as Commons）和“作为共用物的生态系统服务”（Ecosystem Services as Commons）。[②]

2. “环境属于公众共用物”是环境法治建设的基础理论和重大实践问题

目前许多学者认为环境属于公众共用物（共用物、共物、共财、共产），许多法律实施部门（包括司法部门和行政执法部门）都将环境视为共用物，“环境属于公众共用物”不仅涉及许多环境法理论问题，甚至已经成为环境法的一个基础理论。例如，丹尼尔·查韦斯（Daniel Chavez）在《什么是共用物，它们的政治、社会和经济相关性是什么?》一文中指出，“近年来，许多来自不同国家的研究人员和社会活动家，比如我自己，重新发现了共用物的概念（the notion of the commons），将其作为深化社会和环境正义以及政治和经济民主化的关键理念”；“目前，可以在围绕共用物的理论辩论中识别出各种观点，但总的来说，它们都集中在国家和市场之间的第三空间（a third space）的重要性；将共用物视为对传统市场和国家或公共和私人之二元对立的超越”。[③] 大卫·博利尔认为共用物（the commons）具有丰富的内容和含义，共用物不仅仅是资源，它是一种资源加上一个共同体加上该共同体管理资源的特定规则和规范；共用物构成了经济和人类社会的巨大无形部门；

---

① 《物权法》第 2 条第 2 款、第 3 款规定：“本法所称物，包括不动产和动产。法律规定权利作为物权客体的，依照其规定。本法所称物权，是指权利人依法对特定的物享有直接支配和排他的权利，包括所有权、用益物权和担保物权。”中国 2020 年颁布的《民法典》基本上保留了原《物权法》的规定，“物包括不动产和动产”（第 115 条）；“物权是权利人依法对特定的物享有直接支配和排他的权利，包括所有权、用益物权和担保物权”（第 114 条）。

② See Blake Hudson, Jonathan Rosenbloom & Dan Cole eds. , *Routledge Handbook of the Study of the commons*, Routledge, p. 204 – 219.

③ Daniel Chavez , *What are the Commons and what is their Political, Social and Economic Relevance*?, https://countercurrents. org/2018/12/ What are the commons and what is their political, social and economic relevance/.

共用物是一种社会—生态—政治—文化范式和世界观。① 参见安东尼奥·阿尔甘多尼亚不仅指出"共用益物的概念（the concept of the common good）产生了各种理论"，而且具体研究了共用益物的概念和共用益物理论（the theory of the common good）。②

在法国，法国大革命之后确立了以个人财产自由权为表现的私有制。为了应对现实生活中"共用物"（des communs）这一挑战，法国大学出版社于2017年10月出版了一部《共用财物辞典》（Dictionnaire des biens commun）③，试图通过梳理各领域中触及"共用物"概念的词条，重新系统地界定这些新生现象里的权利关系。笔者在因特网上查到的法国《共用财物辞典》(2020年)④ 的摘要如下：

> 什么是"共用物""共用财物""共用遗产""共用事物"？今天，这些概念在社会科学和公民行动的许多学科中得到了强烈动员。它们的推动反映了社会实践的演变：在生态危机和数字化转型的压力下，财富将更多地共享。自由软件、百科全书和参与式住房、连续使用的自行车或汽车、将成为"共用财富"的公司：共用物的概念涉及文化、环境保护、城市规划、卫生、创新、劳工等领域。动员是强烈的，因为它们允许在集体、社区、使用和共享的再投资基础上思考社会变革。它们有助于重新解释当代社会的基本价值观，如国家的作用、财产和民主的表达形式。它们需要理论反思、政治辩论和公民体验。这本词典介于词汇和百科全书之间，旨在成为理解所有这些现象的工具。⑤

据《共用财物辞典》的主编、巴黎第一大学法学教授朱迪斯·洛克菲尔德（Judith Rochfeld）的介绍，这部辞典首先要解决的问题，是界定"共用"（commun）及与其密切相关的、被广泛应用的几个类似的概念，如共用事物（les choses communes，共用物）、共用遗产（le patrimoine commun）、复数的"共用物"（les communs）和单数的"共用物"（le commun）等。洛克菲尔德教授认为，复数形式的"共用物"（les communs）一词，其主流用法介于私有与国有之间。另一个重要的概念是单数的"共用物"（包括英语中的

---

① David Bollier, *Ivan Illich and the contemporary commons movement*, originally published by David Bollier blog (August 5, 2013), https://www.resilience.org/stories/2013-08-05/ivan-illich-and-the-contemporary-commons-movement/.

② 参见安东尼奥·阿尔甘多尼亚:《利益相关者理论与共用物》，载《商业伦理杂志》第17卷，1998年9月10日，第1093-1102页。

③ 参见［法］朱迪斯·洛克菲尔德主编:《共用财物辞典》，玛丽·科努、法比安·奥西、朱迪思·罗奇菲尔德编辑，法国大学出版社（PUF）2017年版。

④ M. Cornu, Fabienne Orsi & J. Rochfeld, Dictionnaire des biens communs, PUF, p. 1354, 2020, Quadrige, 978-2-13-081768-0. 〈hal-03340244〉. Note: View the original document on HAL open archive server, https://hal.archives-ouvertes.fr/hal-03340244.

⑤ M. Cornu, Fabienne Orsi & J. Rochfeld, 2020. "Dictionnaire des biens communs," Post-Print hal-03340244. HAL. Handle: RePEc: hal: journl: hal-03340244. Note: View the original document on HAL open archive server, https://hal.archives-ouvertes.fr/hal-03340244.

common，法语中的 le commun)，它表示一种共同的行动或共同的享受即非排他性的行为，包括共同去管理或治理某种具有公众共用性质的资源。界定共用财物（des biens commun）这个概念，意味着要从根源上重新审视私有财产。因为“共用”不同于“公共所有”，它与《罗马法》中的“res communis”一脉相承，在《罗马法》中这个词表示供全社会共同使用的事物即非交易物。法国《共用财物辞典》的出版表明，公众共用物以及公共共享权已经成为法国社会生活中一个迫切需要解决的重大问题。①

1982 年 3 月 21 日，美国历史学家、科学家伊凡·伊里奇在日本东京举行的“朝日科学与人——计算机管理社会研讨会”上指出：“以前，在任何司法系统中，大部分环境（most of the environment）都被视为共用物（commons）”，“人们将那些习惯法严格要求特定形式的、社区尊重的环境部分（part of the environment）称为共用物。人们称共用物为超出他们自己的门槛和他们自己所有的财产之外的环境的一部分。”“我将把作为共用物的环境与作为经济资源的环境区分开来。我们做出这种特殊区分的能力不仅取决于建立健全的理论生态学（a sound theoretical ecology），而且更重要的是取决于有效的生态法学（effective ecological jurisprudence）。”②

在中国，新兴的生态文明财富观和共产主义共产观认为，“绿水青山”（生态环境、生态系统）、“作为共用物的生态系统”（Ecosystem as Commons）和“作为共用物的生态系统服务”（Ecosystem Services as Commons），虽然不是我国《民法典》中所定义的具有排他性的“物”（或财产），不是具有可交易性的商品；但“绿水青山”的确是公众可以共享（或共用）的财富或福祉，是名副其实的公众共用物（或共用物、共物和共产）。《中共中央、国务院关于加快推进生态文明建设的意见》（2015 年）指出：“良好生态环境是最公平的公共产品，是最普惠的民生福祉。”国家主席习近平强调，“良好生态环境是最公平的公共产品，是最普惠的民生福祉”③。习近平主席在全国生态环境保护大会上的讲话指出，“绿水青山既是自然财富、生态财富，又是社会财富、经济财富。……良好生态环境是最普惠的民生福祉。……环境就是民生，青山就是美丽，蓝天也是幸福”④。时任国务院总理李克强指出，基本的环境质量、不损害群众健康的环境质量是一种公共产品，是一条底线，是政府应当提供的基本公共服务⑤。

---

① 参见 Amaelle Guiton、杜甦编译：《自然环境与数字信息中的“公共财产”该如何界定?》，载澎湃新闻网 2017 年 11 月 5 日，http：//www. thepaper. cn/newsDetail_ forward_ 1850483，原文载于 2017 年 10 月 17 日的法国《解放报》。

② Ivan Illich，*Silence is a Commons*，The Coevolution quarterly，https：//www. inist. org/library /1982 – 03 – 21. Illich. Silence% 20is% 20a% 20Commons. pdf.

③ 习近平：《推进生态文明建设需要处理好几个重大关系》，载《 人民日报 》2023 年 11 月 16 日，第 1 版。

④ 习近平：《推动我国生态文明建设迈上新台阶》，载《求是》2019 年第 3 期。

⑤ 《以环境保护优化经济增长　促进转型发展　提升生活质量》，载《人民日报》2011 年 12 月 21 日，第 4 版。

明确共用物特别是“环境属于公众共用物”，具有重要的理论意义和积极的现实作用。从理论上讲，明确共用物和区别三类财富，将使共用物成为一个独立的、明确的法律概念甚至法律范畴，有利于解决三物（私物、公物、共物）不分或混淆的理论问题，有利于走出三种利益（私益、公益和共益）、三种权利（私权、公权和共权）、三种制度（私有制、公有制和共产制）、三种诉讼（私益诉讼、公益诉讼和共益诉讼）不分或混淆的理论困境，有利于共用物和共用物概念、环境共用物和共用物理论的形成，有利于共用物理论、环境法学理论的发展和学科的建立，有利于“主、客一体”（主、客综合，三分或多分法）研究范式的建立，有利于夯实共产主义思想和理论的物质基础。从实践上看，明确共用物和区别三类财富，有利于防止三种悲剧（私有地悲剧或私有制悲剧、公有地悲剧或公有制悲剧、共用地悲剧或共产制悲剧），有利于走出或避免三种陷阱（私有化陷阱、国有化陷阱和共用化陷阱），有利于健全以公有制为主体、以共享制为引导、三种财富（私人财富、公共财富和共用财富）协调发展的社会主义财富制度，有利于创造条件并最终达到以共享制（共产制）为主体、“各尽所能、各取所需”、三种财富（私人财富、公共财富和共用财富）和谐发展的共产主义。总之，深刻认识和理解三类财物或三种财产、三类财物权和三类财富制度，特别是共用财富（共用物、共财）、共用财富权（共享权、共用权）和共用财富共享制（共产制），不仅有利于从根本上破除西方法治文明范式和法治话语体系即“私产与公产二分、私权与公权二分、私法与公法”范式的束缚，而且有利于生态环境（自然资源）的多元治理和法治保护，有利于理解人类实现共产主义崇高理想的正当性和必然性。

在社会主义发展的初级阶段，私有财产是构成自主人和家庭的物质基础，没有私有财产就没有人的尊严、就没有家庭；公共财产（包括国家所有财产和集体所有财产）是构成政府的物质基础，没有国家所有财产就没有政府和政府的权威；公众共用物（简称共物、共财或共产）是公众进行共享活动（communing activities）、开展共用物运动（commons movement）的物质基础，没有公众共用物就没有平民（commoners，共用人）或老百姓的行动自由和自由交往，就没有公众的共享领域或共用空间。我们应坚持三类财富或三种财产（私财、私物或私产，公财、公物或公产，共财、共物或共产）综合平衡、协调发展的原则，确立三种利益（具有排他性的私人利益、具有排他性的公共利益和具有非排他性的公众共享利益，简称私益、公益和共益）统筹兼顾的思想，建立健全三类财物协调发展、三种利益统筹兼顾的顶层设计和管理体制，建立健全三类财物权（私人财产权、公共财产权和共用财物使用权，简称私权、公权和共权）的权利体系和三类财富制度（私有财产所有制、公共财产所有制和共用财富共享制，简称私有制、公有制和共产制）。国家应该通过规划、政策、法律等方式，合理配置三类财物（或三种财产），保障三类财物（或三种财产）和三种利益的比例适当、平衡和谐、协调发展。环境法律和环境法学的责任和使命就是，建立健全公众共用物综合治理模式和多元共治机制，有效防治“两种公众共用物悲剧”，促进公众共用物喜剧，维护包括各种自然资源和环境要素在内的公众共用物的合理总量和适宜质量，促进生态文明建设和经济社会的可持续发展。

“大道之行，天下为公；各尽所能，各取所需”一直是中国梦的重要内容。“海阔凭鱼跃，天高任鸟飞；地大宜共用，路多由众行”一直是人们不懈追求的理想。公众共用物是最公平的共享财富，共享生态环境是生态文明的基本理念。共产党人的最高理想是实现共产主义，在共产主义社会，由于生产力、科学技术和生态文明的高度发展，人的全面发展和人的思想觉悟的极大提高，由于阶级、国家、商品经济和法律的消亡，“共用物（共物、共产）”的种类、数量和质量将获得极大的增加，“共用物（共物、共产）”在三种物（财产或财富）中的比例将比以往任何社会历史时期更大，那时人们对包括美丽环境在内的共用物（共物、共财、共产）实现真正的“各尽所能，各取所需”，做到真正的“自由、直接的共享共用”。

国家环境保护义务论纲*

陈海嵩**

摘　要：国家环境保护义务是环境法律体系的重要内容和环境法学的重要命题。国家环境保护义务的实践基础，是国家和社会运行对国家履行环境保护责任的实践需要；国家环境保护义务的理论基础，是公共信托理论和社会公共利益理论。国家环境保护义务的目标，在于实现“环境国家”的要求。国家环境保护义务规范内涵，应当从宪法上的环境基本国策（而非环境基本权利）的角度出发，且指向的是国家环境保护目标。国家环境保护义务的基本类型包括现状保持义务、危险防御义务、风险预防义务，对每个领域国家权力的有效行使予以相应的约束和指引。

关键词：国家环境保护义务　宪法规范　环境基本国策

目　次

一、国家环境保护义务的基本定位

概括而言，国家环境保护义务是指国家在运行过程中应当负有保护生态环境的义务。自古以来，生态环境问题一直存在，并且在近代工业革命之后集中出现与爆发。随着工业文明的发展，资源环境的有限性与经济增长的无限性的矛盾逐渐尖锐起来。由此，全社会逐渐唤醒生态环境保护的意识。在此背景下，公众普遍认为国家管理机构应当涉足生态环

* 本文系国家社科基金重大项目“新时代生态文明建设目标评价考核制度优化研究”（项目编号：22&ZD138）的阶段性成果。

** 武汉大学环境法研究所教授、博士生导师。

境资源领域，对破坏生态和污染环境的行为进行相应的管制行动，国家环境保护义务由此被提出，构成环境法律体系的重要内容和环境法学的重要命题。分析国家环境保护义务的基本定位，应当分别从这一义务的来源和目标着手。

（一）国家环境保护义务的来源

国家环境保护义务的诞生与发展，首要是由于生态环境资源与人类社会发展之间存在的矛盾越发尖锐，在此基础上讨论通过何种手段能够更好地保证生态环境维持在适宜状态。现代国家治理的运行模式下，国家对生态环境保护的责任与作用不可忽视。一方面，生态环境领域一直存在“公地悲剧”，无法依靠市场自发实现环保目的，需要发挥国家管制的功能；另一方面，国家环境保护义务在理论上有其正当性，因此可以在生态环境保护领域实现国家意志。总之，国家环境保护义务的来源，可以分别在以下方面展开讨论：

1. 国家环境保护义务的实践基础

国家环境保护义务的实践基础，即国家和社会运行对国家履行环境保护责任的实践需要。如前所述，生态破坏和环境污染已经成为当代社会必须面对的生存危机。科学技术的进步带来了生产力的飞跃，同时也带来了更大的生态环境风险。由于生态环境保护中同样存在市场失灵的问题，因此生态环境保护离不开政府的宏观调控，由此国家应当承担起生态环境保护义务。众所周知，由哈丁所提出的著名“公地悲剧”，就是公共领域市场失灵的典型案例。如果社会个体为了追求个人利益而忽视社会福利，那么会导致过度消费，最终耗尽公共资源，对每个人都不利。由于生态环境资源稀缺，在消费上具有竞争性，同时又具有不可排他性，由此产生市场失灵的情况。解决“公地悲剧”这类问题的办法，包括强制私有财产权、政府行政监管或者制定集体行动安排。这些办法的核心仍然是发挥国家行政职权的管理手段。同时，生态环境损害是典型的负外部性问题，即行为主体造成的损害后果由第三人（公众）承担。在生产活动中，生态环境损害的修复成本往往转嫁给了其他人或整个社会，出于理性考量，寄望于经济主体自发地改变现状不可能消除环境负外部性的问题，此时政府管理、干预的重要性尤为体现。① 此外，市场主体对生态环境损害掌握的信息有限，难以从长远的角度作出理性的选择，相应的市场机制就不可能得出有效率的结果，即难以确定生产活动带来的利益与相应的后果。总而言之，环境问题的实质源于生态环境承载力的有限性与人类个体追求欲望不断实现之间的矛盾，因此生态环境保护往往需要强制性的手段。可以说，环境保护作为一种公益性很强的事业，特别需要“国家”这个拥有特殊公共职能的主体发挥作用。在这一意义上，国家环境保护义务意味着，国家在生态环境保护中占据了主导地位。

---

① 参见［瑞典］托马斯·思德纳：《环境与自然资源管理的政策工具》，张蔚文、黄祖辉译，上海三联书店、上海人民出版社 2005 年版，第 39 页。

2. 国家环境保护义务的理论基础

证成国家在环境资源领域进行管制的正当性，就必须明确国家环境保护义务的理论依据，即明确国家基于何种理论，得以在环境资源领域形成国家意志并付诸实施。当代社会，国家对于生态环境进行普遍性的管制，其理论基础主要有：

一是公共信托理论。公共信托理论（public trust doctrine）起源于英国普通法上的信托制度。① 该理论认为，某些特定的公共资源应该由政府拥有并负责管理，将政府在公共资源管理上的角色放在重要位置。公共信托理论的延伸是政府有义务维护公共资源，使其对公众可用，并且政府管理公共资源必须是无偿、客观、公正的。公共信托理论适用于保护公共资源和维护公共利益的领域，其中应当包括生态环境保护领域。20 世纪 70 年代，公共信托原则被运用于环境与资源保护领域。② 用公共信托理论解释国家对生态环境资源的管理，本质在于将生态环境资源视为公共物品。公共物品是指一定程度上人们可以共同享用的事物，具有非排他性或非竞争性的特征。生态环境资源同样具有非排他性或非竞争性的特点，因此可以被视为一种公共物品。每个人对公共物品的消费应当在合理范围内，避免因自己的消费导致别人对该物品消费的减少。但是人们在较长一段时间内缺乏对生态环境"稀缺性"的认识，带来大量的环境事件和生态危机。因此，为了公共利益和公众利用之目的，人们通过信托的方式让政府对生态环境资源展开管理，政府有责任确保它们的健康和可持续发展。

二是社会公共利益理论。社会公共利益是指能够满足一定范围内所有人需要的对象，即具有公共效用的对象，或者说，能够满足一定范围内所有人生存、享受和发展的，具有公共效用的资源和条件。生态环境保护领域是社会公共利益的集中体现，即生态环境公共利益是人类生存和发展必不可少的条件。生态环境公共利益主要体现为生态系统服务功能，它是某种生态环境要素和自然资源对其他生态环境要素、自然资源和公众利益所发挥的作用。虽然生态环境公共利益的维护需要多元主体的多方参与，但是国家行政管理是现代社会不可或缺的一环。根据现代社会理论中的"社会公共利益论"，国家作为社会公共利益的天然代表，其行为和活动都必须从公共利益的角度寻求合法性与正当性支持。③ 因此，国家对生态环境资源进行管理，在社会主体之间对环境利益进行公平分配，就是国家维护社会公共利益的具体体现，是履行国家环境保护义务的现实手段。

（二）国家环境保护义务的目标

国家环境保护义务确立后，首先需要明确它所指向的目标。在此过程中生态现代化理

① See Ryan E., *A Short History of the Public Trust Doctrine and Its Intersection with Private Water Law*, 38 Va Envtl L. J., p. 135 (2020).

② See Sax J. L., *The Public Trust Doctrine in Natural Resource Law: Effective Judicial Intervention*, 3 Michigan Law Review, p. 471 – 566 (1970).

③ 参见［美］约翰·罗尔斯：《正义论》，何怀宏等译，中国社会科学出版社 1988 年版，第 238 页。

论发挥了重要的作用。20 世纪 80 年代初期，生态现代化理论出现，该理论建立在对传统“环境保护与经济增长不相容”观念进行反思的基础上，致力于现代社会发展在面临生态环境挑战时按照生态可持续的方向发展，实现经济与环境的双赢。① 根据生态现代化理论，应当调动各种行为主体的积极性，实现可持续发展。因此，需要改变传统命令—控制模式的政府环境管理模式，运用以资源和合作为基础的环境治理手段。但是这并不意味着国家在环境保护领域责任的削弱。面对一个多元并存的治理体系，国家应当担当积极角色作出宏观安排，修正各种治理机制之间的相对平衡。由此，学界以国家如何满足并实现“生态现代化”为视角，提出了“环境国家”（environmental satate）的概念；在一定意义上说，“环境国家”就成为国家环境保护义务的目标。

由于生态环境保护的多样性及其所涉利益的多元化，目前尚不存在一个统一的“环境国家”规范性概念。从描述性的角度，可以将其定义为：以生态环境保护作为目的并采取多种方式加以实现的国家；国家负有实现环境保护目标的责任。② 如前所述，生态环境损害往往发生于市场失灵的领域。当社会机制无法充分实现生态环境保护的目标时，由于国家掌握必要的权力与管制手段，可以将生态环境保护作为公共利益予以具体化，因此，国家在生态环境保护中占据了核心的地位。为实现“环境国家”的目标，国家环境保护义务对国家行为提出了基础要求，必须做到以下三个方面：

1. 履行职责

国家应当提供一个清洁的、适合人类生存的生态环境，生态环境保护是国家所应担负的重要任务之一。环境污染和生态破坏会对国家统治的正当性提出挑战，国家必须通过生态环境保护维持自身的正当性。③ 因此，必须明确生态环境治理中政府如何履行职责的问题，具体可以区分国家和地方两个层面讨论，国家应当组建生态环境保护专职部门，地方应当在行政履职过程中贯彻可持续发展的理念。

在国家层面，通常有专门负责生态环境保护的职权部门，如我国的生态环境部，以此整合生态环境保护相关职责，避免诸多涉及环保的事项散落分布在各个部门带来的行政局限，提高行政水平和行政效能。但促进人与自然和谐共生，绝非一个部门能够完全独自承担，必须打破只有生态环境部门才履行环保职责的固有观念，充分运用国家治理组织体系内外一切资源，共同应对艰巨的生态环境保护任务。在地方层面，应当由各地区政府对当地的生态环境质量负责，在行政管理过程中树立生态政绩观念、落实生态问责制度、加强生态环境保护法治化水平，同时需要注重地区间的横向交流与合作。地区的划分是行政区

① 参见郇庆治：《生态现代化理论与绿色变革》，载《马克思主义与现实》2006 年第 2 期。

② 参见陈海嵩：《环境治理视阈下的“环境国家”——比较法视角的分析》，载《经济社会体制比较》2015 年第 1 期。

③ Frickel S., Davidson D. J., *Building Environmental States: Legitimacy and Rationalization in Sustainability Governance*, International Sociology, Vol. 19: 1, p. 89 – 110 (2004).

域上的划分，并非自然空间的“独立”与“割裂”。通过类似于跨区域联防联控的制度机制，进一步优化落实生态环境保护义务。维护生态环境安全，贵在实践、重在落实。国家只有在运行管理过程中保证生态环境保护职责的履行，才能妥善实现“环境国家”的目标。

2. 维护公民权利

生态环境与每个公民息息相关。首先，在经济社会中，生态环境损害往往直接体现在公民人身权和财产权的损失上，尤其是环境污染造成的严重后果。过去我国民法中的“环保理念”就体现在救济因环境污染带来的人身损害和财产损害。这类损害实际属于公民的个人私权受损，我国立法和司法对环境侵权救济的支持，体现了国家履行环保义务的一个方面，在救济私权的过程中，间接实现生态环境保护目的。而且，为了更好地救济公民的人身权和财产权，法律往往在环境侵权救济中制定更宽松的追责规则，如无过错原则、因果关系倒置等，一方面，是为了尽可能地消除环境侵权双方主体之间信息与资源的差距；另一方面，通过严格的法律责任，倒逼持有损害风险的主体加大注意义务，避免因自己的行为带来难以承受的损失。

其次，生态环境保护涉及每个公民的生存利益，即使在生态环境损害不涉及个人法益的情况下，也应当得到法律的直接救济。我国虽然没有明确规定“环境权”，但是人权实现的前提是生态环境处在良好状态，因此生态环境公共利益必须得到保障。如今，立法、执法和司法领域都愈加注重生态环境损害救济的“恢复性”，既要落实“损害担责”原则，又要保证生态环境得到妥善修复。① 对生态环境损害的直接救济，充分体现了国家环保义务的内涵。总之，公民美好生活的实现离不开舒适、健康的生态环境，共同推动“环境国家”目标的实现。

3. 维护公共秩序

公共秩序（public order）也称“社会秩序”，是维护社会公共生活所必需的秩序。公共秩序关系到人们的生活质量，也关系到社会的文明程度。公共秩序的内核实质是公共利益的实现，也就是说，当公共利益与私人利益达到平衡状态，公共利益的实现足以满足社会运行的需要时，公共秩序得以妥善维护。公共利益是现代法治社会的一项重要原则，它是一个模糊性概念，具有很强的适应性，其内涵会随着时空背景的不同而有所不同。生态环境公共利益同样如此，正如前述社会公共利益理论提及的，生态环境保护是社会公共利益的集中体现。在经济贫瘠时期，对于生态环境保护的要求相对较低；在经济发展的高速期，更需要强调对环境公共秩序的维护。国家环境保护义务实际是规定了国家的行为准则，维护公共秩序既是这些行为需要达到的目的，又是实现生态环境保护的方式。维护公共利

① 参见吕忠梅、窦海阳：《修复生态环境责任的实证解析》，载《法学研究》2017 年第 3 期。

益的基本手段包括政府控制、社会公平、道德整合、法治建设等。环境公共秩序的内涵应当是通过约束对自然环境与资源开发利用的行为，保障人类生存空间的舒适与健康，以此维系社会运行的公共秩序。简言之，其要求在国家机关对社会秩序的管理过程中，充分考虑生态环境保护因素。

二、国家环境保护义务的规范内涵

国家环境保护义务的内涵，要在国家法律体系中得以充分体现。由于国家环境保护义务是以国家为主体赋予自上而下管理生态环境保护事务的责任范畴，而宪法规定国家的根本任务和根本制度，因此宪法条款是国家环境保护义务主要的规范表现，其赋予了国家权力运用于生态环境保护领域的正当性依据。理解国家环境保护义务规范内涵，应当从宪法上的环境基本国策（而非环境基本权利）的角度出发，且指向的是国家环境保护目标。[①]具体可从以下方面展开：

（一）国家环境保护义务的宪法依据

宪法是国家的根本大法，在我国法律体系中宪法具有最高的法律地位和法律效力。因此，国家环境保护义务必须在宪法之中明确规范。宪法有关国家环境义务的规定，既赋予了国家生态环境保护职权的正当性，又为生态环境保护的具体实施指引了方向。[②]

1. 宪法是国家开展生态环境保护的正当性来源

由于国家环境保护义务的目标是构建“环境国家”，因此必然需要在法律层面对此进行规范。一方面，“环境国家”意味着国家生态环境保护权力的扩张，需要在立法上得以确认；另一方面，“环境国家”要求国家责任向生态环境保护领域偏移，需要规范依据明确国家环境保护义务的界限。宪法与“环境国家”的辩证关系具体表现如下：

国家的生态环境保护职权由宪法确认。在法治国家中，国家权力的正当性基础不再是“神授”或君主的命令，而只能源于宪法。国家权力是被宪法授予的权力。宪法不仅规定了国家权力的界限，更是国家权力来源及正当性的基础。如此，国家因生态环境保护而获得的职权及其行使，必须具有宪法依据并获得其授权。

国家环境保护措施的效力源于宪法的权威性。宪法在我国法律秩序中具有最高的权威，在法秩序体系中具有最高的效力。宪法规定了国家的根本制度、根本任务和根本目标，其他法律依据宪法而产生，并且内容不得与宪法相抵触。国家为履行环境保护义务而采取的管理措施，均源于立法规定，无论源于哪部法律，其最终效力都源于宪法的权威性。

宪法通过基本权的保障指导国家发展方向。作为宪法调整的权利形态，基本权利在整

① 对这一问题的具体论证，参见陈海嵩：《国家环境保护义务论》，北京大学出版社 2015 年版，第 57 – 85 页。

② 参见陈海嵩：《国家环境保护义务在我国环境法典中的定位与表达》，载《现代法学》2022 年第 4 期。

个权利体系中处于核心与基础地位。生态环境保护是生存利益和经济利益、自由利益平衡的结果，所采取的措施必然会对公民的自由与财产构成一定的影响甚至是侵犯。因此，有必要借助宪法对于人民基本权利的保障机制，划定环境国家中国家权力的边界，确保国家环境保护义务的履行不会背离现代法治精神。

2.《宪法》有关国家环保义务的内容

我国国家环境保护义务的宪法依据主要是《宪法》第9条第2款和第26条。《宪法》第9条第2款规定："国家保障自然资源的合理利用，保护珍贵的动物和植物。禁止任何组织或者个人用任何手段侵占或者破坏自然资源。"这一条款是表明国家对自然资源领域具有规制权力的文本依据，赋予国家对于公共资源的"公权性"支配，成为我国自然资源领域专项法律设置合理开发利用自然资源、禁止侵占或者破坏自然资源的相关规定或制度的宪法法源。《宪法》第26条规定："国家保护和改善生活环境和生态环境，防治污染和其他公害。国家组织和鼓励植树造林，保护林木。"这一条款对生态环境保护问题作出了专门的规定，将环境保护确定为国家的一项基本政策，构成了国家环境保护义务的主体内容。据此，我国要实现"环境国家"目标，应当着眼于生态保护和污染防治。此外，2018年3月，第十三届全国人大第一次会议审议通过《中华人民共和国宪法修正案》，将"生态文明"写入宪法，体现了党和国家对生态环境问题的高度重视，不仅对我国生态环境保护具有重大意义，也为守住绿水青山、创造美好生活提供了宪法保障，侧面强调了国家环境保护义务。总而言之，关于国家环境保护义务的宪法条款是政府环境管理的法律依据，构成环境保护法律中赋予政府环境管理职权的宪法基础。

（二）环境基本国策：国家环境保护义务的规范形态

根据传统公法学国家建立在"基本权利—国家义务"关系上的国家义务体系，是以公民基本权利为逻辑前提和理论依据的，即国家义务直接源于明确的公民权利。[①] 生命健康权已经是我国宪法中与环境保护关系最为紧密的基本权，但是它远远不能满足当代人类对于生态环境质量的要求。如果只有在生命健康遭到损害的时候，才得以采取对抗性的策略，则无法充分实现对生态环境的保护。对于国家环境保护义务而言，最妥帖的权源应当是"环境权"。我国目前并没有实现"环境权入宪"，甚至对于环境权的内涵与范畴仍有许多争论。尤其是"环境权入宪"的真正问题不在其必要性，而在其可能性。因此理解我国宪法中的国家环境保护义务，不能简单地适用"基本权利—国家义务"的逻辑进路。

我国宪法中虽然没有明确规定"环境权"，但是明确存在国家环境保护义务的相关内容，其主体部分则是前述提及的《宪法》第26条，明确了国家进行生态环境保护的义务性和正当性。生态环境保护是我国可持续发展战略的一个具体要求，也是实现经济社会协调

① 参见龚向和：《国家义务是公民权利的根本保障——国家与公民关系新视角》，载《法律科学（西北政法大学学报）》2010年第4期。

发展的重要途径，该规定同样体现了我国的国家政策。因此，理解我国国家环境保护义务的规范形态，可以认为它在宪法中作为环境基本国策存在。

综观全球，目前已有100多个国家在宪法中纳入环境基本国策条款。最具有代表性的，是德国1994年修改通过的《基本法》第20a条的规定："国家基于对未来世代所负的责任，在合宪秩序的范围内，通过立法、行政机关和司法机关，根据法律与法，保护自然的生命基础。"① 从宪法变迁的角度看，基本国策作为国家积极干预社会生活的规范表述，构成了现代宪法的基本内容，是宪法中国家机构与人权规定之外的"第三种结构"，是国家发展的指针。宪法中规定的有关内容，必然是生态环境保护中最重要且最必要的内容，应该提升到环境基本国策的高度，否则将会影响宪法的权威性和稳定性。总之，无论从我国国家发展战略的角度，还是从中国特色社会主义法治体系完善的角度，在宪法中以环境基本国策的方式规定国家环境保护义务，有利于实现"环境国家"的价值理念。

（三）国家目标条款：国家环境保护义务的规范定位

关于宪法上环境基本国策条款的规范效力问题，传统上主要存在"方针条款"和"宪法委托"两种模式②。前者是指基本国策的用语抽象、模糊而难以确定其含义时，将其视为无法律约束力的"方针条款"；后者是指宪法只对立法者提出环境保护的要求，不涉及其他国家权力。我国宪法中涉及生态环境保护的条款是以环境基本国策的形态存在的，它们应当被定位为"国家目标条款"，即将生态环境保护作为独立的国家目的，并对所有国家权力均具有约束力。国家环境保护义务主要依靠立法和行政实现，由于司法的生态环境保护功能是提供被动救济，因此其难以实现国家环境保护义务的目标。从立法角度看，我国宪法中国家环境保护义务的条款对国家立法实际起到了约束和指引作用。以宪法为依据，我国加快了环境立法步伐，分别制定了环境保护法、野生动物保护法、海洋环境保护法、大气污染防治法和环境影响评价法等一系列法律，基本建立起环境保护方面的法律体系。从行政角度看，行使行政权必须遵照国家环境保护义务条款的规定，在进行行政裁量时，须遵守环境基本国策的引导及标准。此外，司法活动也必须以宪法的环境基本条款为判决基准。因此，我国的国家环境保护义务条款，实际是宪法规定的国家生态环境保护目标条款。

三、国家环境保护义务的类型划分

基于宪法中所明确的国家环境保护义务的规范，需进一步细分国家应当履行的生态环

① 参见张翔、段沁：《环境保护作为"国家目标"——〈联邦德国基本法〉第20a条的学理及其启示》，载《政治与法律》2019年第10期。

② 参见陈新民：《论宪法委托之理论》，载《宪法基本权利之基本理论》（上册），台北，三民书局1996年版，第40－42页。

境保护义务类型，方可推导出不同情形下国家应当采取的环境管制手段，避免因应对不到位导致无法挽回的损害后果，或者因应对过度导致社会资源的浪费。根据“危险”“风险”“剩余风险”的划分标准，① 国家环境保护义务的基本类型包括现状保持义务、危险防御义务、风险预防义务。

（一）国家环境保护义务类型划分的标准

现实世界中面临的生态环境损害情形复杂多样，大体上可以区分两种情况：一是危害行为与损害后果之间的因果关系相对明确，构成危险形态；二是危害行为与损害后果之间的因果关系难以确定，构成风险形态。除去无法经由实践理性加以排除的剩余风险领域，国家环境保护义务应当以对危险的救济和对风险的预防为类型划分的基础，以此明确国家管理和社会运行过程中应当采取的环保措施。

1. 生态环境保护的目的

划分国家环境保护义务的类型，就是要区分国家在实现环境保护目标过程中面对的不同情况。因此首先要明确生态环境保护追求的目的是什么。生态环境保护的内涵应当包括以下三个方面：（1）排除现已存在和出现的对环境的损害；（2）排除或减轻现在对环境可能或潜在的危险性；（3）经由采取预防措施防止未来可能出现的环境危害。由此推导，人们期待国家承担生态环境保护的责任，能够做到环境质量水平不倒退，并且预防和排除可能存在的各种危险性因素。由此区分出“危险”和“风险”两种情况，同时衍生出“剩余风险”的概念。

2. “危险”“风险”“剩余风险”

众所周知，国家首要承担的任务是保障并维护公共安全和公共秩序，即排除妨碍内部安全秩序的危险。这其中自然包括防御人类社会因生态环境损害而受到的威胁。对于生态环境危险的判断必须依据客观经验对损害发生的因果关系有所认知，判断标准是一般人生活经验中认为其足以造成危害，其中危害的发生必须是极有可能的。当国家预先判断某些因素会对法益造成侵害时，就可以采取一定的干预手段防止危险的发生。

随着科学技术的快速发展，产生了诸多不确定性的生态环境问题。人们难以明确认知生态环境损害行为和危害后果之间的因果关系，呈现出“风险社会”的特征。“风险”的概念是相对于“危险”而言的，是指无法经由经验法则判断后果的、可能对法益造成危害的因素。在生态环境保护中，国家对于“危险”的判断往往是具有预测性和不确定性的，因为相较于其他损害，生态环境损害更具有隐蔽性和抽象性。当知识上存在不确定性或是无法量化风险后果时，就难以明确知悉造成损害的因果关系，此时无法认定为“危险”，只能认为是“风险”。对此，国家仍有义务采取相应的预防性措施，以更好地保护生态环

① Oliver Lepsius, *Riskoentscheidunhgen durch Verwaltungsrecht*: *Ermöglichung oder Begrenzung von Innovationen*?, VVDStRL 63, 2004, S. 268.

境、维护人类社会运行秩序。

然而，对风险预防并不意味着国家需要无条件、无限度地管制所有风险，甚至达到“零风险”的状态。试图将风险完全清除将会面临有限的技术、高昂的成本、大量的资源等困难。同时减少任何特定风险的努力都有可能带来新的风险。国家在采取措施应对风险时不能够忽视人类社会发展的局限性，因此必须划定“剩余风险”，明确人类无法加以排除而应忍受的风险。

3. 国家环境保护义务的基本类型

根据上述关于“危险”“风险”“剩余风险”的划分，能够得出不同情况下国家面对可能影响生态环境法益的因素时应当采取的行动方案。当存在生态环境危险时，损害发生的盖然性较高，国家有干预和排除的义务；当存在生态环境风险时，损害发生的盖然性不确定，国家可以干预，但必须在综合考量下开展行动；面对“剩余风险”，由于应对它往往有技术上的期待可能性和经济上的合比例性，因此国家原则上不应采取行动。综上所述，在承认“剩余风险”的基础上，适当的对危害的排除和对危害的预防，构成了宪法上所要求的国家生态环境保护义务与责任，[①] 包括以下三个基本类型：（1）国家的现状保持义务，或者说“倒退禁止”义务，即国家权力应保证环境状况不继续恶化；（2）国家的危险预防义务，即对于明显的、直接危害环境的“危险”，国家应当采取干预性措施并加以排除；（3）国家的风险预防义务，即对于具有科学不确定性的风险，国家应在合理判断社会所能接受的“剩余风险”的基础上，适当地采取预防措施。

（二）现状保持义务

根据一般理解，结合国家环保义务规范依据的表达，“现状保持”应当是国家生态环境保护的第一义务，即人们通常意义上理解并要求国家在生态环境保护领域应当做到禁止环境国家水平倒退，不得使人民的自然生存基础受到比目前更为严重的危害。为履行现状保持义务、确保环境水平不再继续恶化，国家首先应采取污染控制的措施，对现有污染源进行直接管制，其中管制手段包括排污许可制度。排污许可制度是行政许可在污染防治领域的运用，是指环境保护部门针对排污者的申请，依法审核并确认排污者是否具备合法排污的条件，并对该排污行为依法进行全程监管的行政行为。

瑞典是最早实行排污许可证制度的国家，1969 年瑞典《环境保护法》第 9 条中规定：“从事或者将要从事对环境有害活动者都须向国家环境保护许可证管理委员会提出申请。”[②] 在美国，排污许可证制度是其污染控制的核心手段，广泛运用于各种污染物排放的控制与管理中。其他具有代表性的相关立法有：澳大利亚维多利亚州政府 1970 年通过法令，正式适用排污许可证制度；法国 1973 年颁布法令确立排污许可证制度，实施范围为污水排放和

---

① 参见陈慈阳：《环境法总论》，中国政法大学出版社 2003 年版，第 200 页。

② 全国人大环境与资源委员会编译：《瑞典环境法》，中国环境科学出版社 1997 年版，第 11－13 页。

固体废弃物处置；日本《大气污染防治法》和《水污染防治法》规定，公害设施者必须事先将有关设施的构造、使用方法、处理方法等计划向有关部门申报。其中，美国《清洁水法》中规定的“禁止倒退”规则（anti backsliding rule）最能体现“现状保持”义务。总体上，美国要求各州在发放排污许可证时不能在具体标准上倒退，应当和最新的排污限制导则保持一致。

我国探索建立排污许可制度的历史可以追溯到20世纪80年代。但是当时排污许可制定位不明确，企事业单位治污责任不落实，环境保护部门监管不到位，使管理制度效能难以充分发挥。自党的十八届三中全会将“完善污染物排放许可制”写入《中共中央关于全面深化改革若干重大问题的决定》后，党的十八届五中全会在《中共中央关于制定国民经济和社会发展第十三个五年规划的建议》提出“改革环境治理基础制度，建立覆盖所有固定污染源的企业排放许可制”。2016年，国务院发布《控制污染物排放许可制实施方案》，排污许可制度改革全面启动。2021年1月24日，国务院公布《排污许可管理条例》；2022年10月，党的二十大报告提出“全面实行排污许可制，健全现代环境治理体系”。排污许可制改革在生态文明建设和污染防治攻坚战当中，肩负着越来越重要的使命，既是政府各部门之间、不同层级的政府之间在固定污染源管控上责权关系的调整，也是政府与排污企业之间监督与被监督的内容、方式的重大改革。通过多年来持续进行的排污许可制改革，我国不仅稳定住生态环境质量不下降，而且直接带来了生态环境质量的显著改善，形成了企业持证排污、政府依法监管、社会共同监督的生态环境保护格局。①

（三）危险防御义务

根据前面对于“危险”的定义，国家有义务采取措施对非常可能造成环境法益损害的各种“危险因素”加以干预。其中干预手段可以从两个方面展开：一方面，应当对造成生态环境影响的行政相对人进行行为管制，即产生外部效力；另一方面，应当对造成生态环境影响的国家行为进行约束，即内部效力。这就是实现国家环境保护危险防御义务的二元制度结构。

1. 管制行政相对人行为的制度结构

解决生态环境损害问题，站在公权力的视角，必须将污染物排放和生态资源开发控制在合理范围之内，首要的是管制给环境法益带来威胁的主体，通过行政手段进行环境管制。人类社会运行必然会对生态环境带来影响，环境管制绝非单纯的禁止，这是不能实现也是无法实现的。环境管制的主要手段是建立环境标准制度，以此作为判断行政相对人行为合法性的依据。环境标准是指对环境保护工作中需要统一的各项技术规范和技术要求所作的规定，制定主体通常是行政机关而非立法机关。现实中，环境标准往往直接影响行政相对

① 参见本刊编辑部：《创新执法理念 发挥排污许可制的核心作用》，载《环境保护》2022年第9期。

人行为是否合法。对于行政活动而言，其合法性毋庸置疑；但对于司法活动而言，环境标准能否作为判案的法律依据仍有争议。① 这个问题实际关系到立法权和行政权的权力分配。

环境标准往往属于不具有外部效力的行政规则，但在实践中又作为行政机关执法的主要依据，决定了当事人的权利与义务，由此具有了事实上的外部效果。对于这一现象，有学者认为行政机关是作为法律的执行者，拥有法律解释以及因此使法律具体化的权限。但是随着理论研究的发展，人们开始意识到当把作为规范具体化的行政规则纳入立法领域时，就等于承认行政机关在没有立法者明确授权下即取得了立法权限。因此，对于环境标准的法律属性问题，经历了从“行政主导”到“立法主导的转变”。环境标准的制定应当由立法权把控，而非行政权。这一认知更符合国家环境保护危险防御义务的要求。

我国的环境标准制度也同样如此。环境标准和环境法律规范虽然都是环境法律渊源，但是并非同一性质的规范，标准的规范构成要素本身不具有法律意义而仅具有科学和技术层面的意义。当标准在行政行为中体现了规范效力时，其规范效力并非环境标准本身具有的，而是法律赋予标准的规范效力，要么上升为法律规范，要么借助其他法律规范而得以实施。例如，行政法律规范赋予了行政机关一定范围内的行政裁量权，当环境标准作为行政裁量的依据时，就借助了行政裁量权的法律依据，对生态环境执法产生规范效力。

2. 约束国家行为的制度结构

国家自身行为带来的生态环境损害是生态环境保护的次要方面，通常国家行为带来的环境危害是在维护公共利益、行使公权力的过程中产生的，如由公共设施产生的环境公害。以国家环境保护义务的目标和要求的角度观之，国家在运行过程中应当尽量减少自身行为对生态环境造成的损害，否则公民同样有权提出约束国家行为避免生态环境受损的请求，不过这一请求应当发生在特定情形之下。同时，国家行为遵守国家环境保护义务也要区分不同情况分析。

在特殊情况下，国家的行政权力应当得以适当扩张，为追求公益目的，必要时可以降低国家对环境法律规范的遵守限度。因为维护国家政权的稳定性（国家安全和领土完整）是人权保障的前提。② 但是，此时的权力扩张必须要谨防“权力滥用”。这就有必要引入公法学的“帝王条款”——比例原则（the principle of proportionality）加以判断。根据比例原则的要求，在运用行政权力的过程中，对公民个人权利所造成的损害与其所保护的社会利益之间应保持一定的法益均衡关系。因此，即便国家行政权处于公共利益的需要，可以减低甚至免除对于特定环境法规的遵守义务，仍然应当受到比例原则的约束，以免对人民

---

① 参见栾志红：《论环境标准在行政诉讼中的效力——以德国法上的规范具体化行政规则为例》，载《河北法学》2007 年第 3 期。

② 参见韩大元：《保障和限制人权的合理界限》，载许崇德主编：《宪法与民主政治》，中国检察出版社 1994 年版，第 242 页。

权利造成过多侵害。

关于行政许可是否应视为违反环境保护义务的国家行为。实践中法院一般持否定态度。但是为了保护受害人权利，在特定情况下应当承认国家的许可行为构成对个人权利的侵犯。如国家违反公法相邻规范的情况下负有相应的赔偿责任，即承认行政许可第三人的法律救济权，但这里的“第三人”必须符合一定要件才能视为“相邻人”，即具有非常紧密的空间和时间关联性。除此之外，受害者不能直接针对国家的许可行为请求法院审查，而应通过立法完善和行政执法来寻求利益的维护。

我国主要通过环境行政公益诉讼制度约束国家行为。其是当环境行政机关的违法行为或不作为对公众环境权益造成侵害或有侵害可能时，法院允许无直接利害关系人为维护公众环境权益而提起行政诉讼，要求行政机关履行法定职责或纠正、停止其侵害行为的制度。这一诉讼制度的目标是维护公共利益、监督行政活动，能够约束国家行为符合国家环境保护义务的要求。

（四）风险预防义务

现代风险社会中，造成生态环境损害的因素已经不限于具有确定性的“危险”了，还包括具有不确定性的“风险”。风险所具有的全球性、世代性和潜在性使安全的担保成为一件非常困难的事，人民对于“安全”的感受更难以确定，更期待国家能够采取行动抵御风险，风险预防的国家环境保护义务就此产生。同时风险预防意味着国家对未来时代的“长期责任”，是实现代际公平理念的重要一环，是建构“环境国家”的重要一环。但正如前文所述，由于风险认知、科学技术和社会资源的局限，所以无法全面地将所有可能的、潜在的风险都纳入国家管制范畴。人们必须忍受一定程度的“剩余风险”。因此，实践国家环境保护风险预防义务，关键在于明确国家权力发动的具体标准，划清“剩余风险”的界限，即确立风险预防的决策规则。

1. 风险预防原则的内在局限

风险预防原则（precautionary principle）的定义虽然存在模糊性的争议，但是它已经成为大多数国家生态环境决策的重要考量，并提供了决策的基本准则：即使存在科学不确定性，国家也应当针对风险采取预防性措施。但是一个社会不可能在所有风险问题上都保持警惕并全面地采取国家干预措施，合理地判断出社会所应承受的“剩余风险”是必要的。“成本/效益分析”法为国家的风险决策提供了较多的支持，简单而言，就是通过比较风险与收益的大小作出是否采取预防措施的决策。但是这一方法过于简单地看待了生命价值与经济价值，同时方法再完善也难以摆脱价值判断的争议。因此风险预防原则在达成决策规则上具有内在的局限性，难以为国家权力的运作提供具体指导。

2. 风险决策的形成及相应国家义务

风险决策是指根据一定标准作出的关于风险预防的决定。在风险预防原则存在内在局限性的情况下，决策的作出必须依赖于风险社会的价值选择。风险社会中一个显著现象是，专家和公众对风险的认知大相径庭，某种程度上甚至会形成对立。[①] 专家对于风险的判断可以认定为是一种基于工具理性的“科学理性”，而公众的风险感知和可接受度是社会对风险的理性认知，它所体现的“社会理性”必须得到认真对待。前者是从概率和客观的角度理解风险，后者是从价值判断的角度理解风险。就风险决策而言，“科学理性”赋予了其合理性，“社会理性”赋予了其正当性。在正当性和合理性发生冲突的情况下，若无视合理性，则会面临承担损害后果的生态风险；若无视正当性，则会被公众视为“隐瞒”或“夸大”。因此，在决策过程中应当通过适当的制度安排，化解专家与公众之间的观点对立。具体可以划分两种情况讨论：

一般情况下，风险决策形成过程中必须充分考虑民众意见，根据民主审议的结果决定是否采取干预措施。在确定风险规制目标之后，进而确定具体的管制措施，此时就需要引入专家意见，依据现有的科学知识提出具体的政策建议以补强民主决策的合理性。在这一过程之中，国家应当担负起信息公开、程序正义、保障公民参与、持续调查与更新等义务。

特殊情况下，如果某风险的结果是灾难性的，国家应当直接作出采取措施的决定，积极采取预防性的管制措施，无须过多考虑风险决策的正当性问题。例如，我国制定的“碳达峰”和“碳中和”目标，就是为了应对全球气候变化的挑战，避免灾难性的全球气候变化后果作出的风险决策，是特殊情况下我国积极履行风险预防义务的体现。当然对于特殊情况必须作出严格判断。根据1992年联合国环境与发展大会上通过的《里约环境与发展宣言》，采取风险预防措施的前提是“严重或不可逆转的环境损害”（serious or irreversible environmental damage）。

3. 风险决策的审查

依据上述内容可以得知，影响风险决策的最主要因素是对生态环境损害的科学判断，而非环境法律规范，风险决策是国家环境保护风险预防义务的延伸，宪法虽然能够作为风险决策的合法性依据，但是由于宪法在规范方式上多使用具有高度抽象性、概括性的语言，因此风险决策仍然需要具象化的合法性判断。国家环境保护义务的“主阵地”在立法和行政两个环节。也就是说，立法权和行政权的行使是实践中国家履行风险预防义务的具体表现，其合法性的判断需要通过司法审查得以实现。

对立法权的合宪性审查。众所周知，宪法并不会规范所有事项，只是涉及国家以及人民的根本事项，提供国家活动的“框架秩序”，具体的秩序形成有赖于立法者在“宪法秩序”的基础上丰富制度安排。但是立法者是否构成“立法不作为”或是“立法乱作为”，则需要确定它的“合宪性”。当然，立法者享有一定的自由裁量权，能够自主决定如何立

① 参见陈海嵩：《科技风险认知的差异及其解释——从心理学到社会学》，载《东北大学学报（社会科学版）》2009年第5期。

法。一般来说，应当尊重立法机关的自主裁量权。就国家的风险决策而言，由于涉及高度科技性内容，立法者对于如何完成立法义务享有更自由的空间。因此针对生态环境风险，立法机关应当在充分考虑多方因素的情况下审慎履行其立法义务。只有当立法行为明显侵犯公民权利时，才能对此进行实质性审查并宣告违宪。

对行政权的司法审查。行政机关在履行国家风险预防义务上扮演着更重要的角色。由于风险社会中的威胁往往具有复杂性和动态性特征，为妥善应对，立法者必须大量授权行政机关采取措施。行政权的自身特征能够更好地应对生态环境风险，其手段不仅包括“执行”，还包括“决策”。也就是说，行政机关在适用不确定的法律概念时，拥有不受法院审查的自由判断余地，即行政决定权。法院仅能审查行政机关是否有逾越此领域范围。在风险决策领域，法院同样应当尊重行政机关对事实情况的判断，但是行政机关的判断绝非不受法律约束的无限度自由，而是具有内在界限。这一界限即是行政程序是否妥当。法院并不介入实质的政策决定，但是借由程序的要求为行政机关的裁量权力划定了法律界限。

4. 我国生态环境保护中的风险预防

我国国家风险预防义务落实到立法层面，主要体现为《环境保护法》第5条的规定：“环境保护坚持保护优先、预防为主、综合治理、公众参与、损害担责的原则。”其中，预防原则是环境法领域被广泛认可的原则，是指国家在环境保护工作中采取各种预防措施，防止开发和建设活动中产生新的环境污染和破坏，同时对已经造成的环境污染和破坏要积极的治理，避免存在造成更严重后果的风险。这应当被认为是我国环境立法中的风险预防原则。其中最突出的制度体现是环境影响评价制度。通过强制要求建设项目实施前进行调查、预测和评定，保证环境监管过程中严格把控风险动向，以便快速作出风险决策。国家风险预防义务的实现，一方面，有利于找出潜在的风险，制定相应的规制措施，实现可持续发展，为后代营造良好的生存环境；另一方面，由于在进行风险识别评估时，要求重视生态环境保护与经济发展的关系，有利于我国构建人与自然和谐共生的发展模式。

数据与立法

论国家立法的源泉

翟 勇*

摘 要： 本文从国家立法入手，重点讨论两个主要问题，一个是关于立法主体问题；另一个是关于立法意志问题，也就是国家意志问题。关于立法主体问题，本文从宪法和法律规定的立法权和提出议案权的角度出发，分析了各类立法行为主体及其行为，在此基础上，进一步说明了国家作为立法第一人称和独立立法者的地位，强调了立法第一人称的重要性。关于立法意志即国家意志问题，本文重点从三个方面解读了国家意志的内涵，即人民意志、执政党意志和国家战略。

关键词： 国家立法　立法主体　国家意志　人民意志　执政党意志　国家战略

目　次

本文试图说明一个较为特殊的事务，即立法。对于立法这件事务，或许普天之下无人不知、无人不晓。但如果要把这件事务完完整整地说个清楚，那又不是一件容易的事情。因为立法，上通自然法则，下达社会秩序。其中包含复杂的天理、人性等思维问题，又落脚于复杂的社会关系和不同社会主体及其相互之间千差万别的行为问题。这也就决定了立法的神秘性。所以，笔者无意也不可能仅在这一篇文章中，将一个神秘的事务完完全全地说个清楚。研究立法工作甚至参与立法实践的人们或许对本文的题目感到陌生或者不解，因为在我国的法学教材和法学论著中，尚没有关于这方面的专门论述；与立法相关的各类文件中也未见专门表述过这样的问题。本文以立法源泉为题，讨论立法问题并非基于臆想

* 全国人大常委会环资委法案室原主任，宁波大学特聘教授。

或者空穴来风的幻觉，而是基于参与立法实践的感悟和对立法工作的进一步思考。任何事物都有来源，即形成每个事物的源泉，法律也不例外。了解事物的源泉是把握事物的本质和事物功能的基础，也是从源头上认识事物的重要途径。那么，什么是立法的源泉呢?

关于立法的源泉问题，笔者仅就自认为最为关键的两个主要问题：一是谁在立法、谁有权立法，即立法的主体和立法的第一人称问题；二是立法者为了什么、基于什么立法，即立法反映谁的意志，来发表一点并不十分成熟的看法。以上这两个主要问题，一个是立法者，另一个是立法意志，都是立法的源泉问题。研究和探讨这两个问题的目的，是想从立法最基础的问题入手，为未来人们完整解读这一神秘的事务，并作出丰富而智慧的理论贡献，做点微不足道的铺垫。

就第一个问题来说，其实并不神秘。因为几乎每个人都懂得法律是国家的，即国家的法律、国家意志。所以，国家的法律由谁来制定，应当是不言而喻的。但如果细说起来，基于人们的各种不同看法，这个立法者似乎又是较为复杂的，需要作一些认真的讨论和辨识。对于“第一人称”的立法问题来说，还是有一些事情需要认真、深入地作一些讨论的。这里所说的“第一人称”，是指立法的第一人称。关于这个问题的具体内容，笔者将在后面详细说明。关键而复杂的是第二个问题，即关于立法反映谁的意志问题。本文将在概括讨论第一个问题的基础上，深入讨论第二个问题。

一、关于国家立法问题的基础探讨

关于谁在立法，谁有权立法的问题，似乎讨论的是一个有关“立法主体”的问题。对此，人们可能会依据法律的规定，提出一系列主体，包括从国家立法权的行使到地方立法权的行使，从授权立法的角度到委托立法的角度等提出各种不同的立法主体。而且这些诸多立法主体之间，应当是存在差异的。此外，立法是要通过语言文字来表达的，人们看到的是表达或者表述法律内容的文字，但感受到的应当是有人在陈述法律的内容。这就需要弄清立法是否具有第一人称的问题，那么谁又是立法的第一人称呢？本文就立法主体和立法第一人称问题，作出如下讨论，以辨识谁是真正的立法者：

（一）关于立法主体的认定

从广义上来说，有关立法主体的认定问题，社会上有许多说法，诸如法律人、立法者、立法人、立法机关、立法起草单位、立法研究单位等。也有人基于立法实务工作，认定所有参与起草法律草案的人员均为立法主体，只是他们参与立法的层次、深度和权力有所区别而已，但都应当被视为参与立法的主体。从狭义上来说，即便是基于法律的规定，人们关于立法主体问题也会得出各种不同的结论，诸如基于宪法和法律的授权，有权提出立法案的主体，即宪法和法律确定的有权立法的主体；或者认定立法主体是依法行使立法权的国家机构及其组成人员。在上述这些主体之中，有的是基于宪法和法律赋予立法职权的主体；有的是基于作为国家立法机关而成为立法主体；有的是作为国家立法机关的组成人员而成为立法主体；有的是作为立法机关的工作人员，因为具体从事立法工作而成为立法主体；有的是基于授权立法或者委托立法成为法律起草机构、单位和个人等而成为立法主体；有的则是基于国家间的立法交流合作，参与我国立法工作而成为立法主体；等等。从上述对立法主体的概括分析中，我们可以看出，这些不同的立法主体是存在差异的。那么，这些不同的立法主体存在的差异，是否表明我们的社会有各种不同的立法主体，也就是有各种不同的立法者呢？如果是这样的话，那么基于这些不同的立法者的立法，是否将使我们的社会存在各种不同的立法意志、立法主张和立法精神呢？为了更清楚地说明这个问题，下面我们逐一对上述不同的立法主体作一个分辨。

1. 宪法和法律直接授权的立法主体

关于宪法和法律授权的立法主体，应当主要包括两部分：一部分是由宪法和法律授权提出议案，包括立法案或称法律案的主体；另一部分是依据宪法和法律的规定，享有一定立法职权的主体。

（1）关于依据宪法和法律授权提出议案的主体。

按照宪法和有关法律的规定，我国有权提出议案的主体有哪些呢？对此，我们需要分别就宪法和有关法律的规定来确认。

①《宪法》关于有权提出议案主体的规定。《宪法》的这一规定，主要体现在三个方面：第一，“全国人民代表大会代表和全国人民代表大会常务委员会组成人员，有权依照法律规定的程序分别提出属于全国人民代表大会和全国人民代表大会常务委员会职权范围内的议案。”[①]《宪法》的这一规定表明，全国人大代表和全国人大常委会组成人员，有权依照法律规定的程序提出议案。这个议案包括立法案或称法律案，也包括其他内容的议案，诸如监督内容的议案等。第二，“国务院行使……向全国人民代表大会或者全国人民代表大会常务委员会提出议案”的职权。[②]《宪法》的这一规定，明确了国务院是有权提出议案的主体。第三，“各专门委员会在全国人民代表大会和全国人民代表大会常务委员会领导下，研究、审议和拟订有关议案。”[③] 尽管《宪法》的这一规定，没有直接明确赋予全国人大各专门委员会作为有权提出议案的主体，但却规定各专门委员会有权“拟定有关议案”。对此，笔者认为，这一规定应该是赋予全国人大各专门委员会有提出议案的职权。因为“拟定议案”的结果，就应当是提出议案。如果不能提出议案，那么“拟定议案”的作用是什么？专门委员会“拟定议案”后由谁提出其拟定的议案，《宪法》并未进一步作出规定。对此，应当认定是《宪法》作出了一个未完成的规定，或者视为《宪法》文字表述上存在

① 参见《宪法》第72条。
② 参见《宪法》第89条第2项。
③ 参见《宪法》第70条第2款。

的一个瑕疵，属于一个立法技术上的问题。《宪法》不应该作出一个没有结论而使含义不清楚的表述。关于《宪法》的这一规定，在学界也有争议，有反对意见认为，这不能算作《宪法》直接赋予全国人大各专门委员会提出议案的职权。这样的观点不无道理，因为《宪法》的这一表述不够严谨，只说了半句话。又因为表述得不严谨，而使这一条规定的含义不明确。对于这一条的文字表述，建议未来修改《宪法》时予以完善。或许有人会说，《宪法》的后半句话是写在《全国人民代表大会组织法》中的。事实上，从有关法律的规定和相关实践情况看，专门委员会提出议案早已成为全国人大及其常委会的一项经常性的重要工作内容，特别是全国人大组织法已经作出明确规定。在这样的状态下，《宪法》的以上表述应该是较为尴尬的。《宪法》的尴尬应该是忽视了其系统的完整性和语言文字逻辑的严谨性。

②《全国人民代表大会组织法》关于有权提出议案主体的规定。根据《宪法》的上述规定，《全国人民代表大会组织法》的规定主要体现在三个方面：第一，“全国人民代表大会主席团，全国人民代表大会常务委员会，全国人民代表大会各专门委员会，国务院，中央军事委员会，国家监察委员会，最高人民法院，最高人民检察院，可以向全国人民代表大会提出属于全国人民代表大会职权范围内的议案。”① 这是《全国人民代表大会组织法》在宪法精神之下，进一步明确了上述八个有权提出议案（包括立法案）的主体，分别是全国人大主席团、全国人大常委会、全国人大各专门委员会、国务院、中央军委、国家监察委、最高人民法院、最高人民检察院。这既是对宪法精神的贯彻落实，也是对宪法的相关表述作出的进一步完善。但这仍然不能解决宪法自身表述不严谨的问题。第二，“一个代表团或者三十名以上的代表联名，可以向全国人民代表大会提出属于全国人民代表大会职权范围内的议案。”② 按照《全国人民代表大会组织法》的这一规定，一个代表团或者 30 名以上的代表联名，有权提出议案。这就是第九个可以提出议案的主体，也就是有权提出立法案的第九个主体。第三，“委员长会议，全国人民代表大会各专门委员会，国务院，中央军事委员会，国家监察委员会，最高人民法院，最高人民检察院，常务委员会组成人员十人以上联名，可以向常务委员会提出属于常务委员会职权范围内的议案。”③ 根据《全国人民代表大会组织法》的这一规定，委员长会议、常务委员会组成人员 10 人以上联名有权提出议案即立法案或者法律案。这样，有权提出立法议案的主体为 11 个。

（2）关于宪法和法律赋予行使立法权的主体。

这里首先需要说明，提出立法议案的主体和行使立法权的主体既有联系又有区别。区别主要从两个方面来认定：一是宪法和法律的规定，二是两个权力行使的状况。有关两个

---

① 参见《全国人民代表大会组织法》第 16 条。
② 参见《全国人民代表大会组织法》第 17 条。
③ 参见《全国人民代表大会组织法》第 29 条。

权力行使的状况，即行为表现，将在后面专门讨论。这里仅就宪法和法律的规定和两项权力的相互联系性，作一点概括说明。

①关于宪法和法律的规定。首先，我们看《宪法》的规定：第一，在第62条有关全国人大行使职权的规定中，第1项为“修改宪法”；第3项为“制定和修改刑事、民事、国家机构的和其他的基本法律”。这两项规定均明确了全国人大有权行使立法权，同时，也就表明全国人大是行使立法权的主体。因为修改宪法和制定、修改法律是最主要的行使立法权的行为。第二，在第67条有关全国人大常委会行使职权的规定中，第2项为“制定和修改除应当由全国人民代表大会制定的法律以外的其他法律”；第3项为“在全国人民代表大会闭会期间，对全国人民代表大会制定的法律进行部分补充和修改，但是不得同该法律的基本原则相抵触”。这两项规定也同样是关于行使立法权的规定，这里不再赘述。第三，在第89条有关国务院行使职权的规定中，第1项为“根据宪法和法律，规定行政措施，制定行政法规”。这一项规定应当是明确国务院具有行使制定行政法规的职权。行政法规是法律的重要组成部分，制定行政法规应当是立法权的延伸。但国务院行使这项职权是受全国人大及其常委会监督的，全国人大及其常委会通过备案审查，可以纠正或者废止行政法规与宪法和法律相抵触的规定。关于这个问题目前学界存在争议，但这里不作过多讨论，以免喧宾夺主，影响主题讨论。事实上，国务院的这项职权应当是基于两个条件：一是基于授权立法；二是基于执行法律的职权。需要明确的是，依据《宪法》的这一规定，国务院应当享有一定的行使立法权的职能，加上前述的具有提出立法议案的职权，所以国务院也应当是立法主体之一。

其次，我们再来看看《全国人民代表大会组织法》的规定。第一，该法第5条中规定：“全国人民代表大会及其常务委员会行使国家立法权。”这一规定，明确了全国人大及其常委会有行使立法权的职能。同时，对这一规定，也可以理解为全国人大及其常委会是行使立法权的主体。第二，该法在第37条关于全国人大各专门委员会工作的规定中，第2项作出“组织起草法律草案”的表述。这一表述明确了全国人大各专门委员会有权组织起草法律草案，也可以理解为全国人大各专门委员会是组织起草法律草案的主体。只是这一条没有使用“各专门委员会行使职权”的文字表述，而是将“组织起草法律草案”表述为各专门委员会的一项工作。但这项工作分明是行使国家立法权，因为不是任何主体都可以“组织起草法律草案”的。关于《全国人民代表大会组织法》的这一文字表述是否值得商榷，这里不作更多讨论。但这一表述有将“工作”和“行使国家立法权”相混淆的嫌疑。如果在文字上的表述更严谨一些，或许会避免不必要的商榷。

②关于提出议案权和行使立法职权的关系。关于这个问题，讨论起来应当是很有内容的，但是要想得出充分的结论，却并不十分容易。首先，从形式上看，提出议案权和行使立法职权应当都属于立法权讨论的范围，而不是具体立法技术所讨论的问题。同时，提出

议案权表述的是立法活动的局部过程，不是全过程；行使立法职权，应当是指立法活动的全过程。但二者相同的是，均为立法活动和立法活动的过程，只是有局部过程和全过程的差异。其次，从具体内容上看，行使提出议案权和行使立法权又有很大的不同。第一，如前所述，一个是立法行为的局部过程，另一个是立法行为的全过程。第二，从提出议案权来说，主要有两种情况：一是在法律审议前提出立法建议案，或者直白地说，是提出建议立法的议案。这样的议案从立法技术上来说，应当是很不成熟的。因为这样的议案未经过法定程序起草和审议过，所以，从前述《宪法》和《全国人民代表大会组织法》的规定看，对于这类议案的办理，只交由有关专门委员会提出议案审议结果的报告，而不是全国人大或者全国人大常委会对法律草案审议。二是由法定主体提出的，同时又是由该主体负责全过程组织起草，并负责报请全国人大或者全国人大常委会会议审议的议案。这类议案方才成为法律草案，再经全国人大或者全国人大常委会会议最终审议通过，报国家主席签署后，最终成为法律。这种情况下的提出议案权和行使立法权是重叠的，也就是相同的。因为这种提出议案权，不是局部行使立法权，而是完整行使立法权，即从提出立法建议案，到组织起草法律草案，再到将组织起草完成后的法律草案报送全国人大或者全国人大常委会会议审议，是完整地参与立法过程。除此之外，还有一种情况，就是由法定提出议案的主体在法定的全国人大或者全国人大常委会会议上提交议案，并提请审议，但这一主体并不负责组织法律草案起草全过程，而仅仅是依法提出议案。在这种情况下，提出议案权和行使立法权是不相同的，而这种行使提出议案权与前述由全国人大专门委员会提出议案审议结果报告的提出议案权的情况，也是有区别的，具体区别就是提出议案的时空条件不同，提出议案的形式也有所不同。一个是提交给全国人大的大会议案组，最终由专门委员会提出议案审议结果的报告；另一个是直接提交给全国人大或者全国人大常委会会议审议，并经会议审议通过，再由国家主席签署后，最终成为法律。所以，同样是行使提出议案权，具体情况却有很大不同。

2. 间接行使立法权的主体

所谓间接行使立法权的主体，是指非经宪法和法律直接授权，而是根据授权立法或者委托立法而参与行使立法权的主体。

（1）基于授权立法的立法主体。

从广义上说，立法不仅仅包括制定或者修改宪法和法律，还包括依据宪法或者法律的授权制定配套的法规、规章、标准等法律性文件。只是这些从事制定配套法规、规章、标准等法律性文件的主体，不是天然和真正的立法主体，而是基于宪法和法律规定而派生的立法主体。所谓天然和真正的立法主体，是指前述那些依据宪法和法律规定有权提出立法议案或者有行使立法权职能的主体。这类主体前面已经讨论过，共有 11 个，在这 11 个主体中，有的具有双重身份，即同时也是法律赋予行使立法职权的主体，如全国人大及其常委会和国务院。国务院因为有权制定行政法规而成为宪法和法律授权的立法主体，但与制定法律的主体即全国人大及其常委会的情况又有所不同。这个不同就是基于行政法规与法律的关系，行政法规既是法律的延伸，又可以先于法律制定。所以，其既源于法律，又有与法律相对的独立性，但总的情况是以法律为基础的。其先于法律制定是因为授权立法代行法律的功能，其延伸规定是依据法律的原则作出具体的规定，是对法律的进一步细化。所以，行政法规不能完全独立于法律。还有一个问题就是地方性法规，这种法律性文件也是基于法律而制定的。但其立法主体是各省级地方人大及其常委会。如果将这个主体也作为立法主体，那我国的立法主体就不仅是 11 个，而是 40 多个。所以，立法主体从狭义上分，应当是 11 个；从广义上分，则是 40 多个。但从严格的法治角度出发，制定法律的主体或者提出立法议案的主体，与基于法律制定相关配套法规的主体，从国家立法权的角度看，是有很大区别的。本文对这个问题不再作深入讨论，留待未来专门讨论。所以，关于国务院作为立法主体的问题，如果我们深度思考就会发现，国务院在作为立法主体时，具有双重身份：一是作为直接提出议案即立法建议案的主体，同时也有权提交经过法定程序起草的法律草案；二是作为依据授权立法而制定行政法规的主体。对于提出议案来说，国务院主持起草法律草案全过程，最终将法律草案报送全国人大及其常委会。在这个问题上，国务院几乎带有双重身份，但与全国人大及其常委会行使立法权又有较大的不同。具体不同在哪里，从现行法律规定中可以概况归纳出来，但从法律的直接规定中尚无明确的答案。

（2）关于委托立法派生的立法主体问题。

这个立法主体，可以列入参与立法实务工作的立法主体。这个主体内容较为丰富，也较为复杂。根据立法实际工作的需要，在一些情况下，立法资源相对有限，对于应对复杂、紧迫的立法工作来说，依据宪法和法律赋予立法权和提出议案权的主体及其成员，是难以胜任诸多立法工作任务的。同时，复杂的立法工作也是需要一定的立法基础理论和立法技术做支撑的。就这个问题而言，一方面，享有行使立法权的主体和提出议案的主体，在立法技术方面很多是不十分熟悉专门业务技能的，他们因为其他因素而成为立法主体；另一方面，国家培育了大批专门从事立法或者法律研究的人员，这些人员长期从事立法业务工作，掌握相关技能；再一方面，一些法律的制定，不仅需要懂得立法知识、掌握技能的人员，有时更需要相关立法规范领域专业技能的人员参与。基于以上三种情况，立法机关经常性地将立法草案的起草工作委托给相关单位和人员，这些单位和人员就成为参与立法的主体。

3. 关于立法行为的认定

前面对立法主体作出了一些探讨，但对有关问题并未作出明确的结论，其中最主要的问题就是有权提出议案即立法案的主体是否一定为立法主体。关于这个问题，我国的宪法和法律，并未作出更为清楚的说明，我们只能依据宪法和法律的原意，在进行分析研究的基础上作出判断。这首先需要我们对提出议案的性质作出认定，在此基础上来认定提出议案行为与立法行为之间的关系，进而认定提出议案主体与立法主体的关系。

（1）关于提出议案行为的性质。

前面已经说明，提出议案即包括提出立法案或称法律案。那么，提出议案的行为与立法行为是否相同呢？提出议案有两种情况：一是在将立法项目纳入立法议程之前，由有关主体依据法定程序提出议案；二是将立法项目纳入立法议事日程后，由有关主体依据法定程序提出立法议案。对于在这两种不同情况下提出立法议案行为的性质，我们可以从广义和狭义两个方面予以分辨和认定。

①从广义上认定提出议案行为的性质。

从广义上说，提出议案的行为应当是立法行为的组成部分。因为根据宪法和法律授权，上述11个主体按照法定程序，在全国人大或者全国人大常委会会议期间，有权向全国人大或者全国人大常委会提出关于某项立法的议案，即立法案，这是依法提出立法议案的主要渠道。此外，在全国人大或者全国人大常委会闭会期间，有权提出议案的主体，也可以向全国人大常委会提出有关立法的议案。按照全国人大及其常委会有关在全国人大和全国人大常委会会议期间提出议案的具体规定，一项议案的提出，需要包括案由、案据和方案。所谓案由，即提出立法的理由，具体主要是指立法的必要性。所谓案据，即提出立法的依据，具体主要是指立法的可行性。所谓方案，是指提出立法项目的法律草案。这样的法律草案不一定十分严谨和成熟，而是一个立法建议草案，只要满足基本的法律草案要素，即可以作为“方案”，即法律草案，也就是关于立法的议案。由此广义立法行为来说，提出立法议案，即立法建议案，也应属于立法行为。这里需要特别说明一个问题，即在全国人大会议期间提出议案的主体主要是全国人大代表30人以上联名，或者是一个代表团。这两个主体在大会期间提出的议案，基本不会在当次会议上审议，而是交由全国人大各专门委员会审议和办理，由各专门委员会在下次全国人大会议前，提交关于议案审议结果的报告，这类议案的审议即告结束。这样的议案，之所以不能直接报送全国人大或者全国人大常委会会议审议，是因为没有经过法定程序进行严谨的法律起草工作。无论在起草法律的主体上，还是在程序上和内容上，均不符合由全国人大或者全国人大常委会会议审议的条件。由此，笔者对广义上提出议案的行为，视为立法倡议或者建议行为，而不是按照具体的立法程序实施的行使立法职权行为。也就是说，不是所有提出议案的主体都享有行使立法职权的资格。其也说明了宪法和法律规定的享有行使立法职权与提出议案权是有区别的，主要的区别就在于是否按照具体的立法程序从事具体的立法活动。这个立法活动，是指按照宪法和法律（主要是《立法法》[①]）的规定，全程进行的立法草案起草和提案工作。

---

① 即《中华人民共和国立法法》。

②从狭义上认定提出议案行为的性质。

狭义上提出议案的行为，实际上是宪法和法律赋予有权行使立法职权的国家机构，依据法律规定从事的专门的立法活动。这首先是国家立法机关，也就是最高权力机关的专门立法行为和活动。这样的活动，不仅依据《宪法》和《全国人民代表大会组织法》，还依据专门规范立法活动的《立法法》。《立法法》这部法律依据《宪法》和《全国人民代表大会组织法》的规定，对于我国行使立法权的行为和活动作出了具体规定，但主要是以立法权的行使为基础作出的规范，不涉及关于具体的立法技术问题。有关立法技术问题应该由专门的法律作出规范，目前这样的法律尚未制定，相关的立法技术规范已经在起草过程之中。只有当这样的法律制定后，我国《宪法》和《全国人民代表大会组织法》，以及《立法法》中关于立法职权的规定，方能够完全、专门、具体地履行。目前的立法，实际上主要是立法权的履行，不是完整立法行为的履行，最重要的立法技术规范的缺失，使有关立法行为的规范不完整。所以，目前我国关于立法问题的法律规范，尚在进一步完善之中。如此说来，从狭义上理解我国从提出立法议案到议案实际运行全过程的行为，尚需要具体的立法技术规范颁布后，才能够成为研究讨论的主要依据。

（2）提出立法议案行为与立法行为的异同。

如前所述，从广义上讲，提出立法议案的行为也应当属于立法行为，其包含在立法行为之中，均由立法权派生。同时，不论是提出立法议案，还是提出法律案，在会议上均表述为“议案”，即“关于……法的议案”。这是讲二者的相同之处。但是，如果从以下几个方面来审视，提出议案行为与立法行为还是存在较大差异的（这里所称的“提出议案行为”，主要是指“代表提出议案的行为”）：

①办理方式不同。

前面已经提到，议案的办理是由全国人大有关专门委员会根据分工（这个分工的性质尚没有找到明确、权威的解读），向全国人大常委会和全国人大会议提交一份“议案审议结果的报告”，也就是说，代表们提出的议案，是由各专门委员会以“议案审议结果的报告”的形式办理的。这样的议案不纳入全国人大及其常委会的立法规划和计划之中，也就不纳入到立法程序之中。立法规划和立法计划纳入的是“立法项目”，即立法规划和立法计划中是以“立法项目”的形式表述的，而不是以“议案”的形式表述的。

②提出的主体和称谓不同。

前面我们已经提到，依据宪法和法律的规定，有权提出立法议案的主体有十一个。但在这十一个主体之中，以全国人大代表（三十人以上联名或者一个代表团）名义提出的议案和以其他主体名义提出的议案，在称谓上是有细微差别的。尽管其他主体中有的也有许多全国人大代表，甚至有些主体成员均为全国人大代表，如全国人大主席团、全国人大常委会、全国人大各专门委员会等。但在具体议案表述上，却有所不同，只有全国人大代表提出的议案，始终称作“代表提出的议案”，而其他主体提出的议案，均以各主体的名称和名义来表述，如全国人大常委会、委员长会议、国务院、全国人大专门委员会、中央军委、最高人民法院、最高人民检察院等。这里需要特别说明的一点是，以全国人大常委会委员（十人以上联名）的名义提出的议案，与全国人大代表提出的议案在称谓上有相同之处，但在实践中，全国人大常委会委员联名提出的议案，没有像全国人大代表提出的议案那样，有专门的办理程序和方法，即每年均没有专门的办理程序。

③效力和影响不同。

代表提出的立法议案，可能会纳入立法规划和计划。但如前所述，一般不进行具体的内容审议，不纳入立法程序和立法议程，因此不会产生具体的法律效力。尽管有些代表提出的议案，纳入立法规划和计划之中，这种情况在我国的立法史上曾经出现过。但如果这样的代表议案要最终成为法律，还必须纳入具体的立法程序和立法议事日程，如果不能纳入具体的立法程序和立法议事日程，最终也不会成为法律。不能成为法律，就不会具有法律效力。所以，代表提出的议案，尽管经过全国人大有关专门委员会作出议案审议结果的报告，但仍然不是法律，也就不具备法律效力。对于代表提出的议案，一般没有专门的程序和专门的主体予以宣传、贯彻，因此在社会上也不会产生更大的影响。这类议案与最终成为法律的议案在效力和影响上都具有很大的差异。

④性质不同。

代表提出的立法议案，一般具有立法建议的性质，属于抽象的立法议案，而不是具体的法律案，甚至不是具体的立法议案。因为这类议案的内容不是经过广泛深入的社会调研和广泛听取社会意见而形成的，大多是经过有关代表或者有关代表委托的相关行业的专家起草的。所以，在起草主体上，缺乏权威性、专业性；在获取信息上缺乏广泛性和实践基础；在立法方式上，缺失法定程序的支撑，没有纳入立法工作程序、立法审议程序和立法批准程序之中。总之，代表议案不能最终成为法律，不是法律意义上的立法议案，而是政治意义上的立法建议案。

（3）提出议案主体与立法行为主体的差异与功能。

在前面对提出议案行为和立法行为关系讨论的基础上，进一步就提出议案主体与立法行为主体的关系作一些讨论。如前所述，从狭义的角度看，在全国人民代表大会上提出议案的主体，主要是全国人大代表（三十人以上联名或者一个代表团）。此外，其他主体均以机构或者单位的名义提出议案。由此可以看出，我国的立法议案从提出议案主体上看，主要包括两大类，这是基于所提出议案的主体及内容与方式的不同而划分的，概括起来，就是划分为以代表名义提出的立法议案和以其他主体名义提出的立法议案。这样的划分说明了如下几方面问题：

①基于提出立法议案主体的不同，我国立法议案主要包括两大类型。一类是以代表名

义提出的立法议案，实际为立法建议案；另一类是以非代表名义提出的立法议案。甚至可以说，这样两类不同的立法议案，是基于立法主体的不同，而形成我国的抽象的立法议案和具体的立法议案。抽象的立法议案的本质是一种立法建议案，不是确定的立法议案。具体的立法议案则是确定的立法议案，即最终成为法律的立法议案。

②提出立法议案主体的不同，决定了所提出的立法议案的内容、功能、效力和性质不同。以人大代表名义提出的立法议案，其内容具有法律规范的建设性、建议性，而不具有确定性；其功能在于宣传、引导和推动相关立法工作进程；其效力不具备法律强制力，而具有舆论宣传和社会影响的作用；其议案的性质不是具有强制力、执行力和普遍社会影响力的行为规范，而是具有引导性、建设性、启发性和宣传教育性的立法宣传工具。

③提出立法议案主体的不同，决定了其权威性和社会影响力不同。代表提出的立法议案不具备法律效力和强制力，不能依此建立社会规则和秩序；机构和单位提出的立法议案，经审议通过，最终成为法律，必将成为社会的行为规范，并因此建立社会秩序。

（二）关于国家立法与立法第一人称问题

1. 关于国家立法问题

这里所说的国家立法，是指国家作为立法者和法律意志的体现者虚拟进行的立法活动。当我们讨论立法这一问题时，我们首先要对一个在立法上特殊的主体作进一步的认识，这个主体就是国家。人们在立法意识下称谓国家时，主要有这样一些概念，即国家的法律、国家立法、国家意志等。在具体的法律中，也主要以国家的名义来表述问题。所以，法与国家意志是紧密联系在一起的，甚至必须体现国家意志。关于这个问题在历史经典著作和一些有关国家学说、法学理论研究中，已经有过很多论述，这里不再赘述。所要重点说明的是有关国家意志的体现，具体来说，就是国家在立法中的地位和表现形式，更进一步地说，就是国家与立法的关系。关于国家立法意志问题的具体内容，将在本文第二部分中重点讨论，这里仅就“国家意志”这一概念，谈一点不十分成熟的认识。事实上，众所周知，国家意志就是法律，或者说法律体现国家意志。但国家作为抽象而神圣的存在，人们如何去认识国家意志，国家意志的具体体现是什么？关于这个问题将在本文第二部分中详细讨论。这里所要说明的是，法律是国家意志，但国家意志不是抽象的存在，是有具体内容的。人们在认识国家意志的时候，是从法律入手的，具体来说，就是从立法上来认识的。所以，立法是体现和实现国家意志的主要途径、因素、基础和条件，法律也就是认识国家意志的主要媒介。因此，立法状况决定国家意志的如何体现和实现。这是本部分内容中要重点强调的核心问题，即所有行使立法权和从事立法工作的人们应当高度重视立法对国家意志的实现，进而对国家命运影响的决定性作用。

2. 关于立法第一人称问题

参与过立法的人们都会深刻体会到，当我们对法律内容进行表述时，不可避免地要首先在国家的意识下进行思考，在国家的意识下去构建法律内容，在国家的意识下去构建法律语言文字。所以，我们应当具体感受到的是，立法是以国家的名义，进行有关国家各项事务、各项事业的思考和安排的行为或者活动。所以，我们说，立法的第一人称应当就是国家。这就说明了真正的立法者实际上是国家，而不是前述的任何一个立法主体。从广义上说，国家作为立法者、作为立法第一人称的承受者，也应当是立法主体。只是国家所承担的这个立法主体是唯一的，没有第二个存在。所以，在我们讨论立法行为的时候，如果仅仅考虑国家，那么关于立法行为主体的讨论就没有更多的必要，因为这个主体就是单一、明确、简单，但是抽象而又具体的存在着。

但这里并不是要专门去研究国家在立法中是如何抽象而具体地存在的问题，而是要考虑我们如何以国家的名义进行立法的问题。特别是要重视如何保证立法者、第一人称立法的地位不被改变。这样的改变不是不会发生的，有的时候在语言文字运用上的不合理，就可能导致这样的结果。如果从思维方式上忘记了国家的时刻存在，也可能出现在立法意识上偏离国家意志的问题。所以，无论在立法思维上，还是在立法的文字表述上，都可能忽视国家的存在。这就需要参与立法工作的人们有正确的立法思维，要正确地运用法律语言文字。

关于立法第一人称的问题，在许多立法实践活动中容易被忽略。最典型的问题之一是经常把国家意图要求某一个主体或者其他诸多主体应当从事的事务，表述为由国家自己来承担，如关于表述实施法律行为和实行法律制度行为的问题。对此，经常会看到一些法律性文件中表述为“国家实行”某一项制度，或者“国家实施”某一行为或者制度。这个问题的核心，是国家究竟是建立制度，要求有人负责实行或者实施制度，还是国家自己建立制度、自己实行和实施制度。国家建立制度是不存在追究法律责任问题的，但“实行”或者“实施”国家建立的制度是否也没有具体承担法律责任追究的问题呢？答案应当是否定的，即国家建立的制度是需要有人承担“实施”和“实行”责任的，并为此承担相应的违法责任。这里的“实行”和“实施”的含义有所不同，“实行”包括意念和行为两层含义，作为意念，可以认为是国家的想法；作为行为则应当是国家授意的结果，而不能是国家本身的行为。但“实施”应当主要是行为的含义，是不能由国家来具体承担的，而是由国家通过立法来授予相关主体承担的。所以，当我们表述建立制度的时候，应当是以国家作为第一人称；当我们在表述实施国家建立的制度的时候，就不能再以第一人称的名义。这就说明，一部法律的表述，总体上说是以国家的名义，以国家作为第一人称；但在具体分配权利义务关系时，还应当是以国家作为第一人称，即以国家的名义去要求或者安排其他的主体来承担相应的行为。关于如果以国家作为第一人称来表述法律文字的问题，所要讨论的问题千变万化、千姿百态，本文难以一一道来，就不作更多讨论了。这里所要表达的意思就是，立法应当以国家作为第一人称，国家才是狭义上的独立立法者和特定意义的立法主体。其他立法行为主体都是以国家的名义从事立法行为的，也就是国家名义下的立法行为主体。所以，宪法和法律授权的一切享有立法职权的主体，都是以国家的名义，并为国家立法服务的主体。其他的立法主体，诸如授权立法下的主体、委托立法下的主体，也是如此。

二、关于立法源泉的深入思考

前面我们讨论了立法主体的相关问题，这个问题就是从主体或者组织形式上确立立法的源泉，也就是解决谁来立法的问题。有人立法，方有法律。所以，立法主体是立法形成的第一个重要源泉，也就是基础源泉。讨论立法源泉问题有利于我们在参与立法工作的全过程中，保持头脑清醒，始终明确谁在立法。在此基础上，还需要进一步明确立法者需要体现什么样的意志。这就是我们需要进一步讨论的第二个重点问题。关于这个问题，无论是哪个意识形态下的立法，都会有一个共同的结论，那就是法体现国家意志。但国家是抽象的存在，她不能直接表达她的意志。那么人们又是怎样了解国家意志的呢？于是，就有了人们进一步的主张："法反映人民的意志。"于是，法的意志由抽象的国家意志，似乎进步到具体的人的意志，即人民的意志。但人民究竟是谁，这仍然使人们不得不在抽象的意念下讨论她的存在。不过这种抽象的存在，相比国家有了更进一步明确的对象，即人民这个人类的一个群体。至少每个人都可以感知到这个人民意志的存在，这个意志从绝对抽象进步到具体抽象的状态，是只可以意会而难以言传的问题。从人类的历史实践看，不论是哪个意识形态下的国家立法，都会高举这个旗帜，并宣誓："法律体现人民的意志。"

但当人们进入具体的立法实务之中时，"法律体现人民意志"的问题，就不能仅仅停留在立法宣誓上，而是如何解读和落实这样的"宣誓"。关于这一"宣誓"的抽象含义，这里暂不过多讨论。就这一"宣誓"的具体含义来说，应该是很简单的，是由提出立法方案、主导立法的主体来具体确定的。

关于立法的源泉即立法意志，前面我们强调国家是立法的第一人称，但这仅仅是从主观上认识的结论。立法的源泉不可能仅仅来自主观上的因素，还有更重要的客观因素。国家是抽象的存在，总是被国家的掌控者所左右，而立法一定是来自主导立法主体的思考和主张，于是就有了决定立法源泉的客观因素，也就是立法的实际源泉。现代世界掌控国家的是政党，当然不是所有的政党都能够以国家的名义主导立法，也就只有执政党的主张决定立法。事实上，执政党治国理政的主张就是立法最重要的源泉。那么，执政党治国理政的主张作为一种精神和意识的存在是如何转化为国家意志，最终体现在法律之中的呢？这就是使执政党的主张能够通过行动来实现的非精神的客观存在。这一客观存在就是关于国家存在和发展的行动方略，即国家的发展战略。但是，这个战略是不能够直接成为国家意志的，而需要通过向法律转化的过程来实现。于是，我们就对立法的源泉有了三个认识：

一是人民的意志，二是执政党治国理政的主张，三是体现和落实执政党治国理政主张的国家发展方略，即国家战略。对于这三方面或者三个问题的具体内涵，需要作进一步讨论和认识。这里需要说明，前文就国家意志问题作出了粗略的表述，现在要对国家意志的具体内容作出讨论。

（一）关于人民意志

前面说过，无论是什么样的意识形态之下，无论是什么样意识形态的国家，都不会否定其国家的法律体现人民的意志。这是在抽象意义上说的，在具体意义上来说，则是有很大区别的。所以，这种对人民意志的反映是有抽象意义和具体意义之分的。

1. 关于抽象的人民意志

这种抽象性主要体现在口头上或者文字上的表述，经常表现在各种媒体中，或者体现在竞选者的演讲中，而行动上则是按照资本运转的规则来体现“人民的意志”。有的国家在舆论宣传上是坚决地表现出体现“人民的意志”，但实际上这种人民的意志是由资本来操控的，即以资本的意志和需求来决定法律的意志。资本意志之下的法律对规则的要求和体现是十分强烈的，也是十分明显的。但这样的规则是基于资本的规则，而不是完全体现人民意志的规则。这样的法律体现理性的要求更强，忽视情感的要求也更强。因为在立法过程中和立法思维上，其对资本的情感已经充分地予以体现了。因此，在法律的实施过程中，其体现理性的成分更强，而忽视情感。这种法律体现的人民意志需要有一个前提条件，就是更多的人或者大多数人民群众拥有资本和财富。极端拥有巨额财富的人数是很少的，甚至是没有的。这样的法律也就会更加公平，对人民意志的体现也就会更加均衡、更加全面。因为其基础是财富的拥有更趋于均衡，趋于更多的人拥有财富，或者共同拥有财富，公共福利越来越多，私人财富越来越少。

2. 关于具体的人民意志

这里首先需要申明，具体体现人民意志的法律也应当是理性的法律。但这种理性在法律的制定过程中和立法思维上，时常受情感的影响。其关键的问题是对整体的人民意志和个体的人民意志分辨不清，对长远的人民意志和眼前的人民意志分辨不清，对体现人民意志的本质和体现人民意志的现象分辨不清。其根本的区别是理性体现人民意志，还是感性体现人民意志的问题。前者注重培育人民意志的积极因素，后者则关注人民意志的消极因素。此外，具体的人民意志受文化的影响较重，特别是传统文化中的情感文化对体现人民意志的影响较重。父母对子女的养育和子女对父母的赡养、亲朋好友基于情感的交往等，这些基于人性的情感而形成的人民群众的传统人际关系和观念，对具体的人民意志存在一定的影响，并不可避免地进入国家意志之中，即通过纳入法律条文，而转化为国家意志。这样的法律在制定过程中，有一个最大的特点就是时常出现逻辑上的不协调，甚至出现逻辑混乱；在实施的过程中则会时常存在枉法裁判的问题，而这两种情况均基于情感问题。

实施中的问题可能还有资本的影响因素，但归根结底还是源于立法上的情感因素，因为立法上的情感因素为法律实施中的枉法裁判提供了条件，使法律的功能受到严重制约。

总之，无论是抽象的人民意志还是具体的人民意志都需要解决理性和情感的关系问题，前者强，则法治强；后者强，则法治弱。

（二）关于执政党的治国主张及立法

现代国家的立法体现国家意志，这个意志的源泉又是什么呢？自政党诞生以来，国家就由政党及其之间的争斗所掌控和主导，最终为执政党所掌控。古今中外概莫能外（那些由资本控制政党的国家，也不得不以政党的名义表现国家的意志）。

1. 国家立法活动是执政党意志向国家意志转化的过程

立法体现的国家意志，实际上是由执政党的意志转化而来的。这是现代国家的普遍状况，发达国家尤其如此，我们国家和大部分发展中国家也是如此。关于这一点，我国的情况无须争论，《宪法》中已有明确表述："中国各族人民将继续在中国共产党领导下，在马克思列宁主义、毛泽东思想、邓小平理论、'三个代表'重要思想、科学发展观、习近平新时代中国特色社会主义思想指引下，坚持人民民主专政，坚持社会主义道路，坚持改革开放，不断完善社会主义的各项制度，发展社会主义市场经济，发展社会主义民主，健全社会主义法治，贯彻新发展理念，自力更生，艰苦奋斗，逐步实现工业、农业、国防和科学技术的现代化，推动物质文明、政治文明、精神文明、社会文明、生态文明协调发展，把我国建设成为富强民主文明和谐美丽的社会主义现代化强国，实现中华民族伟大复兴。"① "中国共产党领导是中国特色社会主义最本质的特征。"②

或许有人会说，西方国家并非如此，他们的立法是民主制的结果，他们的法律是通过民主程序制定的，不是由执政党的方针、政策决定的。人们之所以有这样的认知，源于两个主要原因：一是基于西方思想家们著述和演讲的那些文字的和非文字的，但经过大规模传授和传播的载体宣传、灌输的结果；二是基于西方民主制建立的西方国家机构系统的外部表现形式留给人们的印象。但人们或许并不十分了解的事实是，任何一个西方议会中的议员，都不可避免地要保证其所属政党的治国方针、政策和主张，在其议会通过的各种国家的文件（包括法律性文件）中得以充分体现，这是西方议员担负的最基本的责任和主要的活动之一。所以，西方议会党团在议会中的竞争是十分激烈的，其竞争的核心内容之一，就是保证其所在党的主张成为国家意志。这个并非笔者杜撰的，而是在走访多个西方国家议员过程中，与之交流中获取的真实信息，而且从各国议员反映的情况看，几乎是相同的。这种情况也是符合逻辑的，因为现代国家是由政党建立并掌控的，那么国家的意志也就自然要反映执政党的意志。所以，一切学习过法律的人都懂得一个基本的常识，就是立法是

① 参见《宪法》序言。

② 参见《宪法》第1条第2款。

将执政党的意志转化为国家意志。

执政党的意志为什么要转化为法律？因为国家意志是通过法律体现的，法律是需要人人遵守的社会规则，并因此建立社会的秩序。所以，执政党要想真正成为国家的领导者，并使之成为长期稳定的事实，那就必须将自己的意志转化为由法律体现的国家意志，也就是将自己的意志转化为法律。按照这样的意志组建的国家，就是现代法治国家的基本状况。

2. 执政党意志向国家意志转化的条件

执政党的意志向国家意志转化不是轻而易举的，需要一定的条件。从不同角度、不同方面认识这种转化条件，应该是多种情况，但最主要的是满足两个条件：一是执政党必须真正、具体地领导立法、掌握立法。其领导立法和掌握立法的具体内容和表现方式，则是在各个领域中，形成执政党最基本的方针、政策，并作为立法的指导。二是立法的执行者必须了解和掌握执政党关于各个领域的方针、政策，并依此作为立法的源泉和主要依据，最终转化为法律，即国家意志。

对于现代意义的法治国家来说，以上这两个条件是缺一不可的，缺了任何一个都不可能成为真正意义上的法治国家。为此，需要对这两个条件作进一步的研究和认识。

（1）执政党应当建立对各领域、各项事业的方针、政策，以切实实现对各领域、各项事业的领导。如前所述，至少从我国宪法的规定看，我们的各项事业都是在中国共产党的领导之下。这就要求党必须对各项事业有一套基本的方针、政策，并保证其转化为国家意志，即法律。如果哪项事业发展没有这样的方针、政策及其向法律转化的精神和要求，就可能产生以下的疑问：党是否真正地领导了这项事业，党的领导是否真正地有了法律的保障。所以，研究和决定各领域的方针、政策及其向法律转化的精神和要求，应当是执政党不可或缺的重要事务之一。党关于各项事业发展的方针、政策，有的是通过党的文件发布的（或者没有公布但一定是体现在党的文件之中的）；有的是通过领导者的讲话、报告和发表的文章及出版的书籍等体现的。是否对这些进行梳理，谁来梳理，这是十分重要的事情。

执政党对各项事业发展的方针、政策大多是客观存在的。有的没有被社会公众所了解，甚至社会公众缺失对其基本的意识，是因为这些方针、政策没有被整理或者梳理过，并公之于众。所以，整理和梳理党对各项事业发展的方针、政策，是保证这项事业能够以法律的形式通告社会，并被人民所了解的重要基础性事务。如果党对某项事业没有明确的方针、政策，或者不能把已经形成的相关方针、政策理性地转化为国家意志，即转化为国家的法律，那么党的方针、政策和国家的法治就可能出现冲突，或者出现法律乃至法治的空缺。

（2）立法者应当掌握执政党治国理政的方针、政策。立法者是执政党治国理政方针、政策向法律转化的重要责任者，是党依法领导国家，建立法治国家的重要主体。因此，立法者必须具备以下几项基本的条件：

①立法者是执政党方针、政策的忠实执行者。立法者的这一条件，主要包括以下几方

面的内涵：一是立法者必须拥护执政党，这需要立法者真正理解并赞同执政党治国理政的理念。二是立法者必须时刻把握执政党关于治国理政的方针、政策，并及时地将这些方针、政策转化为国家意志，即转化为相应的法律或者法律条文。

②立法者应当具备将执政党的方针、政策转化为国家意志即法律的能力。这样的能力主要包括以下几个方面：一是具有理解和把握执政党方针、政策的能力，并能够及时跟进这些方针、政策的变化。二是具备立法专业技术能力和其他相关专业技术能力，并具备将专业技术知识向法律规范转化的能力。三是具有一定的哲学、逻辑学知识水平，并具备正确的逻辑思维能力。四是具有一定的语言文字能力，能够正确地使用语言文字，准确掌握语法和语言逻辑等。

3. 执政党对立法的领导

前面在阐述《宪法》关于党的领导问题的规范时，就序言和总纲的有关规定作了概况性的介绍，说明了包括立法工作在内的各项事业，《宪法》确立了党的领导地位。这里就党为什么要领导立法，如何领导立法，如何理解党的领导与法的效力之间的关系问题，再作重点讨论和说明。

（1）党为什么要领导立法。关于这个问题，我们可以从以下几个方面加以讨论。首先，现代国家即为法治国家。整个国家机器和政权都是在法治下建立和运行，即依据宪法和法律的规定建立和运行。其次，对于现代法治国家来说，法律是整个国家和社会的行为规范，即它规范和约束所有社会成员的行为。最后，执政党依据法律取得执政地位，并利用法律维系其执政地位和政权。立法是上述一切事物存在的基础，是宪法和法律形成并取得权威地位的条件。所以，执政党通过领导立法维系政权和执政地位；通过领导立法组织国家和社会各项事业的运行和发展。总之，立法权是现代法治国家的最高权力，执政党领导立法就是领导和掌控国家最高权力及其运行；执政党领导立法最根本的一条是保障党的意志转化为国家意志。

（2）执政党如何领导立法。执政党领导立法主要包含以下内容：一是对立法机关进行组织人事控制，西方的议会党团及其在议会中的组织活动，就是西方国家各党派争夺执政地位的组织方式和组织系统。我国宪法确立共产党的领导地位，在立法机关内部建立党的组织体系，组织领导立法工作。二是对立法活动的领导、指导和掌控。如果执政党不能够做到这一点，就存在可能失掉政权的隐患。一些发展中国家不重视这个问题，所以很容易受各种“风暴”“运动”影响。党的十八大以来党中央加强了对立法工作的领导，各项方针、政策渗入立法之中，使社会中的一些隐患不断被消除，执政党的领导地位更加稳定。但在如何将党的意志转化为国家意志的问题上，尚有值得商榷的问题，这里不作更多讨论。

我们国家强调党领导立法，实际上是党中央领导立法，不是各级党组织领导立法，各级党委都不能决定立法，包括地方性法规。我国的立法体系是党中央治国理政方针决定国家立法，国家立法决定地方立法。执政党把自己的执政理念、方针政策转化为法律，其目的就是要把党的意志转化为国家意志，转化为宪法、法律、法规，具体通过语言文字和立法技术实现向法律的转化。在法学界有一种说法，叫“将党言党语转化为法言法语”。

（三）关于国家发展战略与立法

前面重点就执政党的治国理念及方针、政策进行了讨论，说明了其作为立法源泉的依据。但是，有一个关键性的问题就是作为原则、抽象和精神属性的理念、方针和政策，如何能够转化为国家意志，而作为社会的行为规范呢？

1. 国家发展战略与立法转化

执政党的方针、政策向法律的转化，包括内容转化和方法转化。从转化的内容和转化的方法来看，有多种不同的情况。

（1）立法转化方法。根据改革开放以来我国的立法理论研究和立法工作实际情况，在将党的治国理念向立法转化的方式上，大致有以下几种做法和主张：一是自主立法，即由国内的立法机关或者政府有关部门依据党中央的方针、政策，结合实际工作和社会发展状况，自行组织起草法律草案。二是委托立法，即由主张立法的机构，将立法项目委托给相关单位（主要是从事立法、政策研究等事业单位）来起草法律草案，并订立委托起草协议等。此外，在围绕国际法与国内立法和借鉴国外立法经验的问题上，学术界甚至立法实务界曾经有个别主张，强调借鉴国外的立法经验，以国外的法律为主，向国内立法转化；甚至有人主张进行法律移植，就是把国外的相关法律条款直接作为我国的法律条文。目前这样的主张在法律界早已不存在了，当时人们有这样主张的主要原因，应该是对外国立法与我国立法关系问题认识不够深刻的缘故。盲目地感觉自己立法落后，而急切地要学习别国的所谓先进立法经验。如今从战略的视角看，上述这样个别的观点，显然是缺失立法与国家战略关系的思考。

（2）立法内容转化。事实上，将执政党的治国理念和对于各项事业的方针、政策进行内容转化，即把党的治国理念和各项方针、政策的内容转化为国家意志、形成法律，是一个最重要、最有效的转化方式。但这种内容转化方式，也需要一个过程或者一个媒介，这个过程和媒介就是形成国家发展战略。执政党关于治国的理念和方针、政策，是一种关于国家建设发展的精神指引或者思想指导，需要制定具体的方略、方案来实现对这些精神指引向社会生活的实际转换，这些方略、方案就是国家发展战略。其优势是将执政党的方针、政策系统化、完整地加以具体化，优越于从局部或者区域的角度条块化贯彻执政党方针、政策的方法。但是，这些方略、方案虽然在内容上是对执政党治国理念和方针、政策的具体化，在表现方式上却尚不具备规范性，是非规范的行动方案，难以在社会中直接贯彻实施，还需要对其进行行为规范的转化，成为国家的法律。从40多年来的立法实际看，我国立法将党中央方针、政策做内容转化的情况在不断发展变化，转化的内容在不断丰富，转化的频率也在不断提升。最为显著的表现是自党的十八大以来。

党的十八大以来党中央在治国理政方面，对将国家战略向法律转化高度重视。最典型的是从国家安全战略向国家安全立法转化，在国家安全体系建立后，不断制定行业、领域发展战略，并随之促进相关法律的制定，诸如《生物安全法》《核安全法》《深海海底区域资源勘探开发法》《网络安全法》等均与相关国家战略密切相关，甚至通过国家战略向法律转化。这充分体现了我国立法工作在进步。党中央对立法工作更为重视，使党的方针、政策与立法联系得更为紧密。许多党中央的方针、政策就直接对立法的内容产生了具体的影响，而不仅仅是在抽象的原则上的影响，这就为立法工作提出了更高的要求。在这样的情况下，是将党中央的文件内容甚至语言文字表述直接放到法律之中，还是通过对党中央方针、政策在深入理解、消化的基础上，从法律语言逻辑、行为逻辑和结构逻辑的角度出发，用法律的语言文字和逻辑习惯，来准确表达党中央文件的思想内涵。这个问题在现实立法中，有些做法值得商榷和深入讨论。

从国际上各国的情况看，通过国家战略向法律进行内容转化的做法较多。即从执政党的方针、政策到国家发展战略，再到法律的转化较多。特别是一些主要发达国家，其涉及国家治理方面的立法，大多是与国家发展战略密切联系，甚至均将国家发展战略向法律转化。

2. 立法应当为国家战略服务

执政党的方针、政策转化为法律，是将党的意志转化为国家意志。这是从抽象的精神意义上解读执政党的意志及治国理念与立法的关系。将国家发展战略转化为法律，则是将依据党的意志和党的方针、政策制定的有关国家发展的具体方略、方案等转化为具体的行为规范，即法律。这是从具体的内容、行为和行动上解读执政党的意志与立法的关系。这不但说明了立法与国家战略的密切关系，而且进一步说明了立法对实施国家战略的重要意义和作用。

（1）关于立法的滞后性。历史上发生的事件可以清楚地证明，相对于执政党的方针、政策和国家战略，立法具有较大的滞后性。以国家领海划定为例，1958 年，党中央商讨划定我国领海宽度问题，当时毛泽东主席专门为此主持召开会议。出席会议的主要代表来自三个方面：一是党中央方面的有关人员，二是中央军委作战部的有关人员，三是法学界的有关专家。在讨论如何划定领海宽度的问题上，党中央的代表、军队的代表均主张领海宽度为 12 海里，而法学界的代表则主张领海宽度为 3 海里。[①] 党中央的代表从治国理政的高度出发，军队的代表从国家战略出发，考虑如何划定领海宽度问题；法学界的代表强调按照英美的主张，划定领海宽度问题，并引证大量由英美国家主持制定的国际法。法学家们担心：如果不采用英美提出的 3 海里领海宽度，可能会引起我国与美英国家的争端，对国

① 参见《1958 年商议我国领海宽度起争论，毛主席：我国的海岸炮能打多远?》，载网易网，https：//www.163. com/dy/article/HEVNQEP00543CDBN. html［2022－08－17 13：11：52］。

家不利。最终按照党中央和军队的意见，我国政府于1958年9月4日，对外宣布领海宽度为12海里。随后，许多国家按照我国的主张，先后划定领海宽度为12海里，后来世界上大多数国家均采用了12海里领海宽度的主张，最终《联合国海洋法公约》明确了国家领海宽度为12海里，否定了英美国家的3海里领海主张。直到1992年2月25日第七届全国人民代表大会常务委员会第二十四次会议通过《中华人民共和国领海及毗连区法》才以法律的形式明确我国12海里领海宽度，立法的滞后是十分明显的。回顾这段历史的目的是强调法学研究和立法与国家发展战略的关系。法学研究和立法工作往往会滞后于国家发展战略，甚至有时会滞后于国际形势和国内经济社会发展的步伐。

（2）克服立法的滞后性是立法者的责任。从国家治理体系和治理能力上看立法与执政党方针、政策和国家战略的关系，历史的经验告诉我们，立法相对于执政党的方针、政策和国家战略，表现出严重的滞后性，这种滞后性对国家的发展是极为不利的。对此，有观点认为，法律的滞后性是法律的一个特点。这种观点对法律滞后性的认识是不够准确的，应当说法律的滞后性是一个弊端，而不是法律的特点，立法者的责任就是要克服这种滞后性。能否克服法律的滞后性，是衡量国家治理体系和治理能力的重要“试金石”，是检验立法工作执行者的责任心和立法工作能力的重要标尺，是考察立法工作者是否把握执政党方针、政策和国家战略的重要标尺。

（3）掌握国家战略是提升立法质量和法律功能的重要内容。我们的法律和全世界各国的法律一样，都是由两大部分组成的，一部分是规范市民社会行为的法律，另一部分是规范有关国家治理活动的法律。后者涉及国家间的战略博弈，也涉及一国战略发展的诸多问题。所以，对于后一部分法律来说，国家发展战略问题是其不可回避的重要内容，忽视了这个问题，立法工作就一定存在重大缺失，更不能发挥其应有的功能。最为严重的问题是，这样的法律将使国家在国际战略博弈中处于危险的境地，甚至使国家在潜移默化中走向危机。

数据流通规则的范式转型与体系重构*

金　耀**

摘　要：发展与培育数据要素市场，是实现企业数字化转型，发展数字经济的必由之路，其关键在于数据流通。我国现行数据流通规范仍十分匮乏，个人信息流通将传统知情同意作为主要方式，数据资源的流通则缺乏面向数据要素市场需求的规则设计。域外数据流通范式存在重要的转型趋势，在主体权利、数据获取、风险管理等方面存在重大的转进。我国《数据安全法》将数据安全融入数据流通之中，明确了动态相对可控的数据安全观。在数据流通规范体系上，应以数据许可为理论基础，采场景风险规制路径，优先保障流通环节中数据主体的利益；在数据类型上，应以个人数据、数据集合、数据产品为客体进行规范，并根据数据流通主体设计类型化的流通规范。

关键词：数据流通　数据许可　数据共享　同意规则

目　次

---

* 本文系国家社科基金青年项目“民法典中隐私权与个人信息的协同保护研究”（项目编号：21CFX034）和中共浙江省委政法委员会浙江省法学会法学研究课题重点项目“数据产权结构分置理论进路研究”（项目编号：2023NA11）阶段性研究成果。

** 宁波大学法学院副教授，法学博士。

一、问题的提出

大数据时代数据资产价值不断得到挖掘，已经成为国家、企业之间最为重要的资源之一。国家从战略层面提出培育和健全数据要素市场，旨在通过数据要素市场为新兴产业，如人工智能、物联网、车联网等产业提供充分的“养料”。数字经济时代，以人工智能产业为代表的新兴产业，对于高质量的数据有着极大的需求，其发展就离不开数据流通，数据流通是实现数据要素化的必然路径。① 全球数字经济的竞争也进入了白热化阶段，如欧盟自 2015 年首先提出构建统一数字市场以实现欧盟范围数据的有序流通与共享，② 2020 年进一步提出欧洲数据战略，将数据流通作为打造数据空间的重要方式。③

我国《民法典》是一部面向未来数字时代的权利法典，将个人信息、数据等纳入其中。关于数据流通问题，现有规范主要集中在个人信息领域，尚未就数据资源本身的流通规则达成共识。涉及个人信息的流通规则主要以同意规则为主，④《民法典》《个人信息保护法》均规定了同意的例外规则。⑤ 涉及数据要素层面的流通规则尚未达成共识，其主要是通过数据合同或数据爬取的方式获取，存在诸多的法律风险。由于我国尚未构建体系化的数据流通规则，当前数据流通不断受到黑灰产业中数据非法交易的冲击，在司法实践层面，因数据流通产生的数据纠纷也愈演愈烈。更为严重的是，在流通环节个人已失去了对于信息的控制，导致数据纠纷中个人主体缺乏利益诉求的途径，成为企业之间竞争数据利益的筹码。由此，有必要全面检讨当前我国数据流通面临的理论障碍，结合域外数据流通范式的最新转型趋势，对于数据流通规则体系进行本土化重构。

二、数据流通规则之理论检讨

数据流通若涉及个人信息一般以个人同意为原则，若构成匿名化信息则不适用同意规则；若不涉及个人信息，即在数据资源层面的流通规则又缺少体系设计，现有的数据合同

① 本文研究对象数据流通规则，指的是数据要素视角下数据控制者（数据持有者）事实控制的数据集（个人数据、企业数据、公共数据等）、数据产品的流通规则。个人数据与个人信息两个概念等同使用，个人数据表述更突出的是信息的财产属性。

② European Commission, *A Digital Single Market Strategy for Europe—Analysis and Evidence*, Staff Working Document SWD (2015) 100 final, 6 May 2015.

③ European Commission, *A European Strategy for Data*, COM (2020) 66 final.

④ 《民法典》第 1038 条第 1 款规定：“信息处理者不得泄露或者篡改其收集、存储的个人信息；未经自然人同意，不得向他人非法提供其个人信息，但是经过加工无法识别特定个人且不能复原的除外。”《网络安全法》第 42 条第 1 款规定：“网络运营者不得泄露、篡改、毁损其收集的个人信息；未经被收集者同意，不得向他人提供个人信息。但是，经过处理无法识别特定个人且不能复原的除外。”

⑤ 《民法典》第 1036 条规定：“处理个人信息，有下列情形之一的，行为人不承担民事责任：（一）在该自然人或者其监护人同意的范围内合理实施的行为；（二）合理处理该自然人自行公开的或者其他已经合法公开的信息，但是该自然人明确拒绝或者处理该信息侵害其重大利益的除外；（三）为维护公共利益或者该自然人合法权益，合理实施的其他行为。”

难以支撑数据要素的有效供给。

（一）个人同意规则的局限性

现有个人信息流通规则以个人同意为原则，即个人可以决定数据何时何地以何种方式得以流通。但若严格地适用该同意规则，数据的流通就很难有效地展开，这种交易成本对于企业而言几乎是不可接受的。学界对于个人信息处理中的同意规则争议较大，如有学者认为个人信息领域应当坚守同意规则，[①] 也有学者认为当前同意缺乏有效性，未能真正保护个人利益。[②] 司法实践中，个人同意更多地被当作获取其他企业用户信息的免责事由，成为企业之间数据纠纷抗辩的理由。[③] 上述问题的根源，很大程度上在于未对“同意”规范意义进行理论区分。

其一，数据流通同意与数据收集同意之混淆。在论及同意规则时，一般并未区分数据收集阶段的同意与数据流通阶段的同意，而是将其概括笼统地进行整体批判或支持。事实上，上述两种“同意”涉及的法律关系完全不同，前者是个人主体与数据控制者之间的法律关系，后者则是数据控制者与数据使用者之间的法律关系。两种不同的法律关系能否准用一套完全相同的处理规则是值得怀疑的。[④] 在这一路径下，《民法典》第 1035 条和《个人信息保护法》第 4 条，均将个人信息的收集、存储、使用、加工、提供、开放等作为个人信息处理，从而准用一套同意规则。在司法实践中，相关的数据案例中还确立了“三重授权”的数据流通规则，[⑤] 并为后续的典型案例再次明确。[⑥] 笔者认为，该流通规则事实上混淆了上述两种同意，并未实质上保护个人数据，且为数据流通设置了更多的障碍。正如有学者指出，“三重授权”原则不利于技术创新，是一种伪隐私保护。[⑦]

其二，不同数据类型适用同意之区分。即使在数据流通环节，如以个人同意作为主要

---

① 参见宁园：《个人信息保护中知情同意规则的坚守与修正》，载《江西财经大学学报》2020 年第 2 期；高志宏：《大数据时代“知情—同意”机制的实践困境与制度优化》，载《法学评论》2023 年第 2 期。

② 参见陆青：《个人信息保护中“同意”规则的规范构造》，载《武汉大学学报（哲学社会科学版）》2019 年第 5 期；蔡星月：《数据主体的“弱同意”及其规范结构》，载《比较法研究》2019 年第 4 期；范为：《大数据时代个人信息保护的路径重构》，载《环球法律评论》2016 年第 5 期；向秦：《论个人信息处理中个人同意的“弱化”与信义义务的“补充”》，载《法律适用》2022 年第 11 期；于海防：《个人信息处理同意的性质与有效条件》，载《法学》2022 年第 8 期；吕炳斌：《个人信息保护的“同意”困境及其出路》，载《法商研究》2021 年第 2 期。

③ 参见深圳市腾讯计算机系统有限公司、腾讯科技（深圳）有限公司商业贿赂不正当竞争纠纷案，天津市滨海新区人民法院（2019）津 0116 民初 2091 号民事裁定书。

④ 数据收集阶段的同意应当受到弱化或限缩，以促进数据的汇集与利用；数据流通阶段的个人同意应当更具有针对性与有效性，二者适用同意规则的方式应存有不同。

⑤ 参见北京淘友天下技术有限公司等与北京微梦创科网络技术有限公司不正当竞争纠纷案，北京知识产权法院（2016）京 73 民终 588 号民事判决书。

⑥ 参见淘宝（中国）软件有限公司与安徽美景信息科技有限公司商业贿赂不正当竞争纠纷案，杭州铁路运输法院（2017）浙 8601 民初 4034 号民事判决书。

⑦ 参见徐伟：《企业数据获取“三重授权原则”反思及类型化构建》，载《交大法学》2019 年第 4 期；向秦：《三重授权原则在个人信息处理中的限制适用》，载《法商研究》2022 年第 5 期。

原则，则该同意能否适用于所有数据类型在理论上也仍有争议。学界一般推崇将个人信息区分为个人一般信息与敏感信息，强调对于敏感信息给予更强的法律保护。① 《民法典》在"隐私权和个人信息保护"一章并未规定敏感信息，而是在第1034条第3款明确了个人信息与隐私权在范畴上存有交叉，可以选择适用隐私权或个人信息保护规范。这一规定具有一定合理性，在理论上敏感信息与隐私权的私密信息难以进行实质区分，而一般信息与敏感信息区分一直是理论上的难点。但这并不意味着数据流通层面，对于一般信息与私密信息采用统一的同意规则就具有正当性。如在美国立法中，对于金融信息、健康信息流通就采取了严格的同意，② 但对于消费者信息的提供并未限定必须获取主体的同意。

其三，同意作为数据流通主要规则之弊病。《民法典》《个人信息保护法》将同意规则作为个人信息处理的合法性基础，并用免责事由与匿名信息平衡数据的利用。这一立法模式是早期《消费者权益保护法》《网络安全法》《信息安全技术　个人信息安全规范》的延续，该模式一定程度上是对国外相关立法的误读。如欧盟《一般数据保护条例》（General Data Protection Regulation，GDPR）第6条创设了六种数据处理的合法性基础，数据流通可根据上述多种合法性基础展开。③ 这表明欧盟GDPR对于数据主体的权利保护并不是建立在个人同意上，整个立法虽主要是关于数据主体权利与控制，但同时也强调风险管理和企业合规。④ 美国《加州消费者隐私法案》（CCPA）也并未将"同意"作为数据流通的条件，其规定消费者有权知道个人信息被出卖了，个人有权选择退出该交易。⑤ 换言之，消费者个人信息的交易不需要征得个人同意，而是采用"告知"与"选择退出"的规范模式，相较于单一的同意规则，更符合当前数字产业发展的需求。

我国将上述模式作为数据处理的基本原则，存在一些弊端，即完全将个人数据流通交由个人控制，容易推导出"未经个人同意"的个人信息处理均不具有合法性的结论，不利于后续数据流通利用的展开。

（二）匿名信息规范定位偏差

自《网络安全法》第42条但书条款"经过处理无法识别特定个人且不能复原的"创设了个人信息匿名化规范，并为后续立法包括《民法典》第1038条所延续。上述规定借鉴

---

① 参见阳雪雅：《论个人信息的界定、分类及流通体系——兼评〈民法总则〉第111条》，载《东方法学》2019年第4期；胡文涛：《我国个人敏感信息界定之构想》，载《中国法学》2018年第5期；叶名怡：《个人信息的侵权法保护》，载《法学研究》2018年第4期；王利明：《敏感个人信息保护的基本问题——以〈民法典〉和〈个人信息保护法〉的解释为背景》，载《当代法学》2022年第1期；孙清白：《敏感个人信息保护的特殊制度逻辑及其规制策略》，载《行政法学研究》2022年第1期。

② See Gramm – Leach – Bliley Act; *Health Insurance Portability and Accountability Act.*

③ See The General Data Protection Regulation, Article 6.

④ Jones, Meg Leta, Margot E. & Kaminski, *An American's Guide to the GDPR*, Denver Law Review, Vol. 98: 93 (2020).

⑤ See California Civil Code § 1798.120.

了欧盟GDPR对于“匿名信息”（anonymous information）的概念，并将其作为数据流通的例外情形。但该制度设计，不论是从理论上还是数据产业的角度来看，均缺乏合理性与可操作性。

首先，匿名信息不应作为流通规范的例外。欧盟GDPR序言第26条规定，匿名数据是指将个人数据移除可识别个人信息的部分，并且通过这一方法，数据主体不会再被识别。匿名数据不属于个人数据，因此无须适用条例的相关要求，机构可以自由地处理匿名数据。① 从其规范的目的来看，匿名数据主要是排除欧盟GDPR规范的适用，② 而不是作为数据可流通性的例外情形。因而，欧盟对于匿名数据也具有比较高的法律标准，如欧盟第29条工作组认为一项有效的匿名化措施应当防止任何人从数据集中或从数据集的两项数据（或是两个独立数据集）中识别出单个个人或推断出任何信息。③ 我国立法也遵循了这一路径，相关规范要求数据经过匿名化处理后，实现无法识别且不能复原的标准，但这一标准之下匿名信息就不再属于个人信息范畴。我们很难说一项非个人信息，可以作为个人信息流通之例外规定。

其次，个人数据流通应将去标识化（de - identification）作为流通规则。匿名信息由于不具备识别个人最低程度的关联性，在实践中的交易价值非常有限。真正有价值的是，去除部分标识符之后的个人信息，学界一般称其为个人信息去身份或去标识，④ 也是当前美国信息流通的主要方式。⑤ 欧盟GDPR第4条界定了数据假名化（pseudonymisation），即对个人数据处理后，在没有特定信息参考（该特定信息被安全地单独保存）的情况下，不能指向特定个人。⑥ 应指出，假名化是一种典型的去标识化技术，经过去标识化处理后的数据才是当前数据流通利用的主要对象，也是当前流通法律规范应当真正解决的问题。我国《个人信息保护法》第73条明确了去标识化的定义，但并未明确去标识化能否作为数据流通规则。⑦

最后，数据流通应以控制再识别（re - identification）风险为规制手段。匿名信息已经

---

① See The General Data Protection Regulation, Recital 26.

② 欧盟在GDPR立法前，还通过了《非个人数据自由流动条例》以实现包括匿名信息在内的非个人数据在欧洲范围的自由流通与利用。See The Regulation (EU) 2018/1807 of the European Parliament and of the Council of 14 November 2018 on a framework for the free flow of non - personal data in the European Union states.

③ See Article 29 Data Protection Working Party: Opinion 05/2014 on Anonymisation Techniques, April 2014.

④ 参见金耀：《个人信息去身份的法理基础与规范重塑》，载《法学评论》2017年第3期；张勇：《个人信息去识别化的刑法应对》，载《国家检察官学院学报》2018年第4期；高富平：《个人信息流通利用的制度基础——以信息识别性为视角》，载《环球法律评论》2022年第1期。

⑤ Garfinkel, Simson, *De - identification of Personal Information: US Department of Commerce*, National Institute of Standards and Technology, 2015.

⑥ See The General Data Protection Regulation, Article 4 (5).

⑦ 《个人信息保护法》第73条第3项明确去标识化的定义为，“个人信息经过处理，使其在不借助额外信息的情况下无法识别特定自然人的过程”。

不属于个人信息范畴，不应成为流通规范例外情形，而去标识化信息应成为数据流通规范的重点。去标识化信息流通，最大的风险在于结合其他信息，对于原有个人身份进行再识别。如何降低此类信息流通的法律风险？需对去标识信息被再识别进行风险评估，具体可以参考再识别概率、数据接受者再识别动机、技术能力等因素。① 从当前产业实践来看，再识别风险评估构成了去标识化信息流通的关键因素，也是当前数据流通规范应当完善的内容。

综上，匿名信息不应成为数据流通之例外，而应当将去标识化信息与再识别风险纳入数据流通规范。将匿名信息作为数据流通规范排除的例外，既缺乏理论上的正当性，也脱离数据产业实际，无法为数据流通提供有效指引。

（三）数据要素流通规范缺失

从根本上看，我国数据流通规范缺乏将数据作为生产要素的重视，数据要素意义上的流通规范才是当下迫切需要解决的问题。个人信息流通是当前数据流通规范的难点，而要素意义上数据集合（data set）或数据产品的流通才是数据流通规范的主要内容。当前数据纠纷主要集中在企业数据集合或数据产品上，从生产要素的角度看，企业数据的流通既可能包含个人数据，也可能包含非个人数据或工业数据，还可能是一种深度数据挖掘处理后的数据产品或服务。

数据要素层面的流通规则受制于数据确权问题，目前仍然以数据合同作为流通的主要方式。所谓数据合同事实上是数据许可使用，符合数据要素市场对于数据个性化的需求，实现数据要素流通中的意思自治。但这种纯粹依靠当事人之间的合同治理的方式也存在明显的弊端。尤其是一方当事人主体处于优势地位时，其并不愿意将其数据提供或共享给其他主体，容易导致数据的垄断问题，并不利于数据要素市场的发展。除了数据许可合同，数据流通不论是在规则设计还是配套机制上均存在较大的不足，难以支撑现有数据要素市场对于数据的流通需求。

相较于国内相关规范供给不足，国外数据流通的具体规则已经日臻完善。在行业领域，数据流通的相关指引规则对于数据产业流产生了重要的影响，有助于增加数据流通的可操作性，如欧盟《欧洲数据经济中的私营部门数据共享指南》②、英国《数据共享行为守则》③。在规范层面，欧盟2017年制定的《非个人数据自由流动条例》是欧盟构建单一数

---

① See Information and Privacy Commissioner, Ontario, Canada: *Dispell the Myhts Surrounding De－identification: Anonymization Remains a Strong Tool for Protecting Privacy*, June 2011.

② See European Commission, Commission Staff Working Document, Guidance on Sharing Private Sector Data in the European Data Economy, SWD（2018）125 final.

③ Information Commissioner's Office, Draft data sharing code of practice（Version 1.0 for public consultation）, 2019.

字市场战略的最为核心的内容;[①] 欧盟2019年《关于提供数字内容和数字服务的部分合同的指令》旨在为消费者获取数字内容时提供特别的保护;[②] 2019年通过的《开放数据指令》主要目的在于实现公共行业开放更多的数据。[③] 后续欧盟出台的《数字市场法》《数据治理法》也旨在规范数据流通市场，打破当前数据流通中的市场壁垒与法律障碍。[④] 可以认为，域外国家数据的流通规范，在广度与深度上均得到了体系化的扩展，大体上涵盖了企业与企业、企业与消费者、政府与企业多主体之间的数据流通规范。

当前我国数据流通规范并未面向数字经济转型，仍以数据安全和保护为内核，并未将数据当作一项生产要素设计流通规范。长期以来我国数据相关立法受制于优先保护数据安全的规范路径，一定程度上忽视了数据流通规则的构建，数据产业的发展往往以牺牲主体数据利益为代价。数据流通规范的缺失不利于数据要素市场的培育，难以为企业数字化转型升级注入活力。将来数据立法中，构建我国数据流通规则已迫在眉睫，具体数据流通规则不应简化为同意规则，而应站在数据要素层面制定符合数字经济的流通规则。

三、数据流通规则之范式转型

数据自由流通可充分释放数据价值，实现数据资源的有效配置与利益分配，以发展数字经济的核心议题。经济合作与发展组织（Organization for Economic Co – operation and Development，OECD）研究报告建议开发与改进数据治理制度，以克服数据获取与共享的障碍。[⑤] 从国外数据立法趋势来看，数据可流通或可获取的重要性已被提升至前所未有的高度，数据法律规范也呈现出从数据保护向数据获取利用转向的趋势。

（一）主体权利：从消极权利到积极权利

为保护个人的数据利益，不同国家采取了不同的规范路径，如欧盟在基本人权层面通过GDPR创设了个人数据保护权,[⑥] 旨在为个人数据提供全方位的保护；美国立法则是将

---

① The Regulation（EU）2018/1807 of the European Parliament and of the Council of 14 November 2018 on a framework for the free flow of non – personal data in the European Union states.

② Directive（EU）2019/770 of the European Parliament and of the Council of 20 May 2019 on certain aspects concerning contracts for the supply of digital content and digital services.

③ Directive（EU）2019/1024 of the European Parliament and of the Council of 20 June 2019 on open data and the re – use of public sector information, repealing Directive 2003/98/EC as revised by Directive 2013/37/EU.

④ Regulation（EU）2022/1925 of the European Parliment and of the Council of 14 September 2022 on contestable and fair markets in the digital sector and amending Directives（EU）2019/1937 and（EU）2020/1828（Digital Markets Act）; Regulation（EU）2022/868 of the European Parliament and of the Council of 30 May 2022 on European data governance and amending Regulation（EU）2018/1724（Data Governance Act）.

⑤ OECD, Data – Driven Innovation. Big Data for Growth and Well – Being, 2015.

⑥ Regulation（EU）2016/679 of the European Parliament and of the Council of 27 April 2016 on the protection of natural persons with regard to the processing of personal data and on the free movement of such data, and repealing Directive 95/46/EC（General Data Protection Regulation）.

个人信息纳入广义的隐私权范畴，通过“信息隐私权”以实现信息的保护与利用。[①] 数据主体利益的保护始终是个人数据法律规范的逻辑起点，但数据主体长期缺席数据流通中的权利话语体系，难以参与数据红利的分配。基于此，数据主体权利在各国立法中不仅在权利种类上得到扩展，而且还呈现出从消极权利到积极权利的趋势。

早期美国隐私权主要围绕着个人独处理论下的生活安宁权，重点防范的是公权力对于私人事务的不当干预。可以说，狭义上的隐私权是一项典型的消极权利，[②] 并不含有控制与利用信息的内容。自威斯汀（Westin）系统提出隐私控制理论，信息隐私权不再只是一种消极意义上的隐私权，而是包含了自主决定信息何时、以何种方式传达给他人的新型隐私。[③] 欧盟在此认识上的转变就更为彻底，如欧盟 GDPR 第 20 条创造性地规定了数据可携权（Right to data portability），赋予数据主体直接向其他数据控制者移转其个人数据的权利。[④] 相较于传统的主体权利如知情权、访问权，数据可携权一定程度上增强了主体对个人数据的控制，[⑤] 并可从数据的流通中获取更好的数据产品或服务。个人数据可携权的创设重塑了消费者与数据企业之间的地位平衡，特别是从数据主体视角重新设计了数据流通规则，为个人主体事实上参与数据经济红利的分享开辟了新的路径。[⑥]

以数据可携权为代表的积极权利，一经提出虽饱受争议，但开始迅速地为国外最新立法所采纳。如美国 2020 年生效的《加州消费者隐私法案》规定了消费者数据可携权，根据消费者请求，企业可以向第三方披露或传输消费者个人信息。[⑦] 类似地，新加坡个人数据保护委员会（Personal Data Protection Commission，PDPC）在 2019 年《个人数据保护法》修正案中也新增了类似的规定，即个人可以要求控制者移转其提供的数据。[⑧] 事实上，我国通信行业近期实现的手机号码携号转网，一定程度上践行了个人数据可携转的理念，构成了个人数据可携权的雏形。我国 2020 年修订的《信息安全技术　个人信息安全规范》（GB/T 35273—2020）第 8.6 条也已有了个人数据可携权的初步规定，《个人信息保护法》第 45 条第 3 款正式规定了个人数据可携权，系数据可携权在我国的首次确立。但应指出，上述国家或地区构建的数据可携权与欧盟数据可携权的权利构造并不完全一致，但赋予主

---

① Litman & Jessica, *Information Privacy/information Property*, Stanford Law Review, Vol. 52: 1283 (1999).

② 参见彭诚信：《数据利用的根本矛盾何以消除——基于隐私、信息与数据的法理厘清》，载《探索与争鸣》2020 年第 2 期。

③ See Westin, Alan F., *Privacy and Freedom*, Washington and Lee Law Review, Vol. 25: 166 (1968).

④ See The General Data Protection Regulation, Article 20.

⑤ See The General Data Protection Regulation, Recital 68.

⑥ 参见金晶：《欧盟〈一般数据保护条例〉：演进、要点与疑义》，载《欧洲研究》2018 年第 4 期；王锡锌：《个人信息可携权与数据治理的分配正义》，载《环球法律评论》2021 年第 6 期。

⑦ California civil code § 1798.100 (d).

⑧ See Personal Data Protection Commission of Singapore: Discussion Paper on Data Portability (Feb. 25, 2019), https://www.pdpc.gov.sg/-/media/Files/PDPC/PDF-Files/Resource-for-Organisation/Data-Portability/PDPC-CCCS-Data-Portability-Discussion-Paper---250219.pdf.

体一项积极的数据权利以实现主体的数据利益是各国立法的共同目标。

不论是信息隐私权，还是数据可携权，均体现了个人数据主体权利从消极权利走向积极权利的趋势，其更强调主体对于数据利用行为的控制（而非数据信息本身），一改当前个人主体羸弱的地位，使个人参与数据红利分享成为一种可能。总之，创设数据主体积极权利是实现数据流通中主体利益的重要路径。

（二）数据确权：从财产赋权到数据获取

数据流通秩序构建离不开数据确权，当前数据产业主要建立在数据控制者大量收集、分析、处理数据的基础上，数据开始被企业视为重要的竞争性资源。理论界的主要思路是通过数据产权赋权促进数据流通，大多学者倾向于构建“数据财产权”以实现数据资源的优化配置。[①] 国外也有学者认为应当引入专有权性质的“数据生产者权”（data creator's right），以有效促进企业生产数据，激励数据的分享，明晰主体之间的利益分配。[②] 可以说，数据财产权理论构建主要参照的是传统财产权的逻辑体系，但这种路径也越来越受到学者们的怀疑。

不同于传统财产权，数据可以同时为不同主体所利用，而且并不会减损数据的价值，即数据具有非排他性与可共享性。据此，学者认为数据之上并不需要构建一项专有权利，即不宜在数据之上创设所有权。[③] 也有学者认为，应当为耗费实质投入并达到实质规模的大数据集合设置有限排他权，即公开传播权。[④] 当然，数据控制者对合法收集处理的数据应当享有独立的财产权益，但这种财产权益不宜具有绝对性，[⑤] 不宜进行绝对化与排他性的财产权保护。[⑥] 事实上，欧盟委员会也不赞同绝对权性质的“数据生产者权”，引入这种新型权利缺乏经济上的正当性，与其建立一套新的财产权体系不如确立一个有针对性的、不可放弃的“数据访问权”。[⑦]

构建数据财产权的假设在于可以保护数据控制者的投入，进而激励数据的生产，否则

---

① 参见龙卫球：《数据新型财产权构建及其体系研究》，载《政法论坛》2017 年第 4 期；程啸：《论大数据时代的个人数据权利》，载《中国社会科学》2018 年第 3 期；许可：《数据保护的三重进路——评新浪微博诉脉脉不正当竞争案》，载《上海大学学报（社会科学版）》2017 年第 6 期；钱子瑜：《论数据财产权的构建》，载《法学家》2021 年第 6 期。

② See Zech, Herbert, *A Legal Framework for a Data Economy in the European Digital Single Market: Rights to Use Data*, Journal of Intellectual Property Law & Practice, Vol. 11: 460 (2016).

③ 参见吕炳斌：《论网络用户对“数据”的权利——兼论网络法中的产业政策和利益衡量》，载《法律科学（西北政法大学学报）》2018 年第 6 期；周汉华：《数据确权的误区》，载《法学研究》2023 年第 2 期。

④ 参见崔国斌：《大数据有限排他权的基础理论》，载《法学研究》2019 年第 5 期。

⑤ 参见杨翱宇：《数据财产权益的私法规范路径》，载《法律科学（西北政法大学学报）》2020 年第 2 期。

⑥ 参见丁晓东：《论企业数据权益的法律保护——基于数据法律性质的分析》，载《法律科学（西北政法大学学报）》2020 年第 2 期；付新华：《企业数据财产权保护论批判——从数据财产权到数据使用权》，载《东方法学》2022 年第 2 期。

⑦ Josef Drexl 等：《马克斯·普朗克创新与竞争研究所就欧盟委员会“关于构建欧洲数据经济征求意见书”的立场声明》，刘维、张嘉莹译，载《电子知识产权》2017 年第 7 期。

数据控制者更不愿意从事数据的分享,[①] 但数据财产权的构建仍不能解决数据流通共享的问题。[②] 当前的大数据经济趋于形成市场集中和支配，形成了赢者通吃的局面，这才是数据财产权益配置真正面临的问题。即当前初创企业或其他现有竞争对手无法与巨头科技公司（Big Tech）竞争，导致这些公司的最终目标是被巨头公司吸收或收购。[③]

对于数据企业而言，真正的问题在于，如何尽可能多地获取高质量的数据，如何实现数据流向中小企业助其完成数字转型升级。因而，欧盟委员会推崇的数据访问权可能是一条更为有效的路径。具体而言，应当根据数据类型与具体应用场景构建不同程度的数据访问权，一些特殊情形下可借鉴知识产权领域的强制许可机制实现数据的获取，即数据控制者在特殊情形下不得拒绝数据的许可使用。[④] 以最大限度获取数据为目标构建流通规范，最终受益的是每一个参与数字经济的市场主体，自由的数据流通才可真正实现数据的价值。

世界范围内法律规范均未创设绝对权性质的数据财产权，如欧盟《非个人数据自由流动条例》也并未对非个人数据创设一种制定法上的财产权，而是强调企业之间的数据移转以促进数字经济。[⑤] 对于数据经济中最广泛存在的，包含个人数据在内的数据集，欧盟委员会相关指南亦未对此进行财产赋权，而且强调其应当首先遵守欧盟 GDPR 关于个人数据的相关规定，实现数据集的自由流通。[⑥] 从这一角度来看，数据流通规范应以促进数据在全社会范围内的自由获取为目标，当然这种流通规则应在流通中动态地保护隐私和个人利益等核心价值。

（三）治理范式：从自我管理到风险管理

当前个人数据治理主要是基于“知情同意”框架，美国学者将其概括为隐私自我管理(privacy self – management),[⑦] 即赋予个人管理其信息隐私的诸多权利，典型的如 2018 年美国《加州消费者隐私法案》赋予消费者访问权、删除权等主体权利。[⑧] 欧盟 GDPR 并未采用“知情同意”框架，而是采用了合法性基础作为数据处理的依据。知情同意框架也为我国早期相关立法所采纳，如《消费者权益保护法》第 29 条、《网络安全法》第 42 条主

---

① See Lothar Determann, *No One Owns Data*, Hasting Law Joural, Vol. 70：1（2018）.

② 参见金耀：《数据治理法律路径的反思与转进》，载《法律科学（西北政法大学学报）》2020 年第 2 期。

③ Berwal, Paramjeet Singh, Making the Case for Unrestricted and Indiscriminate Data Collection：(a Prerequisite for the Success of Digital Economy)(May 10, 2020).

④ Richter, Heiko, The Law and Policy of Government Access to Private Sector Data (“B2G Data Sharing”)(May 6, 2020). Max Planck Institute for Innovation & Competition Research Paper No. 20 – 06.

⑤ The Regulation (EU) 2018/1807 of the European Parliament and of the Council of 14 November 2018 on a framework for the free flow of non – personal data in the European Union states, Article 6.

⑥ Guidance on the Regulation on a framework for the free flow of non – personal data in the European Union, COM (2019) 250 final.

⑦ Daniel, J. Solove, *Privacy Self – Management and the Consent Dilemma*, Harvard Law Review, Vol. 126：1880 (2013).

⑧ California Civil Code § 1798. 105.

要规定了个人同意规则,[①] 国家安全规范《信息安全技术 个人信息安全规范》也仍然采用了同意规则为原则的规范路径。

建立在“知情同意”框架下的自我管理模式，其建立在理性人自我决定利益最大化基础之上，但这一理论基础不断受到学界的质疑。知情同意规则已无法为公民隐私提供实质性保障，又会制约数据价值的开发。[②] 隐私自我管理作为当前隐私法规的主要工具，但这种方法注定是会失败的，并且无法通过消除人们行为中的不合理性来进行挽救，因为，即使是完全理性人也无法成功实现隐私的自我管理。[③] 甚至有学者认为，在信息隐私领域存在“隐私悖论”（privacy paradox）现象，即人们声称他们高度重视个人隐私，但在行为上却为了很少的利益放弃了个人信息或是未采取隐私措施。[④] 在当前大数据技术快速发展背景下，个人数据大规模的收集与处理技术已颇为成熟，诞生于20世纪七八十年代的知情同意规则已经捉襟见肘，很难适应当前数据治理需求，亟须从范式上进行转变。

从理论上看，个人同意授权信息控制者收集、处理个人信息并未转让所有权，即控制者对于处理的个人信息也并未享有所有权，其仍应当受到个人主体的限制,[⑤] 有学者认为其构成了个人信息的使用许可。[⑥] 从这一角度看，个人信息的同意授权并非放弃个人信息上的利益，而是事实上增加个人信息的隐私风险。[⑦] 因而，数据治理尤其是涉及个人信息时应当从隐私自我管理转向风险管理，主要包括：

一是隐私场景理论之规范化。所谓“场景”理论，是美国教授海伦·尼森鲍姆提出的，其主张把隐私问题纳入信息流通场景中理解与保护。[⑧] 美国2018年《加州消费者隐私法案》明确采纳该理论，第103节规定企业在收集和处理个人信息过程中，如果场景的使用符合消费者的预期，就无须征得个人同意。[⑨] 我国亦有学者就该理论进行了系统的介绍，

---

① 《消费者权益保护法》第29条规定，经营者收集、使用消费者个人信息，应当遵循合法、正当、必要的原则，明示收集、使用信息的目的、方式和范围，并经消费者同意。《网络安全法》第41条第1款规定：“网络运营者收集、使用个人信息，应当遵循合法、正当、必要的原则，公开收集、使用规则，明示收集、使用信息的目的、方式和范围，并经被收集者同意。”

② 参见范为：《大数据时代个人信息的路径重构》，载《环球法律评论》2016年第5期；高志宏：《大数据时代“知情—同意”机制的实践困境与制度优化》，载《法学评论》2023年第2期。

③ See Solove, Daniel J., *The Myth of the Privacy Paradox*, The George Washington Law Review, Vol. 89: 1 (2021).

④ See Carleton Athey, Susan, Catalini, Christian, Tucker & Catherine E., *The Digital Privacy Paradox: Small Money*, Small Costs, Small Talk (April 8, 2018).

⑤ See Schwartz, Paul M., *Property, Privacy, and Personal Data*, Harvard Law Review, Vol. 117: 2056 (2003).

⑥ 参见王忠：《大数据时代个人数据交易许可机制研究》，载《理论月刊》2015年第6期。

⑦ See Solove, Daniel J., *The Myth of the Privacy Paradox*, The George Washington Law Review, Vol. 89: 1 (2021).

⑧ See Helen Nissenbaum, *Privacy in Context: Technology, Policy, and the Integrity of Social Life*, Stanford University Press, 2009, p. 236.

⑨ See Administration Discussion Draft: Consumer Privacy Bill of Rights Act of 2018.

主张采取有限个人主义与动态化的个人信息保护。① 制定数据流通法律规范不宜采取“一刀切”的方式，而应当以场景理论为基础，根据不同的数据类型、数据处理与应用的场景制定强度不同的规范。

二是数据全生命周期的隐私设计保护。隐私设计保护（privacy by design）的理念最早由加拿大学者提出，旨在改变以往的隐私保护，在数据全生命周期中提供主动的隐私保护。② 欧盟 GDPR 第 25 条也明确了通过设计的隐私保护，这一理念落地为一项具体的法律规范，为企业如何管理隐私风险提供了新的方向。这一理念的提出是意识到，完全依靠个人主体自我管理的数据处理具有很大的缺陷，需要强化政府监管的介入，构建数据全生命周期的隐私风险管理体系。数据企业需主动构建数据收集、使用、存储和流通中的隐私风险管理框架，如美国标准与技术研究院发布的《隐私框架 1.0 版》旨在通过企业风险管理改善隐私，践行了“隐私设计保护”的理念。③ 我国 2020 年修订的《信息安全技术　个人信息安全规范》第 3.9 条也明确，个人信息的处理活动应当进行风险判断，评估保护个人信息主体的各项措施有效性。综上，当前个人数据治理模式仍然是以知情同意为基础的隐私自我管理，亟须转向隐私风险管理的模式，相应的数据流通与利用才有释放的空间。

面对日益激烈的数字经济竞争，各国数据立法逐渐从重视数据保护转向数据获取利用，其中最关键的一环就是数据流通。搁置数据财产权赋权争议，以风险控制作为数据流通的规范路径，并实现主体参与数据红利分享，构成了当下数据流通规范转型之趋势。

四、我国数据流通规则之体系重构

如何打破不同主体之间的数据隔阂，实现数据自由有序流通，是完善数据要素市场的应有之义。当前数据流通规范呈现出碎片化、零散化的特征，难以有效规范与指导数据流通实践的展开。我国立法者已开始意识到这个问题，并在《数据安全法》中用较大的篇幅就数据要素流通的原则与理念进行了规定，将数据安全与数据流通进行融合，形成一种新的动态的数据安全观。构建我国数据流通规则，首先应当明确数据流通的基础理论，采用体系化思维从流通客体、流通主体维度构建类型化的数据流通规范。

（一）树立数据流通的新安全观

数据流通与数据安全一般被界分为私法与公法两个领域的问题，理论研究似乎存在泾渭分明的界限。前者更为强调数据的动态利用，后者则是静态的绝对化数据安全。事实上，

① 参见丁晓东：《论个人信息法律保护的思想渊源与基本原理——基于“公平信息实践”的分析》，载《现代法学》2019 年第 3 期。

② Cavoukian，Ann，*Information and Privacy Commissioner of Ontario*，Internet and E – Commerce Law in Canada，Vol. 7：57（2006）.

③ NIST Privacy Framework：A Tool for Improving Privacy through Enterprise Risk Management（Version 1.0），2020.

数据流通除了个人隐私风险，更为重要的是，数据被泄露或者不法利用的安全风险。美国剑桥分析事件中，由于Facebook疏于对数据流通中第三方的管理，造成用户数据被剑桥分析公司用于政治选举，经过长达多年的诉讼，最终以50亿美元的罚款与监管部门达成和解。[①] 由此可见，数据安全与数据流通利益之间休戚相关，二者是一枚硬币的两面。但应指出，数据流通必然存在动态的安全风险，相关的制度并非要实现绝对的数据安全，相对可控的数据安全观应当成为发展数字经济所秉持的理念。换言之，数据流通利用中的数据安全并非一种绝对化的静态安全，而是需要将动态的相对安全观融入数据流通利用中，是形成安全有序数据流通体系之前提。

数据价值就在于流通，静态的数据安全观已难以适应当前数字经济的发展，从上述数据流通范式转型来看，国外数据治理更强调动态的安全风险防范。我国《数据安全法》可谓是我国数据法领域第一部立法，除了对于核心的数据安全问题进行了规定，其颇为重要的亮点在于将数据安全融入数据流通之中，为将来数据流通利用规则的构建预留了充分的想象空间。[②] 国家在战略层面提出将数据作为第五种新型生产要素，现有数据法律规范缺乏对于数据流通的相关规定，《数据安全法》在一定程度上弥补了这一缺陷，并将数据流通下的动态数据安全观作为将来数据立法的重要思路。

从《数据安全法》条文来看，整部立法共有55条，涉及数据流通与利用的条文，如果排除政务数据开放这部分内容，一共有13个，可见所占比重之大。但这些条文大多是宣示意义上要促进数据合法利用、有效利用、开发利用，实质性有用的条款并不多。在笔者看来，真正体系数据安全与数据流通相融合的条款主要有3条：

第一，《数据安全法》第7条首次明确了通过数据自由流通实现数据要素化。[③] 虽然在国家战略层面我们非常前瞻性地提出了数据作为生产要素，但在法律层面还是首次将其确定下来，这样的意义是非常深远的。以后数据法律的规范设计必然将基于数据作为生产要素，相关的规范要更针对经济市场的需求，更体现数据的利用价值。

第二，《数据安全法》第19条主张由国家建立健全数据交易管理制度。[④] 长期以来，我国数据交易市场缺乏具体的管理制度，各地数据交易平台的重复搭建，一定程度上造成了相关资源浪费，存在“各自为战”的局面，各地之间的数据交易呈现出地域化的隔阂，

---

① Federal Trade Commission, FTC Imposes ＄5 Billion Penalty and Sweeping New Privacy Restrictions on Facebook, Press Release from July 24, 2019, Washington 2019.

② 《数据安全法（草案）》在征求意见过程中，很多专家学者对于该草案提出了很大的批评，尤其是对在该草案中存在安全与利用的两张皮的内容，认为不应当在数据安全问题中规定大量的数据流通利用规则。笔者对此持不同意见，为构建数据要素市场发展数字经济，当下在该法中规定数据流通与交易的规范是非常紧迫和有必要的。

③ 《数据安全法》第7条规定：“国家保护个人、组织与数据有关的权益，鼓励数据依法合理有效利用，保障数据依法有序自由流动，促进以数据为关键要素的数字经济发展。”

④ 《数据安全法》第19条规定：“国家建立健全数据交易管理制度，规范数据交易行为，培育数据交易市场。”

难以在全国范围内形成数据自由流通的局面。只有建立健全统一数据交易管理制度，全国范围内的数据自由流通才有可能。

第三，《数据安全法》第33条首次将数据中介服务商纳入法律规范，规定其具有说明数据来源，审核交易双方的身份等义务。[①] 发展数字经济离不开数据中介服务商，但该行业在我国目前仍然面临着很大的风险。在美国，存在专门从事数据交易的数据经纪人（data broker）制度，这一行业也逐渐从自律规范开始进入法律规范的视野，如美国佛蒙特州于2018年通过首部数据经纪人专项监管法案，旨在提升该行业的透明性。[②] 我国也开始重视对于数据中介服务商的立法规范，如《贵州省数据流通交易管理办法（试行）》已发布，其中规定了数据中介应当符合的要求。因而，将数据中介服务商纳入《数据安全法》符合完善数据要素市场的需求，是发展数字经济的必由之路。

数据必须进入流通领域才可实现其要素价值，越多的数据流通也意味着越多的数据安全风险。但这并不意味着，我们必须在数据流通与数据安全之间作出取舍，而是应当将数据安全融入数据流通利用之中，动态地评估数据流通中可能存在的风险，科学地设计相关的流通规范，结合相关的技术措施，最大限度地降低数据流通中的安全风险。即静态的绝对化的数据安全观，亟须转为面向数据社会化利用场景下的动态的相对可控的安全观。

（二）完善数据流通的理论基础

数据流通规则应首先走出个人数据“知情同意”的藩篱，面向数字经济与智能产业发展的需求，真正将包含个人数据在内的数据作为关键生产要素，形成一套符合我国数据产业发展实际的数据流通基础理论。

1. 数据流通以数据许可为基础

数据流通本质上是数据的使用许可，即数据控制者与数据使用者之间主要通过数据许可合同实现数据的流通与利用。[③] 数据控制者（提供者）向他人提供数据，具有数据交易或数据买卖的特征，但其并不是数据买卖合同。[④] 从法律关系上看，数据流通的本质是数据许可使用，在不转移数据所有权的前提下通过许可合同实现数据利用。数据许可合同成为数据许可使用中的关键要素，明晰许可的性质与类型，就合同当事人之间的数据权利义务关系进行“私人立法”。

数据成为生产要素参与市场分配，其关键在于数据流通，而数据确权问题成为困扰数据流通的重要问题。本文认为，数据流通的前提并不在于数据确权，数据控制者许可他人

---

① 《数据安全法》第33条规定：“从事数据交易中介服务的机构提供服务，应当要求数据提供方说明数据来源，审核交易双方的身份，并留存审核、交易记录。”

② See Vermont Act 171 Data broker regulation.

③ 参见高富平：《数据流通理论——数据资源权利配置的基础》，载《中外法学》2019年第6期；金耀：《数据治理法律路径的反思与转进》，载《法律科学（西北政法大学学报）》2020年第2期。

④ 参见梅夏英：《数据的法律属性及其民法定位》，载《中国社会科学》2016年第9期。

使用数据的前提在于，该数据构成了数据控制者的一项合法财产利益。数据财产利益的合法性主要来自两个方面：

其一，数据来源的合法性。数据的来源并不限于个人数据，也不限于原始数据，而是包含了直接来源与间接来源。前者主要包含个人数据的收集、主体主动提供数据、数据爬取等形式，后者主要指的是通过数据合同从其他数据控制者处获取数据。数据来源的合法性之于数据流通交易具有非常重要的意义，《数据安全法》第 33 条首次将数据服务中介商机构纳入其中，要求其说明提供数据的来源。再如，美国佛蒙特州数据经纪人专门立法，也要求数据经纪人保证数据来源的合法性。[①] 因而，数据流通的正当性很大程度上取决于数据来源的合法性。

其二，数据的事实控制性。从理论上来看，数据财产利益的正当性可适用知识产权领域的劳动价值理论，类似于民法上的添附与加工制度。但其特殊性在于，不同于物权、知识产权具有的支配与排他效力，数据资产的合法性来自数据控制者对于数据的事实控制，类似于物权法上的占有产生的法益以及商业秘密的事实控制性。不同于法定财产权的排他性，数据的事实控制产生的是事实排他性（factual control），也有学者称为物理上的排他性。[②] 一旦丧失了这种事实上的控制性，任何主体都可以自由获取，就缺乏财产利益具备的排他性，如商业秘密一旦为他人获取，就丧失了其财产价值。就实现数据流通而言，数据的事实控制性也可以促进合同当事人之间的谈判，实现数据的有效利用。[③]

数据许可不同于知识产权许可，知识产权许可建立在权利的排他性上，如版权许可中，未经版权许可人许可授权，对于他人复制、出版等行为可以追究其侵权责任。对于数据许可而言，由于当前尚未将数据作为一项法定财产，因而对于被许可人特定的数据行为只能通过合同约定的方式加以限制，从而适用的是违约责任，无法对于任何第三人的行为加以排除。从这一视角看，数据许可与知识产权许可也具有相似之处，即二者均是对于特定他人行为自由的排除或限制，为社会与他人合理利用数据信息保留了空间。

2. 数据流通宜采用场景风险路径

数据流通最为主要的风险来自隐私与安全风险，以往数据规范强调的是静态绝对化的数据安全与隐私风险。但对于发展数字经济而言，数据安全与隐私风险必须融入动态的数据流通与利用环节加以解决，这就意味着采取“一刀切”的同意规则并不能真正解决上述风险，应采用场景风险理论在数据流通利用中动态地评估与预防法律风险。

在涉及个人数据流通场景时，数据控制者与数据使用者之间的许可合同应充分考虑数

① See Vermont Act 171 Data broker regulation.

② 参见纪海龙：《数据的私法定位与保护》，载《法学研究》2018 年第 6 期；梅夏英：《企业数据权益原论：从财产到控制》，载《中外法学》2021 年第 5 期。

③ See Drexl, Josef, Designing Competitive Markets for Industrial Data – Between Propertisation and Access (October 31, 2016). Max Planck Institute for Innovation & Competition Research Paper No. 16 – 13, p. 29.

据主体利益，并应当充分考量数据主体的利益。数据主体应根据场景与数据类型的不同，或是同意，或是选择退出。具体而言，个人数据流通规则应当综合考虑数据类型、去识别化技术、安全风险等因素，制定具有区分度的个人数据流通规则。

首先，对于个人利益影响较大的隐私信息等应当采用严格的告知与同意规范。我国《民法典》第1038条、《个人信息保护法》第13条对于提供个人信息采取了同意规则，并未区分具体的数据类型。很难想象，数据提供者向他人提供类似于IP地址、cookie等数据集需要首先追溯识别到具体个人，获取其同意后才可向他人提供此类数据。从数据产业视角来看，企业从事该交易的成本太高，最终导致同意规则效力的异化，实践中“一揽子”或概括式的同意才会层出不穷。在个人数据流通中，对于主体影响最大的是隐私信息、身份信息等，此类信息的非法流通或者泄露对于主体会造成巨大的人身或财产损害，对此类风险较大的数据流通，采取严格的告知与同意才具有理论上的正当性与必要性。

其次，对于一般个人信息或去识别处理后的个人信息，可采用告知与选择退出机制。产业实践中，获取个人主体同意再进行流通往往是不经济的，因而在流通环节，数据提供者更倾向于采取技术措施使信息一般难以识别到具体个人，典型的如采取假名化、哈希函数算法等技术，旨在降低数据流通的风险。因而，对于无法直接识别到个人信息或去识别处理后的个人信息，其流通的法律风险总体是可控的，应尽可能促进此类数据的流通利用。因而，对于此类数据采用告知与选择退出机制，一定程度上保障了主体在数据流通环节的主体利益，也体现了风险管控的治理模式。

最后，对于已经实现完全匿名化且不具有复原可能性的信息，其在流通中不必获取个人同意。采取技术措施实现数据匿名化并且不具有复原可能性的数据，其流通的隐私风险与安全风险显然是最低的，已经不再是个人数据，而应当纳入非个人数据范畴。非个人数据流通原则上不需要获取主体的同意，当前立法规范如《民法典》第1038条、《个人信息保护法》第4条、《网络安全法》第42条均将匿名信息作为流通同意的例外情形，这一定位并不妥当。因为匿名信息就不再属于个人信息的范畴，不应作为个人数据流通的例外情形，而属于非个人数据再利用范畴。

个人数据构成了当前数据流通的难点，数据集或数据产品是数据流通的主要对象，关键在于平衡个人、企业、政府机关之间的数据利益，这就涉及竞争法、消费者权益保护法等规范内容。规范视角的不同也决定了数据流通规则应当采用风险规范路径，而非统一的同意规则。

3. 数据流通应实现主体的数据利益

当前数据流通规范最受诟病的是个人主体无法参与数据红利的分享，导致当前数据流通规则缺乏正当性，用户数据异化为企业争夺利益的手段。学界也开始意识到，发展数字经济必须将个人主体纳入其中，尤其是在数据流通中必须同其他主体共享数据红利。即数据流通规则，不仅要保护个人数据利益不被泄露或不当利用，更重要的是，要通过规范设计为个人参与数据经济、分享数据红利提供有效的路径。

为增强数据主体对于数据流通的控制，欧盟 GDPR 第 20 条新创设数据可携权旨在加强主体对于数据流通利用的控制，以实现数据主体参与分享数据红利。① 遗憾的是，学界当前对于此项权利一般持否定态度，或认为数据可携权的权利构造复杂，或认为数据可携权会对于当前的数据竞争秩序产生不利影响等。② 如果从数据流通视角看，数据可携权构成了当前数据流通规则的重要补充，旨在通过赋予主体对于数据流通一定程度的控制与选择，实现其应有的数据价值。相较于主体在接受数字产品或服务中的初始同意，蕴含积极权利意味的数据可携权更能实现数据要素参与市场分配的目的。

当前对于如何构建符合规范体系的本土化数据可携权制度，理论界仍存在不同的路径：权利规范路径，根据数据控制者的不同类型，构建强度不一的数据可携权规范；③ 义务规范路径，考虑将数据可携转作为数据控制者的一项义务，④ 或由第三方提供数据可携权服务；⑤ 个案平衡路径，即主张在个案中选择宽泛的平衡条款来实现数据可携权。⑥ 尽管具体路径存有差异，但强化主体对于数据利用的控制与分享成为数据可携权的主要目的。建议我国在现有可携权制度的基础上，进一步明确权利的法律构造，从体系上完善该权利行使的规则。

（三）明确数据流通的客体类型

数据流通的规范对象并非单一的数据，而是基于数据汇集、分析等处理后形成的数据资产。数据资产因包含数据控制者最低限度的劳动而具有财产利益。根据资产化程度与商业模式的不同，可以将数据流通规范对象分为数据集、数据产品。

数据集，指的就是单一数据汇集和整合而成的集合，是目前数据确权与数据流通的主

---

① See The General Data Protection Regulation，Article 20.

② 参见卓力雄：《数据携带权：基本概念，问题与中国应对》，载《行政法学研究》2019 年第 6 期；谢琳、曾俊森：《数据可携权之审视》，载《电子知识产权》2019 年第 1 期；冉从敬、张沫：《欧盟 GDPR 中数据可携权对中国的借鉴研究》，载《信息资源管理学报》2019 年第 2 期；丁晓东：《论数据携带权的属性、影响与中国应用》，载《法商研究》2020 年第 1 期。

③ See Barbara Engels，*Data Portability among Online Platforms*，Internet Policy Review，Vol. 5：2（2016）.

④ See Personal Data Protection Commission of Singapore，Public Consultation on Review of the Personal Data Protection Act of 2012 – Proposed Data Portability and Data Innovation Provisions 17（May 22，2019）.

⑤ See Helena Ursic，*Unfolding the New – Born Right to Data Portability*：*Four Gateways to Data Subject Control*，15 SCRIPTed 42（2018）.

⑥ See Paul De Hert，*Vaglis Papakonstantinou.*，*Gianclaudio Malgieri*，*Laurent Beslay*，*Ignacio Sanchez*，*The Right to Data Portability in the GDPR*：*Towards User – Centric Interoperability of Digital Services*，Computer law and Security Review，Vol. 34：193（2018）.

要研究对象。[①] 理论上，应当区分对于数据集与传统数据库的法律保护，二者的根本区别在于，数据库往往已经是可以商业化利用的结构化数据，而数据集可能以非结构化数据为主。根据数据集是否包含个人数据，其适用的流通法律规范不尽相同，具体包含以下几类：

其一，包含个人数据的数据集。此类数据集应首先适用《民法典》以及《个人信息保护法》的规定。个人信息构成了当前数据产业应用的主要来源，精准广告、个性画像等产业模式离不开对于个人信息的获取，也是当前数据流通中风险最高、不确定因素最大的对象。数据流通并不是无序地流通，而是应当首先考虑如何平衡与个人数据的关系。因而，数据流通规范在涉及个人信息时，应当从消极保护规范转向积极的权利规范，尤其是注重主体参与数据流通利用中的利益分享。

其二，不包含个人数据的数据集。此类数据集一般指的是工业数据或经过匿名化处理后形成的非个人数据集合。非个人数据一般指的是无法识别或与个人无关的数据，如安装风力涡轮机上的传感器产生的天气状况数据，或者是工业机器运行产生的维护数据等。欧盟 GDPR 匿名化数据也被纳入非个人数据的范畴，即个人数据经过匿名化技术处理后无法识别个人的数据。非个人数据由于无法识别或关联到具体个人，数据控制者对于数据的劳动投入构成了此类数据利益的合法性。因而，非个人数据的流通问题剥离了数据主体利益保护问题，主要依靠数据控制者与数据使用者之间的许可合同调整法律关系。换言之，数据许可合同构成非个人数据流通与利用的主要方式，而许可方式大体可以分为一对一许可、一对众许可和相互许可。[②] 区别于个人数据的流通，非个人数据流通由于不涉及个人隐私和数据安全等问题，其涉及的法律风险相对较小，采用数据许可合同可最大限度地实现数据的流通与利用。

其三，混合数据集（mixed dataset）是包含了个人数据与非个人数据的混合数据集，是当前数据经济中使用最为广泛的数据集，而且随着物联网、人工智能和数据分析等技术发展而变得越来越普遍。[③] 最为典型的是在物联网场景下，物联网传感器收集的数据有可能是包含可以识别个人的数据（特定的使用位置与方式等），也可能是物联网设备运行中产生的机器参数数据等非个人数据。对于混合数据集，欧盟对于其法律适用问题进行了指导规范：首先，在可分割情形下，对于混合数据集中的非个人数据适用《非个人数据自由流动条例》的规定；其次，在可分割情形下，对于混合数据集中的个人数据适用 GDPR 中

① See Zech, Herbert, *A Legal Framework for a Data Economy in the European Digital Single Market: Rights to Use Data*, Journal of Intellectual Property Law & Practice, Vol. 11: 460 (2016); Kerber, Wolfgang, *A New (Intellectual) Property Right for Non – Personal Data? An Economic Analysis*, Social Science Electronic Publishing (2016); OECD, Data – driven Innovation for Growth and Well – being, October 2014.

② 参见高富平：《数据流通理论——数据资源权利配置的基础》，载《中外法学》2019 年第 6 期。

③ See Guidance on the Regulation on a framework for the free flow of non – personal data in the European Union, COM (2019) 250 final.

的相关规定；最后，更多情形是混合数据集中的个人数据与非个人数据紧密地联系在一起而无法分割，这一情形下应当优先适用 GDPR 中的数据权利和义务。[①] 因而，混合数据集的流通中，如果包含部分个人数据，其整体仍应当适用个人数据流通规范，当然也可以通过匿名化技术使该数据集转化为非个人数据集合，以降低流通中的隐私风险。

数据产品即通过数据算法对数据集深度加工后形成的市场化产品或者服务。简言之，数据产品是在数据集基础之上，通过深度数据加工与分析形成的市场化产品与服务，主要包括市场预测、决策判断、征信等。数据产品由于对数据进行了深度加工处理，一般体现为预测、决策分析等数据服务，就不再包括个人数据，隐私风险考量就应退居二线，竞争法应成为此类数据流通的主要规范内容。司法实践中，在“淘宝公司诉安徽美景信息科技有限公司不正当竞争”案中，法院认为淘宝公司“生意参谋”构成了一项具有竞争性的财产利益。[②] 事实上，数据产品的本质是数据服务的提供，如美国数据经纪人行业不仅收集与出售信息，也提供相应的数据产品，如营销产品（marketing products）、风险减少产品（risk mitigation products）、个人查询产品（people search products）。[③] 数据产品不再是原始数据的提供，而是数据服务的提供，其财产化价值比数据集更为明显，在一定条件下可以通过知识产权（如计算机软件作品、汇编作品等）许可进行利用。

（四）区分数据流通的主体类型

当前学界对于数据流通规范的研究主要集中在企业向企业的数据提供（B2B），这也是当前数据纠纷产生的主要方式。除此之外，企业对于政府机关的数据共享（B2G）以及政府对企业的数据开放（G2B）也应当被纳入广义上的数据流通规范。因而，根据法律关系主体不同，数据流通大体可分为数据提供、数据共享、数据开放等流通类型。

狭义上的数据流通指的是，数据企业之间的数据提供与数据获取，主要是基于数据许可的方式实现数据的再利用。从数据提供者视角看，数据使用许可是实现数据交换价值的关键；以数据利用者为视角，能否有效获取高质量实时的数据是数据企业，尤其是新进入市场的中小企业创新产业模式的关键。若没有充分有效的数据供给与数据获取，数据产业的发展就成为“无源之水”，数据市场与数字经济将始终处于“小数据”阶段，无法扩展至真正的“大数据”阶段。[④] 应明确，数据提供主要是依靠企业之间的数据许可合同，此类合同构成了双方权利义务的边界。当前数据许可合同是一类典型的无名合同，欧盟 2019 年《关于提供数字内容和数字服务的部分合同的指令》为数字内容流通进行了有针对性的

---

① See Guidance on the Regulation on a framework for the free flow of non – personal data in the European Union, COM（2019）250 final.

② 参见杭州铁路运输法院民事判决书，（2017）浙 8601 民初 4034 号。

③ See Federal Trade Commission, *Date Broker: A Call for a Call for Transparency and Accountability*, 2014, p. 42 – 45.

④ 参见张素华、宁园：《论数据利益的保护路径——以数据利益的解构为视角》，载《私法》2019 年第 1 期。

规范指引。[①] 当前数据产业并未充分重视数据提供中的合同条款的制定，数据纠纷的解决主要依靠反不正当竞争法，该规范路径仍面临着诸多的不确定性。

广义的数据流通还包括数据共享，主要指的是企业向不特定主体共享数据，其中规范价值较大的是企业向政府机关的数据共享。具体而言，当前数据寡头企业掌握了数量庞大的数据，提供相关数据产品和服务的能力已经不弱于政府机关。如新冠疫情中支付宝公司推出的“健康码”追踪软件等，就是基于企业对于数据的采集分析。不可否认，数据企业对于其拥有的数据及其衍生的数据产品享有的利益应受法律保护，但若数据企业垄断数据形成一座座“数据孤岛”，则并不利于数字经济社会整体利益。因而，有必要就企业与政府机关的数据共享形成有效的法律规范，激励企业向政府机关共享数据，提升数据共享的透明度。[②] 在一定条件下，针对特定数据或特定行业，若数据企业拒绝向政府机关共享数据，则可参考知识产权强制许可制度，明晰数据强制许可的法律基础与规范要件。[③]

数据流通体系中颇为重要的是数据开放，尤其是政府公共数据开放，对于带动数据产业发展，创新数字经济发展具有重要意义。数据开放研究当前主要集中在政府数据开放，由于数据开放最能凸显数据的公共属性的价值，也是目前数据治理下发展数字社会的核心，各地政府已着手制定出台相应的数据开放规定。[④]《数据安全法》专章规定了“政务数据安全与开放”，政务数据或公共数据开放作为先行先试，对于其他数据类型的开放具有示范意义。可以说，政府数据开放的法律基础仍然是数据许可合同，标准化的许可合同构成了当前开放共享的主要方式。当前国内外关于政府数据开放的规范也逐步完善，如欧盟 2019 年制定《开放数据指令》以实现公共行业开放更多的数据。[⑤] 但应指出，我国当前数据开放的规模与内容一般均限于政府公共数据，而未将健康医疗数据、金融数据等纳入其中。目前各地公共数据开放标准并不一致，这不利于进一步提升数据开放水平，应根据当前公共数据开放的有益经验，[⑥] 制定国家层面统一的数据开放规范。政府数据开放中的许可协议应成为规范设计的重点，如欧盟《开放数据指令》第 2 条规定了标准许可（standard

---

① See Directive（EU）2019/770 of the European Parliament and of the Council of 20 May 2019 on certain aspects concerning contracts for the supply of digital content and digital services.

② See High – Level Expert Group on Business – to – Government Data Sharing, Towards a European strategy on business-to – government data sharing for the public interest（final report）, 2019.

③ See Richter, Heiko, The Law and Policy of Government Access to Private Sector Data（“B2G Data Sharing”）（May 6, 2020）. Max Planck Institute for Innovation & Competition Research Paper No. 20 – 06.

④ 如浙江省 2020 年 6 月公布《浙江省公共数据开放与安全管理暂行办法》；天津市 2020 年出台《天津市公共数据资源开放管理暂行办法》；上海市 2019 年颁布《上海市公共数据开放暂行办法》。

⑤ See Directive（EU）2019/1024 of the European Parliament and of the Council of 20 June 2019 on open data and the re – use of public sector information, repealing Directive 2003/98/EC as revised by Directive 2013/37/EU.

⑥ 在公共数据开放中，将数据开放类型化为无条件开放数据、受限开放数据和禁止开放数据，并在一定条件下可以相互转化。参见《浙江省公共数据条例》第 27 条。

license），申请人对于开放数据的再利用主要依据的是许可协议。①

五、结语

长期受制于数据安全与保护先行的理念，我国数据流通规范仍十分匮乏，难以适应当下数字经济的发展需求。从培育数据要素市场视角来看，数据流通规范亟须从数据保护转向数据利用，将动态的相对化的安全观融入数据流通。发展智能经济与数字经济转型，社会主体迫切需要获取大量的数据，不仅是个人数据，企业数据、政府公共数据都成为数据流通的重要对象。我国数据流通规则体系应当从同意为主的自我管理体系转向风险管理的规范体系，相关的规则体系应实现个人、企业与社会利益的平衡，尤其是实现个人参与数据红利的分享。数据流通规则体系应在保障个人隐私与数据安全的前提下，尽可能地实现数据利用。

① See Directive（EU）2019/1024 of the European Parliament and of the Council of 20 June 2019 on open data and the re－use of public sector information, repealing Directive 2003/98/EC as revised by Directive 2013/37/EU.

论虚拟货币犯罪证据审查标准

——基于浙江省246份裁判文书的实证研究*

课题组**

摘　要：虚拟货币以其去中心化、非依赖性、高度匿名性等特征成为盗窃罪、诈骗罪、洗钱罪等犯罪的工具，且涉虚拟货币犯罪数量总体呈上升趋势。虚拟货币定性模糊、犯罪过程复杂、电子数据取证困难、定罪金额认定标准存疑等原因致使涉虚拟货币犯罪治理收效不大。我国已明确否定虚拟货币的法定货币地位，但并不意味着否定其财产价值，统一虚拟货币的法律定义是准确、高效打击犯罪的前提。提前介入、全面审查上下游犯罪、从犯罪源头介入开展社会治理等前置性措施也是打击涉虚拟货币犯罪的重要途径。

关键词：虚拟货币　犯罪　证据审查　实证

目　次

自2009年比特币创世区块诞生以来，区块链技术在包括物联网、智能制造、数字金融

---

* 本研究成果系2023年度最高人民检察院检察理论研究课题“虚拟货币犯罪证据审查认定标准研究”（GJ2023D30）的研究成果、2023年度浙江省法学会重点课题“虚拟货币犯罪证据审查认定标准研究——以近五年浙江省237份裁判文书为分析样本”（2023NB31）的研究成果。

** 课题组成员：董顺来，宁波市江北区人民检察院党组书记、检察长、二级高级检察官，研究方向为刑事检察领域；蒋奋，法学博士，宁波大学营商环境与企业合规研究中心研究员，研究方向为涉外法治、企业合规；张倩颖，宁波市江北区人民检察院第三检察部主任、二级检察官，研究方向为经济犯罪检察领域。

等多个领域内迅速发展迭代。我国工业和信息化部、网信办印发《关于加快推动区块链技术应用和产业发展的指导意见》更是直接指出区块链技术在应用领域的重要性。但与此同时，以比特币、以太币等为首的一系列虚拟货币凭借其天然具有去中心化、非依赖性和高度匿名等特征，被作为违法犯罪集团的洗钱工具，还引发了价格炒作、投资诈骗等问题。虚拟货币多节点的分布式记录使监管难以介入或极大提高了监管介入门槛，[①] 对虚拟货币法律属性的模糊认知进一步导致了监管困惑，在监管主体、监管途径等问题上举棋不定，以致监管无法实时跟进甚至出现“监管真空”[②]。平衡区块链技术推广和虚拟货币金融法律风险管理是当前实践所需。

自2017年以来，我国虚拟货币领域[③]犯罪活动日益猖獗，刑事案件数量呈上升趋势，且多与防范金融风险相关，案件疑难复杂程度明显增加、较之传统类型的财产犯罪案件展现出新特点。本文梳理了近六年全国3474份有关虚拟货币的裁判文书，对比浙江省246件涉虚拟货币犯罪案件，发现浙江省在虚拟货币犯罪案件上具有显著的地域特征。本文将以浙江省情况作为切入口，结合实际案例，提出对虚拟货币犯罪案件的案件定性、管辖标准、价值认定等方面的思考，并提供该类案件审判路径。

一、近六年浙江省涉虚拟货币犯罪基本情况

在中国裁判文书网，将“虚拟货币”作为关键词进行案例检索可知，截至2024年4月，相关刑事案件文书总数为3474份。近六年来，除2022年案件数量骤减以外，其余年份总体均呈上升趋势。（2024年1月1日至2024年4月30日，全国虚拟货币犯罪刑事案件文书共60份，其中浙江省6份）

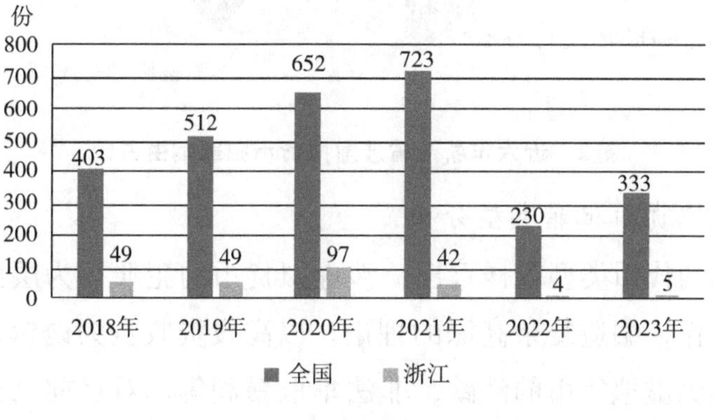

图1　2018—2023年涉虚拟货币犯罪裁判文书数量
（数据来源：中国裁判文书网）

① 参见欧阳本祺、童云峰：《区块链时代数字货币法律治理的逻辑与限度》，载《学术论坛》2021年第1期。

② 杨延超：《论数字货币的法律属性》，载《中国社会科学》2020年第1期。

③ 广义上的虚拟货币包括一切以数字化方式存在的记账单位，既包括由中心化的网络运营者发行、适用范围限于相关网络服务的传统虚拟货币，如Q币、游戏币、积分、点券等；也包括采用区块链技术、去中心化方式运营、发行总量固定、适用范围广泛的数字货币，如比特币、以太币等。本文所指虚拟货币为后一种范围。

从统计数据可以看出，无论是全国范围还是浙江省，2022 年后虚拟货币犯罪案件相关裁判文书数较前几年均大幅减少，导致这种情况出现的原因可能如下：第一，虚拟货币暴雷风险增大，市场热度下降。2022 年以来虚拟货币行业跌宕起伏，随着多个虚拟货币项目暴雷，以比特币、以太币或部分 DeFi 项目币为首的大部分虚拟货币市值大幅缩水、币价一路下行，市场参与人数骤降，相关领域的犯罪成本和犯罪所得不成比例，导致从事虚拟货币犯罪的人数也大幅减少，案件数量随之下降。第二，监管力度提升，打击犯罪行为成效显著。随着《关于进一步防范和处置虚拟货币交易炒作风险的通知》（银发〔2021〕237 号）的发布和生效，国内相关部门对虚拟货币监管力度大幅加强，对涉及虚拟货币交易及相关领域部分行为是否构成犯罪的定性逐渐清晰，对相关犯罪的打击成效显著，导致国内如“挖矿”、场外交易（Over－the－Counter，OTC 交易）等原来常见且高发的犯罪行为大幅减少。第三，裁判文书上网存在滞后性。涉虚拟货币的刑事案件团伙成员较多、专业化程度高、案情较为复杂，办案时间跨度长，部分刑事案件还在侦查阶段或审查起诉阶段，或进入审判阶段但尚未判决，裁判文书上传存在一定滞后性。

（一）涉虚拟货币相关罪名占比——浙江省数据

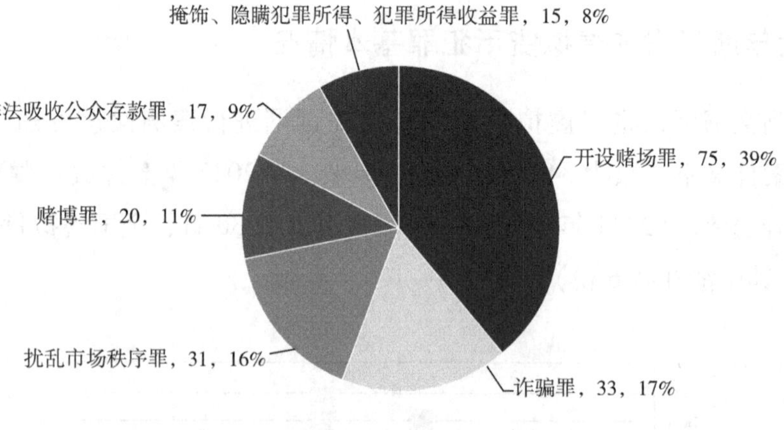

图 2　近六年浙江省涉虚拟货币犯罪案由占比

（二）常见涉虚拟货币犯罪类型分析

当前，虚拟货币的代币类型花样百出，涉虚拟货币的犯罪行为层出不穷，如以虚拟货币的名义进行概念炒作，编造复杂高深的理论，以高投资收益为诱饵，诱惑民众投资；搭建交易平台，幕后操纵虚拟货币的涨跌，非法牟取暴利等。对目前已公开的涉虚拟货币的刑事案件进行分类可知，相关犯罪主要分为将虚拟货币作为犯罪对象、将虚拟货币作为犯罪工具和借虚拟货币之名从事犯罪三种类型。

1. 将虚拟货币作为犯罪对象

虚拟货币“本身具有真实的财产价值性”①，即犯罪分子以直接获取他人的虚拟货币为

① 陈兴良：《虚拟财产的刑法属性及其保护路径》，载《中国法学》2017 年第 2 期。

犯罪目的，采取盗窃、诈骗、抢劫等行为方式将他人的虚拟货币据为己有。其中最常见的盗币行为模式为：行为人通过网络黑客技术远程控制他人虚拟货币账户，通过骗取、盗取他人账号或助记词登录他人账户实施盗币，或通过钓鱼链接或平台引诱他人点击链接或进入平台输入身份、账号等隐私信息进而实施盗币行为。此类案件往往因为虚拟账户的匿名性特征，公安的取证难度大大增加。

2. 将虚拟货币作为犯罪工具

相较于以虚拟货币为犯罪对象实施的犯罪行为，将虚拟货币作为犯罪工具的行为更为多样，可大致归纳为将虚拟货币作为道具和媒介两种类型。例如，虚拟货币常被用于洗钱、转移非法财产，或以虚拟货币代替人民币进行非法集资、诈骗；用虚拟货币进行赌资、毒资结算或用于行贿受贿；以及将虚拟货币作为在“暗网”从事犯罪活动的交易媒介等。

3. 借虚拟货币之名从事犯罪

犯罪分子以区块链、虚拟货币的名义发起各种投资活动、打造各种项目，实际上跟区块链、虚拟货币并无关联，只是借着虚拟货币概念的噱头和外包装，利用信息差欺骗对虚拟货币了解不深的受害者。如利用虚拟货币进行电信网络诈骗，犯罪分子利用电信通讯、互联网等技术手段，借助名人名家进行宣传，将犯罪团队包装成知名投资老师，利用公众对虚拟货币的认知不足，向社会公众发布虚假信息或捏造骗局，一般体现为“互助盘”“空气币”等形式的电信诈骗。①

（三）涉虚拟货币犯罪行为的定罪类型统计

第一，利用虚拟货币进行资金结算的现象较为普遍，此情形下最常见的无疑是网络赌博类犯罪。与其他省份相比，浙江省内网络赌博犯罪尤其高发。如百家乐、网络赌球等，各类网络平台为拓展客源和规避风险，往往会在人民币结算外，选择增加以虚拟货币的形式进行赌资结算。平台及赌客若有需要，则可将账户内虚拟货币兑换成人民币，若不进行兑换，也可以继续用账户内虚拟货币下注赌博。此时平台除提供赌博场所外、往往还涉及提供 OTC 交易②或虚拟货币交易服务。据统计，以虚拟货币形式在开设赌场罪、赌博罪等相关犯罪中进行赌资结算的案件数量远高于涉虚拟货币的其他罪名案件数量，在浙江省内位居第一。

第二，诈骗仍是涉虚拟货币犯罪重灾区。从犯罪数量来看，诈骗罪仅低于开设赌场罪，位居第二。2023 年上半年涉虚拟货币犯罪总体呈下降趋势，这与目前市场行情较为低迷，对诈骗目标群体的投资回报吸引力降低等原因有关。但诈骗仍然是涉虚拟货币犯罪的重灾

① 参见田扬畅、付顺顺：《虚拟货币犯罪实证研究——以中国裁判文书网 367 个判例为样本》，载《公安学刊（浙江警察学院学报）》2021 年第 5 期。

② OTC 交易，是指在买卖双方自行沟通价格和交易方式的前提下，直接在非公开市场进行点对点的交易。操作模式是商家转虚拟货币给买家，买家转账购币款到卖家指定银行账户、支付宝或者微信账户的过程。

区，这类犯罪往往跨越多个地区、涉及被害人人数较多、分布较广，犯罪团伙具有分工明确的专业化产业体系。且行为人大多在犯罪时就立即通过虚拟货币同步将资金转移至境外，导致案件在侦查和审理时证据链难以完善，追踪和审查难度极大。

第三，利用信息网络为犯罪团伙提供帮助的现象较突出、大多为共同犯罪，其认定洗钱罪及帮助信息网络犯罪居多。虚拟货币洗钱和传统洗钱的逻辑相同，将非法所得资金通过虚拟货币的形式转化为合法收入。具体环节为：犯罪分子将非法所得转化为虚拟货币的形式，以虚拟货币购买虚拟或现实的商品、服务，初步掩盖非法收入的来源和性质。接着，犯罪分子再将购买的虚拟或现实的商品、服务转化为合法资金。虚拟货币洗钱流程可归纳为：使用非法收入购买虚拟货币→将虚拟货币进行拆分、转账、混淆等操作→分批卖出虚拟货币，换取合法资金。[①] 虚拟货币使洗钱活动更为隐蔽，洗钱方式不断升级，逐渐发展成为新趋势。[②] 鉴于虚拟货币本质是使用加密技术、分布式账户或类似技术、以数字化形式存在的“代码”，其点对点发送、可匿名、追踪难、交易便捷等特点也导致行为人在实施与虚拟货币有关的犯罪行为时往往以信息网络作为媒介或载体，这不可避免会涉及“互联网接入、服务器托管、网络存储、通讯传输等技术支持”，故而此类犯罪往往伴随帮助信息网络犯罪活动等相关犯罪。

此外，在前述几种类型的犯罪中，团伙作案特征尤其明显。在大多数案件中，主犯往往以侵犯财产类犯罪认定，如盗窃罪、诈骗罪等，而犯罪链条的中下游人员，包括提供技术支持或提供推广等帮助的从犯，由于并不完全知晓主犯完整的犯罪目的，因此会被定性为帮助信息网络犯罪活动相关犯罪。

二、涉虚拟货币犯罪证据审查认定难点

总体而言，虚拟货币犯罪惩治存在以下挑战：涉虚拟货币相关刑事主体可能涉及几十人甚至几百人，虚拟货币的匿名性也加大了对犯罪主体的锁定难度；虚拟货币资金追踪困难、链条化网络犯罪等因素增大了刑事犯罪证据侦查难度；[③] 当前刑法罪名体系对涉虚拟货币相关犯罪存在评价盲区，对犯罪震慑力不足等。本文针对虚拟货币犯罪案件的证据审查认定标准，梳理了浙江省在涉虚拟货币犯罪案件的侦查、起诉、判决情况，总结出以下四个难点。

（一）虚拟货币法律属性存在较大争议

司法实践中对虚拟货币法律属性的界定经历了数次演变，且至今未达成一致意见。是

---

① 参见孙梓翔、于彤：《虚拟货币洗钱犯罪治理难点与打击策略研究》，载《江西警察学院学报》2022 年第 3 期。

② 参见王燕、潘振生、贾林鹏：《区块链 3.0 时代虚拟货币洗钱犯罪情报分析研究》，载《情报杂志》2024 年第 4 期。

③ 参见吕晗：《虚拟货币相关刑事犯罪的惩治困境与法律保障》，载《中国政法大学学报》2023 年第 4 期。

将其视为货币、资产，还是财务工具，不同的定义会带来不同的法律后果，且司法实践的态度容易受到金融监管的影响。[①] 因此，在涉及虚拟货币刑事案件中，各地裁判也存在很大差异，同案不同判的现象时有发生。

2013 年《关于防范比特币风险的通知》中规定："从性质上看，比特币应当是一种特定的虚拟商品，不具有与货币同等的法律地位，不能且不应作为货币在市场上流通使用……"该文件将虚拟货币定义为"商品"。2017 年中国人民银行、网信办等七部门发布《关于防范代币发行融资风险的公告》则表示"代币发行融资……本质上是一种未经批准非法公开融资的行为，涉嫌非法发售代币票券、非法发行证券以及非法集资、金融诈骗、传销等违法犯罪活动。"[②] 该文件首次明确将代币发行行为定性为非法公开融资。2021 年接连发布的《关于防范虚拟货币交易炒作风险的公告》，以及《关于进一步防范和处置虚拟货币交易炒作风险的通知》[③]，则先后明确否定了虚拟货币的货币属性和财产保护价值。

基于对国内监管政策的不同理解，对于虚拟货币的法律属性，在刑法学界形成了不同观点。部分观点认为《刑法》中的"数据"应作严格解释，虚拟货币具有效用性、稀缺性和可支配性，属于法律上的财物，对于非法获取他人货币的行为，应认定为盗窃罪或诈骗罪等财产犯罪。[④] 我国司法实务界也有不少人认同此种观点，即虚拟货币虽然不具有法定货币的法律地位，但"虚拟货币具有客观价值，符合财物的一般特征，属于刑法意义上的财物"[⑤]，"具有财产属性的虚拟货币可以作为诈骗罪的犯罪对象"[⑥]。"将虚拟货币解释为刑法上的'财物'不超出国民的预测可能性，也不违背法秩序统一性，是符合当下的妥当解释。"[⑦] 也有观点主张虚拟财产本质只是一段计算机字符串，"是挖矿者编成的计算机信息系统数据，以电磁记录的形式呈现在虚拟货币客户端"[⑧]，对其客观价值难以予以准确评估，并不属于财产性利益的一种，[⑨] 在法律无明文规定的情况下，不应当认定为刑法意义

---

① 参见鲁篱：《论金融司法与金融监管协同治理机制》，载《中国法学》2021 年第 2 期。

② 《关于防范代币发行融资风险的公告》中明文表述"代币发行融资是指融资主体通过代币的违规发售、流通，向投资者筹集比特币、以太币等所谓'虚拟货币'，本质上是一种未经批准非法公开融资的行为，涉嫌非法发售代币票券、非法发行证券以及非法集资、金融诈骗、传销等违法犯罪活动。"

③ 《关于进一步防范和处置虚拟货币交易炒作风险的通知》进一步明确，比特币、以太币、泰达币等虚拟货币不具有法偿性，不应且不能作为货币在市场上流通使用；虚拟货币相关业务活动、境外虚拟货币交易所通过互联网向我国境内居民提供服务均属于非法金融活动；参与虚拟货币投资交易活动存在法律风险，投资虚拟货币及相关衍生品，违背公序良俗的相关民事法律行为无效，由此引发的损失由投资者自行承担。

④ 参见叶良芳：《数据抑或财物：以虚拟货币为犯罪对象的案件之定性分析》，载《中国应用法学》2023 年第 3 期。

⑤ 蒋科宇、蒋璐如：《骗取他人虚拟货币的定性及涉案财产处置》，载《人民司法》2023 年第 11 期。

⑥ 谢钰、王涵寒：《涉虚拟货币诈骗行为的认定》，载《中国检察官》2022 年第 24 期。

⑦ 陈禹橦：《法秩序统一性视域中非法获取虚拟货币的行为性质认定》，载《中国检察官》2023 年第 5 期。

⑧ 张春莉：《虚拟货币的刑法属性及保护路径》，载《浙江社会科学》2022 年第 11 期。

⑨ 参见李强：《财产犯中财产性利益的界定》，载《法学》2017 年第 12 期。

上的财物。还有少数观点认为虚拟货币既是我国刑法所保护的财产，也是数字经济中的一般性商品，对其的保护应兼顾财产属性和计算机网络秩序。理论上观点的不统一蔓延到司法实践中，产生了同案不同判的现实情况。

（二）“洗币”过程复杂导致追赃困难

涉虚拟货币犯罪最终都通过“洗币”获赃。虽然涉虚拟货币犯罪的罪名五花八门，所侵害的法益涵盖个人财产、公共秩序、金融管理秩序等，但归根结底，各类犯罪最终目的均为获取经济利益，在该目的支配下，行为人通过犯罪积累到一定数量的虚拟货币后，通常会寻找相对安全的变现途径。虚拟货币有别于其他价值稳定的物品或货币，其“价格”波动大，相对法定货币而言价值极不稳定。以 2021 年 11 月为例，比特币价格在一个月内从最高 69000 美元/枚的价格急速跌至 42000 美元/枚，并在随后的半年内迅速下跌至 17600 美元/枚，跌幅超过 70%。尤其是受国内监管政策收紧、币价波动剧烈等多方面影响，行为人在通过虚拟货币获利后大多倾向于迅速变现，兑换成美元、人民币并转至境外账户。受国内外汇管制影响，变现往往并非一步可以完成，而是需要通过多种方式、经多次辗转，涉及人员众多，流程复杂。例如，行为人通过币安 Binance、欧易 Okex 或 Cionbase 等平台将非法所得的虚拟货币兑换成美元，并通过平台或私人钱包转入第三方账户，或以购买域外数字货币资产并进行资产置换的方式将赃款进行转移，此过程因流程多、牵涉人员复杂而难以跟踪和调查。洗钱团队（或其他虚拟货币相关犯罪团伙）在操作变现的过程，也极有可能会衍生出其他犯罪。

第一，多重原因导致“洗币”过程复杂。一方面，为达到相对“安全”的目的，行为人会选择利用网络不断将洗币过程复杂化、多元化以逃避司法机关追踪，试图逃避追赃。如在虚拟货币洗钱犯罪中，在追踪洗钱资金流向时，一般只能看到受害人通过微信、支付宝、银行卡等平台转移资金，在流水中却无法提现是交易到虚拟货币平台，只有通过对前几级行为人的审讯后才能确定是通过虚拟货币洗钱。这样就极大增加了司法机关的破案成本。另一方面，虚拟货币本身性质的特殊性也决定了行为人无法在国内市场实现大额变现。从事虚拟货币犯罪活动的犯罪分子大多本身具有相对专业的计算机技术水平，也可能委托专门从事黑灰产业的黑客洗币团队来操作。洗币手法包括波场 TRON（通过 SunSwap 不断地将 USDT 和 TRX 来回兑换以混淆追踪）、剥离链 Peel Chain（通过一系列冗长的小额交易来清洗大量加密货币）、Tornado Cash（混币器，即通过完全去中心化的非托管协议，通过打破源地址和目标地址之间的链上链接使其难以被追踪。行为人可将代币发送到 Tornado Cash 提供的智能合约上再提款至不同的地址，以实现混淆）等，过程极其复杂。

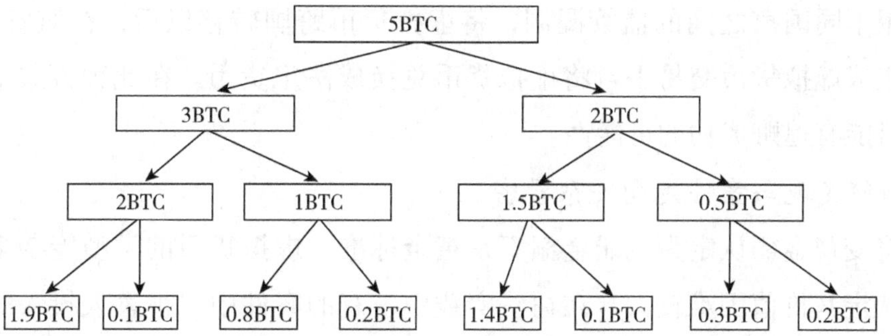

图3　剥离链洗币

第二，“洗币”过程证据审查困难，最终金额认定标准多样。私人虚拟货币的注册并没有严格的身份审查，网络平台仅进行形式审查，相当于一个完全开放的空间。《关于防范虚拟货币交易炒作风险的公告》全面禁止我国交易平台运营虚拟货币后，虚拟货币的平台基本迁往境外，整个交易过程中可实现完全匿名，用户可以使用多个匿名地址，并且虚拟货币的交易并没有固定的交易平台和运行服务器。也就是说，通过层层加码，虚拟货币的整个交易信息可实现完全保密，且有价值的虚拟货币基本上都会通过另外的技术手段设置隐私保护，这一连串的隐身保护使检察机关很难锁定犯罪行为人的身份。除了高度匿名性，虚拟货币持有人和受害人之间的关联性证据也难以取得。在传统的财产刑事犯罪中，犯罪人在被骗取财产的过程中也会留下犯罪痕迹，为日后检察机关锁定犯罪嫌疑人、侦破案件提供关键信息。但在涉虚拟货币刑事犯罪中，这一重要证据却极易容易灭失。因为虚拟货币的账户不一定会有明确的交易平台，可能只是一个“存储于虚拟货币所有权人才知道的一个网络地址，而这个地址在形式上只是一串网络字符，在缺乏相关证据印证的情况下，无法确定涉案的虚拟货币和自然人具有关联性”。[①] 另外，境外犯罪同时也意味着检察机关在审查相关案件时对于构罪证据认定、犯罪金额认定难以参照统一标准。

第三，资金溯源难度大、跨国犯罪等导致追赃困难。对办案机关而言，赃款赃物的去向大多并不影响定罪量刑，如侵财类犯罪。但不排除有时候需要以销赃价值作为犯罪数额予以认定。且为厘清整体案情，必须将销赃过程追踪到水落石出。实践中，追赃难表现在：其一，资金溯源难度高。为避免因大量资金流动而引起公安机关的关注，洗币团队会采用多层级的银行账户体系，将大量涉案资金通过层层转移与分解，分散成成百上千股小型进出资金流；或是通过大量虚假账户，在账户内不断转移资金，混淆资金性质和用途。如此庞大、错综复杂的资金流向使追赃困难重重。但若不厘清追赃过程，就给了辩方很大的辩解空间，在追赃过程模糊或证据存疑时，只能有利于行为人，按其辩解就低认定犯罪金额，而其辩解往往与实际销赃所得大相径庭，受害人挽回损失无望，办案效果不佳。其二，犯

① 孙宇：《涉虚拟货币犯罪的刑事法规制困境及出路》，载《青少年犯罪问题》2021年第5期。

罪分子会利用不同国家之间的监管漏洞，将虚拟货币跨国转移以后，在监管宽松的国家，通过地下钱庄或虚拟货币交易平台将虚拟货币兑换成法定货币。在此种方式下，国内司法机关几乎不可能有追赃成功的可能性。

（三）如何变现与案件走向关系紧密

第一，将变现金额认定为犯罪金额不是黄金标准。虚拟货币的类型庞杂多样，想要客观、标准地认定其价值困难较大。在司法实践中，有的案件中以被害人投入的法定货币入金、出金的金额计算，有的以主流虚拟货币的入金、出金金额计算，有的以代兑换后的代币价值计算，还有的以交易手续费来计算涉案金额。[①] 不同的计算方法会导致涉案金额价值出入较大，无法客观公正的定罪量刑。因司法实践中对虚拟货币是否具有财物属性争议较大，故有观点认为，可以撇开该争议性问题，从有利于行为人的角度，将行为人变现后实际获得的财物价值如人民币、美元等认定为犯罪金额。从表面上看，该认定标准解决了核心争议问题，但适用范围较窄，仅能适用于行为人确实实际变现，变现金额能够查清，且变现金额与虚拟货币市值在同一量刑档次的情况。若行为人没有将虚拟货币变现为法定货币，或在获利后又反复购入交易，如犯罪后将代币迅速变现又重新购入虚拟货币资产、或在虚拟货币市场进行现货、杠杆、合约交易等，因虚拟货币市场较之传统股票期货市场波动较大，导致可能出现最初金额无法认定，或初始变现金额无法查实的情况，进而导致该认定标准难以准确适用。如 M 市办理的何某某等人盗窃虚拟货币案中，被告人何某某通过远程控制被害人电脑获取助记词，从而窃取其钱包中大量 USDT 等虚拟货币，何某某一开始坚持辩称将所有窃得的虚拟货币用于赌博，但又无法提供下注的证明材料，此时变现金额即无法认定，或者说根本没有变现金额。因此，该认定标准并不适用于所有涉虚拟货币犯罪案件。

第二，定罪量刑不宜完全依赖于变现金额。查询浙江省内涉虚拟货币的相关裁判文书可知，暂未发现直接以虚拟货币市值认定犯罪金额的判例（全国范围内亦如此），绝大多数被认定为侵财类犯罪的非法获取虚拟货币的相关案件最终均以变现金额来认定犯罪金额。若变现金额无法通过客观证据查实，则多依赖于行为人口供，此时检察机关承办人会在认罪认罚量刑协商过程中向行为人阐明利弊，通过“辩诉交易”获得行为人关于变现金额的口供，以便于认定为侵财犯罪。若行为人仍拒不供述，则只能认定为非法获取计算机信息系统数据罪等轻罪。本文认为，上述认定标准过于依赖变现金额，导致司法机关对案件定性的把握完全依赖于行为人供述。在很多案件中，行为人并非没有变现，而是其为“洗白”故意人为制造反复交易痕迹，目的就是让司法机关无法认定犯罪金额。对于犯罪数额的认定应在厘清虚拟货币法律属性的基础上，明确认定标准，否则以变现金额的查清与否

---

① 参见吕晗：《虚拟货币相关刑事犯罪的惩治困境与法律保障》，载《中国政法大学学报》2023 年第 4 期。

作为认定标准，会产生虚拟货币财产属性时有时无的尴尬局面。

第三，查清变现过程有利于认定管辖问题。实践中，虚拟货币犯罪案件中刑事管辖权归属也存在较大争议。虚拟货币犯罪案件打击难度大，侦查机关一般有两种破获途径：一是从网络痕迹中发现线索，二是被害人报案。若从网络中发现线索，则行为人实施犯罪活动所在地大多为其经常居住地，且大多专业的虚拟货币犯罪团伙的服务器所在地、经常活动地均在域外，并非发现线索的侦查机关所在地，此时侦查机关需要向上级申请指定管辖，若案件与当地毫无关联，则案件进入审查起诉阶段或审判阶段后，同样可能存在管辖权争议。若系被害人报案，则大多在被害人所在地（或犯罪结果发生地）公安机关报案，但此类案件大多并非只存在单一被害人，多个被害人分布在不同地区（且常有跨省案件），这也容易引起管辖权争议。综上，针对管辖问题，本文认为可以拓宽思路，从变现过程着手，在查清变现金额的过程中，会涉及每一环节经手的人员及其居住地或使用网络所在地，这都属于犯罪行为发生地，当地公安机关有明确的管辖权。侦查人员进行侦查时应厘清每一犯罪环节的发生地，并获取经手人员的笔录，以便寻找与本地的关联，尽量在刑事诉讼起始阶段就明确管辖，以免后续陷入被动和争议。

（四）非法获取虚拟货币案件中辩方关注焦点

辩方关注焦点一：被害人获币途径。为体现行为人非法获取虚拟货币犯罪行为的社会危害性较小，辩方往往会从被害人本身获币途径非法的角度切入。对于检察机关而言，虽然被害人如何取得涉案虚拟货币并不影响案件定性，但可能影响审判人员的判断和心证，也可能衍生出其他案件线索。加之我国明令禁止交易虚拟货币，检察机关更需提早、全面了解被害人所持虚拟货币的来源。若经审查或补证，证实其来源非法或者涉嫌洗钱等犯罪，检察机关应及时移送线索；如行为人已私下完成兑换、或已赔偿被害方，则可能需要扣押、冻结案涉链条上下游的相关财产；若为朋友间换币所得或其本人在区块链数字资产平台交易所得，则要考虑是否可以默许行为人对被害方进行赔偿、获取谅解等。总之，检察机关应在审查起诉阶段就查实被害人所有获币途径，以便及时移交线索、应对庭审。

辩方关注焦点二：数据提取过程是否存在瑕疵。涉虚拟货币犯罪案件涉及大量电子数据提取工作，包括但不限于从行为人电脑中获取其操作虚拟货币的痕迹、行为人之间共谋的聊天记录、非法获币后洗币过程痕迹等。可以说，电子数据是该类罪名中的“证据之王”，若没有电子数据支撑，该类案件将难以查办。涉虚拟货币类犯罪大量倚仗电子设备，不同的网络平台、多样化的网络支付手段、类型繁多的通讯工具，造成数据提取工作量巨大，难度高。还有一些证据“以不可见的无形编码传递，以电子数据的形式存储于磁性介质中”①，隐蔽性极强，数据提取困难。此外，司法机关在获取涉案虚拟货币时，时常也会

① 王晓东：《论涉众型经济犯罪案件的特征》，载《江西警察学院学报》2023年第3期。

遇到如程序合法性问题或对虚拟货币的权属认定等质疑。例如，司法机关大多采取从犯罪嫌疑人处搜查、扣押、没收其掌握的电子设备并通过技术手段破解、提取私钥的方式取得案涉虚拟货币，但如何区分犯罪嫌疑人对其所获取的私钥是否具有实际支配权，则需要借助口供或其他证据加以佐证。辩方对电子证据的审查也极为仔细，尤其是程序合法方面，这是动摇罪名成立最釜底抽薪的办法。检察机关应严格按照《关于办理刑事案件收集提取和审查判断电子数据若干问题的规定》等司法解释和文件，规范收集与提取、移送与展示的程序，尤其是在补充侦查阶段，切不可因时间紧急而忽略了程序性问题。此外，必要时检察机关可以尝试采用完整性校验、可信时间戳、数字签名、区块链存证等信息技术实现对电子数据同一性和真实性的证明，即技术性鉴真①，以免庭审中陷入被动。

辩方关注焦点三：量刑建议是否体现罪责刑相适应。非法获取虚拟货币案件中，电子数据全程留痕，哪怕行为人及时删除，也可以通过技术手段恢复，客观证据确凿，故行为人无法回避非法获取计算机信息系统数据或非法获取虚拟货币的手段。因此，在手段行为无法回避的情况下，辩方一般会选择做罪轻辩护而不是无罪辩护。在认罪认罚从宽制度下，辩方的最终目的是获得符合心理预期的较低刑期，而不是纠结罪名。对检察机关而言，无论认定为何种罪名，均应从案件整体考量，符合罪责刑相适原则。故控方和辩方在审判之前有量刑协商的可能。如M市的何某某盗币案，因其具有自首情节且基本全额退赃，符合减档条件，可以减轻处罚。检察机关据此提出减轻处罚的量刑建议，符合行为人心理预期，最终签具认罪认罚具结书，该案以简易程序办结，节约了司法资源。

三、涉虚拟货币犯罪证据审查认定优化路径

针对上述证据审查认定中的难点、堵点，本文认为，可以从统一金额认定标准、提前介入引导侦查、全面审查发现线索等方面予以优化解决，同时检察机关应发挥法律监督职能，积极参与社会治理，推动清朗网络环境建设。

（一）明确虚拟货币是网络虚拟财产

第一，虚拟货币不同于法律上的货币、数据和物，属于网络虚拟财产。虚拟货币区别于以往中心化的数字资产，去中心化系其根本特征。虚拟货币从开始就选择了去中心化的编程思想，区块链中的数据被分布式存储在全结点上。在区块链的体系中，最常见的挖矿算法（POW）系通过算力比拼来竞争区块记账权和数字货币奖励。区别于现实世界中物理属性的资产，虚拟货币本质上是以计算机编码作为表现形式，这使部分虚拟货币有可编程属性。在这样的体系下，用户对虚拟货币的控制依赖于密码学算法的公钥和私钥的安全架构。公钥表示数字货币存储的地址，私钥意味着用户对于存储在该地址的虚拟货币享有支

---

① 参见谢登科：《电子数据的技术性鉴真》，载《法学研究》2022年第2期。

配权。正是基于以上特点，虚拟货币不采用传统存款货币或结算货币的电磁数字化计算机记录，也不通过银行卡进行电子化流通。它不需要以黄金或者国家信用等作为担保，大多没有发行机构，转移过程不依赖于中介而是基于整个区块链运行体系，仅依靠算法进行，是独立运行的体系。

虚拟货币不是法律上的货币。法律意义上的货币是指不代表实质商品或货物，发行者亦没有将货币兑换为实物义务，只依靠政府的法令使其成为合法通货的货币。① 虚拟货币不具备货币的社会功能。虚拟货币的去中心化发行机制使其难以被监管，市场价格波动大且变化频繁，交易成本高昂，“缺乏国家货币得以运行和抵御危机的大众信心和信用”②。相较于目前通行的全球货币，虚拟货币的交易量微乎其微，使用人数极少，其作为货币的接受范围非常有限，加之虚拟货币系统承载有限，难以实现大规模支付功能。并且，我国对比特币等虚拟货币的监管一直保持谨慎严厉的打击态势，2013 年发布的《关于防范比特币风险的通知》是我国官方对比特币法律性质的首次表态，其否定了虚拟货币的法定地位并将虚拟货币定性为一种特定的虚拟商品。2017 年发布的《关于防范代币发行融资风险的公告》禁止法定货币与代币、虚拟货币之间的兑换业务。再到 2021 年国家发展和改革委员会等部门发布《关于整治虚拟货币“挖矿”活动的通知》，其中将开展虚拟货币相关业务定性为非法金融活动。以上文件均明确了虚拟货币在我国的非法定货币地位。

虚拟货币不构成法律上的物，也不符合法律上数据的特征。民法上的物遵循物必有体原则，虚拟货币不是物。法律上的数据是以电子化方式记录的电子信息，数据可以通过技术手段控制，并与其他数据文件相区分。③ 虚拟货币需在去中心化的区块链中读取，公钥和私钥只是进入账户的途径，其本身并不储存于电脑或是云端服务器，并不符合数据的构成特点。再者，数据是能够满足人们生产生活需要的电子记录，其价值来源于本身。比如，疫情期间各地确诊人数和医学观察人数统计数据、交通道路上超速违规车辆统计数据等，这些数据可被特定民事主体直接采用从而带来管理效力或财产收益。虚拟货币具有社会观念上的独立性，其价值来源于社会对其的认同，一旦人们不再相信它，虚拟货币只是一串网络数据而已。

虚拟货币应属于网络虚拟财产。虚拟货币是存在于数字环境中，可以通过网络渠道进行交易，“能被既有度量标准测评实际价值，具备市场的非物质形态新型网络虚拟财产”④。虚拟货币不能以货币的形式流通并不意味着其不能以商品的形式流通，虚拟货币不同于货

① 参见齐爱民、张哲：《论数字货币的概念与法律性质》，载《法律科学（西北政法大学学报）》2021 年第 2 期。

② 郭旨龙：《侵犯虚拟货币刑法定性的三层秩序观——从司法秩序、法秩序到数字经济秩序》，载《政治与法律》2023 年第 5 期。

③ 参见冯洁语：《论私法中数字货币的规范体系》，载《政治与法律》2021 年第 7 期。

④ 李逸竹：《NFT 数字作品的法律属性与交易关系研究》，载《清华法学》2023 年第 3 期。

币，但并不意味也同时否定虚拟货币的财产属性。在财产体系中，货币的价值极大来源于国家信用保障，作为被国家信用保障的特殊财产，缺少国家信用背书，它就丧失了价值。在我国，网络游戏虚拟货币并非我国通行的货币，但其财产价值已在《民法典》中得到确认。另需要考虑的一点是：由双方当事人认可的一项财产是否需要有法律的明确规定才能得到保护？本文认为，一项财产的正当性并不以法律的明文规定为前提，否则将极大限制民事主体的自由。就我国而言，早在《民法总则》颁布之前，网络游戏中账号、道具等虚拟财产的合法性就已经在司法实践中得到认可，《民法典》第127条的规定是对司法实践的认可。与网络游戏虚拟货币相反，民事主体从事法律行政法规明确禁止或违反公序良俗的行为，如买卖枪支弹药、珍稀动植物、毒品等，便不受法律保护。在不违反这些制度的前提下，一项具备确定性、独立性、稀缺性、可支配性、价值性的财产，[①] 获得交易双方的认可应受到法律保护。这也符合以私法自治为原则的民法精神，“个体基于自己的意思为自己形成法律关系”[②]。在不违反法律法规和公序良俗的前提下，民事主体可根据这一原则以自身意志支配人身和财产利益。更近一步而言，虽然中国人民银行等印发的《关于进一步防范和处置虚拟货币交易炒作风险的通知》明确宣告：“投资虚拟货币及相关衍生品，违背公序良俗的，相关民事法律行为无效”，但也允许公民在不违背公序良俗的情况下持有虚拟货币这种虚拟商品，即“法律否认其流通性并不意味着同时否认其价值”[③]。

因此，本文认为虚拟货币是存在于区块链网络之中，能够为人所控制并满足人们生产和生活需要的网络虚拟财产。这种观点也到了司法实践的认可。在吴某某、上海某网络科技有限公司、浙江某网络有限公司网络侵权责任纠纷案中，法院认为：“比特币等‘代币’或‘虚拟货币’具备权利客体特征，符合虚拟财产的构成要件，虽然不具备货币的合法性，但应赋予其作为虚拟财产或商品的合法属性。”[④]

第二，应根据财产犯罪构成要件认定涉虚拟货币犯罪类型。在厘清虚拟货币是网络虚拟财产的前提下，侵犯虚拟货币在刑法上是否成立财产犯罪应根据构成要件来确定。首先，虚拟货币作为虚拟网络财产，本身具有财产价值和财产属性，有成熟的流通机制，满足财物的效用性、稀缺性和可支配性要件。[⑤] 其次，侵犯虚拟货币的行为是否成立财产犯罪应依据财产犯罪的行为特征作出判断。虚拟货币通过私钥即可进行排他性支配，那么，一旦私钥密码泄露，原权利人就将完全丧失对其的控制，盗窃私钥并转移虚拟货币的行为显然已经符合“打破占有并建立占有”的基本结构，可以参照盗窃行为进行定罪处罚。需要注

---

① 参见齐爱民、张哲：《政策与司法背景下虚拟货币法律属性的实证分析》，载《求是学刊》2022年第2期。

② ［德］维尔纳·弗卢梅：《法律行为论》，迟颖译，法律出版社2013年版，第1页。

③ 郭志浩、候柔倩：《论虚拟货币的双重法律属性》，载《河南社会科学》2024年第3期。

④ 杭州互联网法院民事判决书，（2019）浙0192民初1626号。

⑤ 参见叶良芳：《数据抑或财物：以虚拟货币为犯罪对象的案件之定性分析》，载《中国应用法学》2023年第3期。

意的是，对虚拟货币的刑法规范包括将其视为法律认可的财产进行保护，同时也要区分和保护虚拟货币生成和运行中所处的计算机网络秩序。

第三，以犯罪行为实施日市场交易价确定虚拟货币犯罪数额。司法实践中，对以虚拟货币为犯罪对象案件的数额认定主要存在四种标准：一是被害人损失标准；二是被告人获利标准；三是平台交易价格标准；四是价格认定鉴定或者专家意见。将虚拟货币认定为网络虚拟财产，其价值数额计算也清晰明了。虚拟货币作为“财物”，依照财产犯罪数额计算的原则，非法占有他人虚拟货币的行为构成侵财类犯罪，以被害人损失数额作为犯罪数额。不过，虚拟货币受供需关系、政策消息、市场炒作等影响，价格时常出现较大波动，为此，在计算涉案虚拟货币数额时建议以被告人实施犯罪行为之时的市场价格为参考基准。以犯罪行为实施当天虚拟货币的市场交易价格作为计算的时间截点，体现了行为人的主观意志与责任。犯罪行为人对自己行为的选择，依据的是行为时的主观判断。财产类犯罪的目的在于“非法占有他人财物”，因此财物价值的计算应以犯罪行为实施日的非法获利预期为准。[①] 这一判断标准符合强调“主客观一致”的刑事责任原则。但遇到被害人获币渠道不明、获币时未支付对价等损失难以计算的情况时，也可退而求其次，以被告人获利认定。一般情况下，被害人损失高于被告人获利，上述认定符合有利于被告人的原则。但虚拟货币有其特殊性，不排除出现被害人损失低于被告人获利的情况，此时应根据有利于被告人的原则就低认定。此外，考虑到我国法律否认虚拟货币的流通性，平台交易价格标准和价格认定专家意见可以作为证据，与被害人损失及被告人获利金额进行对照，强化承办人的心证，但不宜直接作为标准认定。

（二）提前介入查实获赃去向

第一，检察机关要及时引导侦查，截断洗币进程。涉虚拟货币犯罪案件往往涉及技术程序、搭建平台、提供信息、引导流量、获得助记词、换币、洗币等一系列流程，是团伙化、集团化犯罪。尤其是复杂的洗币过程，要历经无数道手续，很可能直到办案时，洗币流程还在继续。因此，检察机关应尽早确定专人或专案组提前介入，公开审查标准，明确证据要求，列明取证提纲，引导侦查人员按照审查起诉的标准进行取证，尤其是调取电子证据时要注重程序规范，一旦程序方面出现问题，电子数据原始状态不能复原会导致证据难以补强。同时，在侦查机关接手案件时，需立刻关注洗币环节，尽早截断清洗进程，尽量帮助被害人挽回损失。

第二，要重视归集账户，及时查封冻结。在虚拟货币犯罪，尤其是虚拟货币团队犯罪从办案实践来看，无论多复杂的洗币手段，都有一个或几个归集账户，即“中转站”，行为人非法获取的虚拟货币经过初步流转后，通过归集账户流向其他平台或账户，且归集账

---

① 参见任彦君：《非法获取虚拟货币行为的刑法定性分析》，载《法商研究》2022 年第 5 期。

户不止使用一次，涉案的全部或部分虚拟货币可能反复进出。归集账户是梳理洗币过程的关键所在。检察机关需引导侦查机关迅速找到并锁定归集账户，一旦发现涉案资金流入，立即发函进行查封、冻结。需要注意的是，上述账户基本属国外网站平台，并可能涉及国外银行或其他金融机构，对相关账户的查封、冻结流程较长，需尽早沟通交涉。另外，归集账户作为洗钱账户，一般会清洗多笔虚拟货币，其持有人有其他涉罪可能，可从归集账户与行为人最终账户之间入手发现相关线索。

第三，要尽早突破口供，注意细节对应。虚拟货币账户流水等客观性证据固然重要，但能与之相互印证的主观性证据，即被告人供述也同样重要。故在逐环审查洗币过程的同时，应引导侦查机关“两手抓”，列明详细的讯问提纲，通过现有客观性证据驳斥被告人辩解，从罪行较轻的从犯着手，逐步突破主犯口供，主客观证据相互印证，确保证据链完整。在客观性证据有所欠缺时，则应重点关注同案犯之间口供的一致性，在排除串供可能性后，若其供述在细节方面能一一对应，如共谋过程、分成比例、作案时间、作案手段等，那么缺少相应客观流水明细也可以明确获赃去向。此时根据被告人供述追踪洗币流程能达到事半功倍的效果，可信性也更强。

（三）全面审查上下游犯罪

第一，全面审查证据链条，打击犯罪集团。在办理涉虚拟货币犯罪个案时，要全面审查证据，及时从细枝末节中发现关联线索或上下游犯罪。如盗币集团中，最先被抓获的往往是与外界联系最多，负责实际操作获取虚拟货币或直接参与虚拟货币与法定货币兑换、赃款分流的成员。且为逃避侦查，犯罪分子会选择使用具有阅后即焚功能的软件，如Telegram进行联系。前述角色通常处于犯罪集团的中下层，在他们背后还隐藏着为其提供资金支持的老板，为其提供木马程序更新、植入等技术支持的帮手，为其清洗、消化非法获取的虚拟货币的同伴等一连串组织分工详细、人员数量庞大的犯罪集团。在虚拟货币犯罪集团中，犯罪分子往往具有较强的组织性，集团组织结构严密，分工明确，甚至形成可复制的规则体系和严密有序的利益关系。[①] 故在办好个案的同时，应严格审查全案证据，甚至部分案件需要审查关联案件，力争将虚拟货币犯罪集团连根拔起。

第二，注意审查管辖依据真实性。管辖范围中，计算机信息系统所在地、网络服务器所在地等是客观存在的，且有相对应的网络地址，可直接调取。但被害人被侵害时所在地以及被害人财产遭受损失地一般依赖于被害人报案时的陈述，或其报案时提供的居住证明，鲜少会有办案机关去相关部门调取客观证据予以印证。但仅其一方陈述缺乏可信度，居住材料亦有虚假的可能。而且类似虚拟货币案件大多不止单一被害人。如在非法获取虚拟货币案件中，被害方往往是团队持币，团队中个体丢币时，其为寻求更大追赃可能性，会选

① 参见王晓东：《论涉众型经济犯罪案件的特征》，载《江西警察学院学报》2023年第3期。

择到定性为侵财犯罪的地区报案，而尽量回避定性为危害计算机信息系统安全类犯罪的地区。因此，在提前介入时，至晚在审查起诉阶段，应重视审查上述地址的真实性，排除住所地虚假的情况。

第三，拓宽思路参与社会治理，从源头阻断犯罪萌芽。涉虚拟货币犯罪案件中犯罪呈现地域产业化特征，行为人大多系老乡。被侵害的对象以沿海经济较发达地区的人群为主。若任该趋势发展，则可能影响双方地区的经济社会发展与社会治安。故检察机关在办案之余，也应关注该类犯罪背后的社会治理问题，通过现场走访、座谈会商等方式调研背后成因，确定参与治理方案，减少再犯罪现象、降低“受骗”率。此外，虚拟货币平台涉及多个国家，洗币过程虽然违法，但不排除善意第三人参与流转的可能，虚拟的网络空间与现实社会互相融合渗透，存在造成社会治理混乱的风险①。故检察机关办理涉虚拟货币犯罪案件应拓宽思路，联合其他三大检察业务深度参与社会治理。

四、结语

学界对于虚拟货币犯罪的研究肇始于侵犯虚拟财产的刑法保护，在经过这些年理论和实践的思考和探索后，对虚拟货币财产的保护基本有了一致的意见。② 然而，随着虚拟货币2.0时代的到来，涉虚拟货币犯罪演化出新特征——犯罪产业化和手段高度隐蔽，③ 给犯罪治理工作带来阵痛效应。明确保护的法益是高效、准确认定犯罪类型的前提，虚拟货币并非法定货币，但其仍保有财产性价值。面对虚拟货币犯罪手段层出不穷、形态花样百出的变局，提前介入、全面审查是必要之举，建构前置性、预防性治理手段是降低犯罪率的有效途径。

---

① 参见何伟、赵钰朔：《中国网络空间命运共同体的研究现状与展望》，载《北京航空航天大学学报（社会科学版）》2023年第4期。

② 参见郭旨龙：《侵犯虚拟货币刑法定性的三层秩序观——从司法秩序、法秩序到数字经济秩序》，载《政治与法律》2023年第5期。

③ 参见张涛：《涉虚拟货币犯罪的代际演变、发展态势及应对之策》，载《河南警察学院学报》2023年第5期。

知识产权专论

著作权合理使用制度的法经济学基础

姚鹤徽*

摘 要：合理使用制度是著作权法中重要的平衡法则，但是合理使用的判定却存在模糊性。基于著作权法与法经济学之间的联系，可以引入法经济学对合理使用进行研究。以法经济学角度观之，合理使用制度主要是为克服交易成本过高和正外部性无法有效发挥的市场失灵。我国合理使用制度过于僵化，应当增设合理使用适用的弹性条款。当著作权市场能够正常运转时，应当允许著作权人构建其授权市场，通过授权许可获得市场收益，避免以合理使用代替授权许可，减弱著作权的激励效果。当市场存在交易成本过高和正外部性无法正常发挥的市场失灵时，可以运用合理使用制度予以介入，以法定使用代替授权许可，使作品的正外部性能够发挥，确保公共利益不受损失。

关键词：合理使用　市场失灵　交易成本　外部性

目　次

著作权制度使著作权人在著作权保护期内就其作品享有复制权、发行权等专有权利，让著作权人通过专有权利的行使获取经济利益，激励其创作和传播作品。作品不仅是私人创作的结晶，也是人类智慧的累积性产物。① 著作权法不仅需要保护著作权人的权益，还需要促进作品社会效益的发挥，避免著作权过度强化损及后续创作和文化发展。为达此目

* 湖南师范大学法学院教授，硕士生导师，法学博士。

① 参见王太平、杨峰：《知识产权法中的公共领域》，载《法学研究》2008 年第 1 期。

的，著作权法设置了一系列机制对著作权进行限制，合理使用就是著作权法中对著作权加以限制、平衡著作权人和社会公众利益的重要制度之一。

著作权合理使用是指“在特定的条件下，法律允许他人自由使用著作权作品而不必征得著作权人的同意，也不必向著作权人支付报酬的情形”①。这项制度肇始于英美判例法，由美国最高法院大法官 Joseph Story 于 1841 年在 Folsom v. Marsh② 一案中首次提出，后经案例完善，于 1976 年写入美国版权法。我国《著作权法》第 22 条也明确规定了使用著作权人作品构成合理使用，不构成著作权侵权的情形。③

尽管合理使用制度在著作权法中占据重要地位，是著作权法中重要的平衡法则，但合理使用制度本身却存在难以捉摸之特性。“合理使用和其制定法的模糊性，遮蔽了其蕴含的原则，使得一致性和可预测性难以达到。”④ 实践中，法院、著作权人、社会公众就使用著作权作品的行为是否构成合理使用，往往各执一词，争议较大。美国法院甚至将合理使用称为“整个版权法中最困难的问题”。⑤ 合理使用的模糊性影响到了公众对作品的使用，使人们不清楚自己使用他人作品的行为是否会被认定为合理使用。

实际上，合理使用存在的问题根源于其理论基础的模糊性。合理使用制度秉承其“平衡”原则，但是对于如何平衡著作权人和社会公众的利益关系却缺乏清晰的理论指引，这使著作权法中的任何一方都可以借“平衡”来维护自己的利益。正是合理使用理论的单一和贫瘠，使其在制度适用上局限于法条的逻辑分析和单纯的价值衡量。因此，在著作权法上有必要探究合理使用的理论基础，借此明晰合理使用的判定标准，增强合理使用制度适用的确定性和可预测性。

于 20 世纪 40 年代得到迅速发展的法经济学，为分析著作权合理使用问题提供了契机。法经济学，是应用经济学的理论和方法来检验法和法律制度的形成、结构、演化和影响。⑥ 传统法学研究注重逻辑推理，而法经济学则将重心放置于制度实施的成本与效益，了解法

---

① 吴汉东：《著作权合理使用制度研究》，中国政法大学出版社 1996 年版，“导言”第 1 页。

② Folsom v. Marsh, 9 F. Cas. 342（C. C. D. Mass. 1841）.

③ 值得注意的是，合理使用乃美国法等少数国家立法中的特有概念，其最大特点在于规定了合理使用判定的考量因素，保持了立法的开放性。我国《著作权法》第 22 条并未将这类作品使用行为规定为“合理使用”，而是规定为“权利的限制”，采取了穷尽的方式明确列举合理使用的行为类型。由此可见，从立法上看，对此问题我国采用的是“著作权例外”的封闭式立法模式，既不存在美国法上“合理使用”的称谓，更未实行美国法上“合理使用”的开放式立法模式。然而，在我国学术界和司法界，常将《著作权法》第 22 条规定的情形表述为“合理使用”。虽然也称之为“合理使用”，但其含义和立法技术与美国等国立法迥然有别，需要加以区分。对此问题的详细论述，可参见李琛：《著作权基本理论批判》，知识产权出版社 2013 年版，第 195 – 199 页。为表述和行文方便，本文以下将这类行为统称为“合理使用”，此先叙明。

④ Wendy J. Gordon, *Fair Use as Market Failure: A Structural and Economic Analysis of the Betamax Case and its Predecessors*, Colum. L. Rev., Vol. 82: 1600, p. 1604（1982）.

⑤ Dellar v. Samuel Goldwyn, Inc., 104F. 2d 661（2d Cir. 1939）.

⑥ See Charles K. Rowley, *Public Choice and the Economic Analysis of Law*, *Nicholas Mercuro（ed.）: Law and Economics*, Kluwer Academic Publishers, 1989, p. 125.

律规范之改变对于经济体系机制所产生的影响。[①] 这种以经济学上“效率”为核心，以“成本—收益”为分析工具的研究范式，对于揭示法律制度的基本原理、明确法律制度的经济绩效、推进法律制度的改进大有裨益。

著作权法与法经济学存在天然的联系。以法经济学观之，著作权本身即为针对作品公共产品属性，克服作品供给不足的市场失灵的产物。因此，从法经济学的角度对合理使用问题进行分析，有助于明确合理使用制度所蕴含的法经济学原理，为其适用与完善提供理论支持。本文即试以法经济学为研究方法，对合理使用制度进行剖析，归纳出合理使用的法经济学原理，并以其为指引，明确合理使用制度的适用方法，为司法实践与立法完善提供参考。

一、著作权合理使用的法经济学原理

（一）著作权法法经济学分析的基本概念

对合理使用制度进行法经济学分析，需要首先了解相关的法经济学基本概念。这些基本概念主要是微观经济学基本理论，包括市场失灵、外部性和公共产品。从经济学角度来说，著作权法存在的目的即是回应作品的公共产品属性，克服作品生产和传播领域的市场失灵。

经济学理论认为，与政府决定社会的生产、交易和消费相比，市场是组织经济活动的更优的方法。在市场经济条件下，无论是有体物还是无体的知识产品，都主要由市场决定产品的价格，通过价格信号引导生产者按照市场的需求提供产品，实现资源的有效配置。通过市场的交易，资源将从对产品估价较低的人手中转移到估价较高的人手中。这种资源经由交易被转移到更有价值的使用者手中而创造出来的价值称为合作剩余。[②] 私人之间的自愿交易会使双方都获得合作剩余，促进资源的优化配置。

虽然市场能够优化资源配置，使交易各方通过交易获得合作剩余，但是市场的正常运作又需要一定的条件。在某些情况下，市场会发生失灵。在市场存在失灵时，人们有可能无法自愿达成交易，市场优化资源配置的功能将难以实现。经济学家总结了导致市场失灵的主要因素，包括垄断、外部性、公共产品、信息不对称[③]和交易成本。[④] 所谓垄断，主要指企业在市场上保持支配地位，其他竞争者难以与之竞争。在垄断状态下，由于缺乏有效

---

① See Ronald H. Coase, *The Firm*, *the Market and the Law*, The University of Chicago Press, 1988, p. 28.

② 参见［美］罗伯特·考特、托马斯·尤伦：《法和经济学》（第5版），史晋川、董雪兵等译，格致出版社、上海三联书店、上海人民出版社2010年版，第67页。

③ 参见［美］罗伯特·考特、托马斯·尤伦：《法和经济学》（第5版），史晋川、董雪兵等译，格致出版社、上海三联书店、上海人民出版社2010年版，第36－38页。

④ See Wendy J. Gordon, *Fair Use as Market Failure*: *A Structural and Economic Analysis of the Betamax Case and its Predecessors*, Colum. L. Rev., Vol. 80: 1600, p. 1608 (1982).

的竞争，垄断企业能够人为变更价格或产品的供给量，使市场效率受到影响。纠正垄断造成的市场失灵的办法是引入竞争机制，避免垄断企业独占市场。外部性是另一种市场失灵的因素。所谓外部性，是指一个人的行为对旁观者福利的无补偿的影响。如果对旁观者的影响是不利的，就称为负外部性；如果这种影响是有利的，就称为正外部性。① 市场主体行为的外部性会对第三方构成影响，但市场主体并不会考虑这种外部性。例如，工厂排污会损害居民健康，造成负外部性，但是工厂只会考虑其生产，不会考虑居民受到污染。对于这种外部性，政府需要采取措施，引导工厂按社会效率最大化的水平确定其产量。市场失灵的第三个因素是公共产品。公共产品是指具有非竞争性和非排他性属性的产品。非竞争性，指一个人对公共产品的使用并不会减少他人对其的使用。非排他性，指排除他人使用某产品的成本非常高。如果某一产品具有非竞争性和非排他性，则没有私人愿意提供这种产品，造成产品供给不足。政府纠正公共产品市场失灵的方法是给私人提供者以补贴或自己提供。信息不对称是另一种市场失灵因素。在市场交易中，如果交易双方对交易产品存在信息不对称，一方掌握产品的大量信息而另一方缺乏产品信息，则双方很可能难以达成交易。政府克服信息不对称市场失灵的办法是要求掌握信息的一方进行信息披露，并就其未披露信息造成另一方的损害承担赔偿责任。最后一种市场失灵因素是交易成本。交易成本是指市场中一项交易完成所需要花费的成本，包括搜寻成本、谈判成本、执行成本。②由于交易成本过高，一些交易将无法达成。因此，政府会通过各种措施降低交易成本，使交易双方能顺利地达成交易。

以经济学观点观之，著作权法存在的目的，就在于克服作品公共产品属性和外部性所造成的市场失灵。根据前文所述，作品具有非竞争性和非排他性的公共产品属性。亦即，作品不产生耗损的问题。一旦作品被创作出来，一个人的使用不会影响其他人对该作品的使用。另外，正因为作品可以同时被多人使用而不产生耗损，作品未经许可的使用将难以被发现，很难排除他人对其的使用。由于作品具有这种公共产品属性，使其具有很强的正外部性，当创作者在创作出作品之后，这种正外部性往往被搭便车者免费享用，作品的创作者难以向他人寻求许可费以补偿其创作成本，将其创造出的作品正外部性内部化。由此可见，在完全放任的市场环境下，基于作品具有公共产品属性和外部性，作品市场将不可避免地出现市场失灵，搭便车者将乐于免费使用他人作品。由于收不回创作的成本，人们将不会有向市场提供作品的激励，作品的创作和供给将出现严重不足。

为了克服作品市场存在的市场失灵，国家通过制定著作权法，赋予作品的创作者等主

---

① 参见［美］曼昆：《经济学原理：微观经济学分册》，梁小民、梁砾译，北京大学出版社2009年版，第211页。

② 参见［美］罗伯特·考特、托马斯·尤伦：《法和经济学》（第5版），史晋川、董雪兵等译，格致出版社、上海三联书店、上海人民出版社2010年版，第79页。

体以著作权，以设立产权的方式激励人们创作和传播作品。通过产权的赋予，著作权人可以在法律上排除他人未经授权对其作品的使用，“出售他们作品的复制件，同时在法律上控制体现于这些复制件中的作品的复制和其他使用方式”①，将其作品的正外部性予以内部化。由此，作品的公共产品属性实现了法律上的强制性改变，作品实现了法律上的排他性。版权法构建出作品自由交易的市场，使知识产权的市场得以发挥功能。②

著作权法赋予著作权，将作品变为法律上的私人产品，是在为人们提供创作的诱因，通过产权激励著作权人投身于作品的创作和传播。从经济学视角来看，一方面，在作品上设立财产权之后，其他主体利用作品就要获得著作权人的许可，对作品的接触将受到限制。另一方面，财产权的设置将激励作者投入创作，更多的作品将提供给社会。著作权保护期满后，这些作品将纳入可以自由使用的公共领域之中，惠及社会公众。由此可见，著作权法是以仅能对作品进行有限接触的成本，交换提供著作权人创作诱因的利益。只要“创作新作品所获得的利益”超过“使用者仅能对作品为有限的接触所受的损失”和“管理版权的行政成本”③，著作权的设置便是有意义的。通过作品的产权化构建作品自由交易的市场，经由市场的自由交易，使作品流转到对其评价最高的主体手中，作品的资源配置效率将实现最大化。

（二）著作权合理使用的法经济学理论

在作品之上设置著作权，构建出作品的自由交易市场之后，并不意味着作品的资源配置效率就会最大化。正如前文所述，在某些情况下，市场会发生失灵。垄断、外部性、公共产品、信息不对称、交易成本，都是造成市场失灵的因素。著作财产权的设置，虽然治愈了某些市场失灵，但由于作品所具有的公共产品属性，作品市场又不可避免地会出现新的市场失灵，造成作品使用效率和社会福利的损失。

首先，作品市场存在的高交易成本可能阻碍市场交易的正常进行。交易成本包括搜寻、谈判和执行成本。尽管著作权的设置构建了作品自由交易的市场，但是，由于作品具有无体性的特点，著作权人需要与分散在各地的作品使用人进行交易，在有些情况下就难免发生交易成本过高的情形。例如，用户在家庭之中使用录像机对电视节目进行录制，电视节目的著作权人要与用户一一联系并进行复制权的授权谈判，就难免出现交易成本过高的情形。在交易成本过高时，著作权人和作品的使用人通过交易所获得的利益将低于交易成本。由于无法获利，市场自发的交易就不会发生，作品的利用效率将降低。

---

① Wendy J. Gordon, *Fair Use as Market Failure*: *A Structural and Economic Analysis of the Betamax Case and its Predecessors*, Colum. L. Rev., Vol. 82: 1600, p. 1612 (1982).

② See Wendy J. Gordon, *Fair Use as Market Failure*: *A Structural and Economic Analysis of the Betamax Case and its Predecessors*, Colum. L. Rev., Vol. 82: 1600, p. 1612 (1982).

③ William M. Landes & Richard A. Posner, *An Economic Analysis of Copyright Law*, J. Legal Stud., Vol. 18: 325, p. 326 (1989).

其次，由于著作权法独创性要求的存在，在市场上很难找到完全一样的两部作品。这样，作品与作品之间就不具有相互的替代性，“即便著作权人不按市场价格定价，也不会失去所有消费者”[①]。替代性的缺失使作品的著作权人拥有一定的市场控制力，甚至，一些大型企业投资创作的作品，在市场上很难找到替代品，这种作品的著作权人就垄断了市场，可以以较高的定价获得垄断利润，或在特定情况下拒绝许可其作品。经济学观点认为，当商品的价格与边际成本相等时，供给与消费将达到平衡，生产者剩余和消费者剩余会达到最大化。由于垄断者具有市场的优势甚至支配地位，垄断者生产的产量将小于社会有效率的产量。[②] 为了谋求高额垄断利润，垄断者会在作品边际成本之上定价。这样，对作品的评价高于其边际成本，但低于垄断作品定价的这部分消费者就不会购买该作品，造成无谓损失（deadweight loss）。“由于这种无谓损失，版权作品的私人市场将达不到资源配置的帕累托最优。”[③] 同时，垄断者会评估许可使用对其作品市场的影响，在某些情况下采取拒绝许可等干扰市场自由竞争的垄断手段。因此，著作财产权的设置，会造成潜在使用效率的损失，产生与知识产权垄断有关的经济问题。[④]

最后，尽管著作财产权的设置有利于激励作品的创作和传播，但作品公共产品属性的客观存在，使仅依靠市场交易可能会造成作品资源的浪费，导致作品资源分配效率的损失。“试图通过法律来限制复制，以激励私人市场上作品的生产，将不可避免地导致市场失灵。”[⑤] 正如前文所述，作品具有非竞争性和非排他性的公共产品属性。一个人的使用并不会妨碍其他人对同一作品的使用，同一作品可以同时被多人使用，额外增加一个人使用作品的成本为零。这就意味着，当增加对作品消费的边际成本为零时，如果通过产权阻止他人对作品的使用，就使产出的作品没有被充分地利用。对此，学者提出所谓“反公地悲剧”理论，意指由于产权过多，当事人都有权阻止他人使用该资源或设置使用障碍，反而导致资源的闲置和使用不足，造成浪费。在著作权法中，财产权的设置必然会排除一些人对作品的使用，使作品未得到最大化的利用，造成社会福利的损失。

根据上述观点，著作权的设置并不会治愈所有的市场失灵，由于作品具有的特殊性，著作权在克服旧有市场失灵的同时又产生了新的市场失灵。由此，由私人提供作品仅能在一定条件下优化资源配置，政府还需要采取措施，克服作品市场的其他市场失灵，提高作品资源的分配效率。实践中，政府会组织设立各类作品的集体管理机构，通过集体许可来

---

① 熊琦：《著作权激励机制的法律构造》，中国人民大学出版社 2011 年版，第 189 页。

② 参见［美］曼昆：《经济学原理：微观经济学分册》，梁小民、梁砾译，北京大学出版社 2009 年版，第 327 页。

③ Glunn S. Lunney，Jr.，*Fair Use and Market Failure*：*Sony Revisited*，B. U. L. Rev.，Vol. 82：975，p. 995（2002）.

④ 参见南振兴、温芽清：《知识产权法经济学论》，中国社会科学出版社 2010 年版，第 92 页。

⑤ Glunn S. Lunney，Jr.，*Fair Use and Market Failure*：*Sony Revisited*，B. U. L. Rev.，Vol. 82：975，p. 995（2002）.

降低交易成本，还可能在交易成本较高或存在垄断的领域设立强制许可（compulsory licensing）制度或者补偿金制度，将著作权人的著作权降格为获取报酬权，让公众可以以特定方式自由使用他人作品，通过预先设定的使用费或者补偿金来补偿著作权人。集体许可极大降低了交易成本，使著作权人不必费时费力与分散在各地的作品使用人协商谈判。而强制许可或者补偿金制度则以补偿取代许可，弱化了著作权人的著作权，避免了市场可能存在的高额交易成本和垄断情形，同时又给予了著作权人补偿。由此可见，上述措施都是克服市场失灵，以更有效率的方式分配作品资源的一种手段。

著作权法中的合理使用制度与强制许可和补偿金制度相类似。从经济学角度来看，合理使用制度主要是为克服作品市场存在的市场失灵。在作品市场存在失灵时，私人之间已无可能通过交易促成作品的传播和使用，著作权法将公众使用作品的特定行为划定为合理使用，公众就可以自由和免费地按照这些特定的方式使用他人作品，无须与著作权人协商谈判。这样，市场失灵就不会影响到作品在特定方式下的许可和传播，避免了作品未被使用造成的浪费。正如学者所言，“合理使用是一种标签，当法院赞同使用者无需依靠于市场时就可以使用”①。由此可见，类似于强制许可与补偿金制度，合理使用是解决著作权市场失灵的工具之一。立法与司法实务之中，可以参照市场失灵理论，将市场失灵作为分析合理使用的理论工具，增强合理使用制度适用的确定性和可预测性。当然，市场失灵并非划定合理使用范围的唯一标准。政府往往会将合理使用作为社会财富再分配的工具，允许人们以一定方式自由和免费地使用著作权人的作品，以提升特定群体的福利。但是这类合理使用规范的适用范围较为狭小，不会影响市场失灵理论在著作权合理使用中的运用。

二、著作权合理使用的法经济学分析

（一）交易成本与合理使用

与合理使用制度的适用密切相关的一种市场失灵是交易成本过高的市场失灵。当作品授权市场存在过高的交易成本时，著作权人和使用者就不会达成作品使用的协议，市场将无法将作品调配到对其评价最高的主体手中。此时，可通过设置合理使用制度，使社会公众可以自由免费地使用他人作品，避免高额的交易成本。当交易成本在著作权人和使用者可以承受的范围之内时，市场的自发交易会使作品转向对其评价最高的主体，自无合理使用适用的必要。由此可见，“合理使用的范围与版权作品的授权交易成本相关”②。

合理使用的交易成本理论由美国学者戈登（Gordon）教授系统阐述，继而得到了一些

---

① Wendy J. Gordon, *Fair Use as Market Failure: A Structural and Economic Analysis of the Betamax Case and its Predecessors*, Colum. L. Rev., Vol. 82: 1600, p. 1614 (1982).

② Tom W. Bell, *Fair Use v. Fared Use: The Impact of Automated Rights Management on Copyright's Fair Use Doctrine*, N. C. L. Rev., Vol. 76: 557, p. 583 (1998).

学者和实务人士的推崇，奠定了合理使用适用的经济学基础。戈登教授认为，个体在市场上的交易将有利于社会和参与其中的个体。由于知识产品具有公共产品属性，一般难以阻止他人“搭便车”。因此，国家特设置版权法，赋予私主体版权，构建作品的自由交易市场，以此激励作品的创作和传播。但是在市场的运行过程中，会因各种因素发生市场失灵，包括交易成本高昂、外部性、垄断造成无谓损失等。其中，最为重要的市场失灵因素是交易成本过高。

戈登教授认为，交易成本是影响市场交易的重要因素。当交易成本超过参加交易方预期的纯收益时，这种交易成本就可能阻止资源使用方面理想的转移。[①] 亦即，由于交易成本过高，参与交易的双方通过交易所获得的收益小于交易所发生的成本，导致交易不会发生。从著作权市场来看，著作权市场交易成本过高将导致合意的协商无法发生，社会公众对作品的某些使用行为将无法通过交易实现。

在交易成本过高的情况下，自由市场无法运作，合理使用可以作为克服著作权市场失灵的工具加以运用。例如，在美国 Sony 一案中，公众利用 Sony 录像机在家庭中录制节目以便观看，版权人认为公众的这种行为构成版权侵权，向法院起诉要求提供录像机的 Sony 公司承担帮助侵权责任。戈登教授指出，为录制电视节目与版权人协商获取许可的交易成本将不可避免地大于交易的潜在所得，因此，一个家庭录制节目许可证的市场并不存在，认定公众录制节目的行为是合理使用具有正当性。[②] 易言之，由于交易成本过高，社会公众不可能在每次录制节目之前都与版权人协商获得作品的录制许可。即便认定此种行为为侵权行为，版权人也无法借此获得任何收益。于此情形，不如直接认定公众的行为为合理使用，更符合效率原则。戈登教授认为，在存在诸如交易成本过高的市场失灵时，合理使用就有存在的空间。“当在双方合意的交易因某些原因无法进行时，或者市场失败阻止了市场通常的组织资源配置的功能之时，经济上才允许非自愿性的交易的存在。因此，在经济学上允许合理使用的前提条件是存在市场失灵。”[③]

借助于交易成本的市场失灵理论，许多传统上被认为是合理使用的行为，随着版权人授权机制的完善和交易成本的降低，将不再被认定为合理使用。当公众获得一种新的使用作品的方式时，市场机制会随着时间的推移而发展。在该使用的早期阶段，使用者获得许可使用，或者版权人排除非付费者的交易成本可能会大大超过各方通过交易的所得。使用者未经许可的使用成为一种习惯而得到发展。当使用的数量增长，版权人就希望建立起版

---

① See Wendy J. Gordon, *Fair Use as Market Failure: A Structural and Economic Analysis of the Betamax Case and its Predecessors*, Colum. L. Rev., Vol. 82: 1600, p. 1608 (1982).

② See Wendy J. Gordon, *Fair Use as Market Failure: A Structural and Economic Analysis of the Betamax Case and its Predecessors*, Colum. L. Rev., Vol. 82: 1600, p. 1655 (1982).

③ Wendy J. Gordon, *Fair Use as Market Failure: A Structural and Economic Analysis of the Betamax Case and its Predecessors*, Colum. L. Rev., Vol. 82: 1600, p. 1615 (1982).

权的收集和执行机制，包括版权结算中心。①

从1975年美国Williams & Wilkins案到1997年Texaco案和Princeton University Press案，法院判决结果的变化即体现出上述思路。在美国Williams & Wilkins案中，被告国家卫生研究院和国家医药图书馆未经原告许可复制原告出版的医疗期刊中的文章最终被法院认定为合理使用②，其重要理由即在于当时特定文章之授权机制尚未建立，若要求每一个使用人在复制医疗期刊中的特定文章时都需要取得授权，则交易成本太高。以合理使用替代授权许可能够纠正交易成本过高导致的市场失灵，使社会公众无须通过交易即能够使用作品。到1997年Texaco案和Princeton University Press案时，情况发生了变化，版权人已经通过版权清算中心（Copyright Clearance Center）建立了对期刊或者图书特定内容复制的授权机制，交易成本已大幅降低，相关授权市场开始正常运转。因此，在这两个案件中，法院不约而同地判决被告使用人对版权人作品的部分复制构成侵权，将新兴市场的控制权交给版权人。美国Texaco案中，被告Texaco公司擅自复制原告出版物上所刊载的文章供其公司内部使用。③ 法院认为，在版权清算中心的帮助下，“出版商已经为机构使用者建立了一个可行的市场，在该市场下，使用者可以取得复制个别文章的授权。④ 当使用者可以从授权市场获得许可时，Texaco公司的行为无法成立合理使用。”⑤ 在Princeton University Press案中，法院认为原告出版商已专门指定一个部门，负责处理对作品中部分内容复制的授权，此外，复印店尚可以向版权清算中心寻求简易授权。⑥ 考虑到版权人已成功开拓出一个有效率的授权市场，因此，被告人的复制行为构成侵权。

由此可见，合理使用成立的一部分原因在于交易成本过高。当市场不完善、交易成本较高时，合理使用乃是对市场障碍的纠正；当著作权市场逐步完善，著作权人可以通过市场与使用人达成作品使用协议从而治愈交易成本过高的市场障碍时，合理使用即应相应缩减。之所以作出这种制度安排，在于当交易成本过高时，著作权法直接以合理使用代替授权许可，可以将资源分配给利用效率较高的使用人一方，有利于作品效率的发挥。随着著作权人采取各种手段降低交易成本，构建授权机制，著作权市场将由不完善的、交易成本较高的市场形态逐步演变为完善的、低交易成本的市场形态。著作权法以授权许可替代合理使用，可以维持著作权的激励效应，鼓励著作权人开拓新兴市场、完善授权机制，通过市场手段达致作品资源的优化配置。

---

① See Wendy J. Gordon, *Fair Use as Market Failure: A Structural and Economic Analysis of the Betamax Case and its Predecessors*, Colum. L. Rev., Vol. 82: 1600, p. 1621 (1982).

② Williams & Wilkins Co. v. United States, 487 F. 2d, 1359.

③ American Geophysical Union v. Texaco Inc., 60 F. 3d 913 (2d Cir. 1994), p. 914 - 915.

④ American Geophysical Union v. Texaco Inc., 60 F. 3d 913 (2d Cir. 1994), p. 930.

⑤ American Geophysical Union v. Texaco Inc., 60 F. 3d 913 (2d Cir. 1994), p. 930 - 931.

⑥ Princeton university Press v. Michigan Document Services, Inc., 855 F. Supp. 905 (1994), p. 936.

在目前的网络时代，著作权人大量采取技术保护措施保护其作品，通过价格区分（price discrimination）机制销售其作品，这大幅降低了交易成本，合理使用的范围将不可避免地进一步缩小。具言之，在网络环境中，著作权人通过运用技术保护措施和反规避条款，“逐步减少对著作权法体系的依赖，转而求助于技术手段和合同制度相结合的著作权许可制度，向接触网络作品的消费者收取费用”。① 为了利润的最大化，著作权人会运用价格区分的手段对不同的消费者群体就同一商品的销售收取不同的费用。著作权人可以对商业使用收取高价、对个人消费者收取低价、对学生收取更低的价格，还可以将价格与每个消费者使用作品的频率相联系，甚至通过建立微支付（microcharges）模式，对消费者每一次对每字节的信息的使用收取少量费用。②

著作权的存在使著作权人可以向作品的使用者收取高于边际成本的费用，“没有能力或者不愿意付出版权人所定价格的人将无法利用作品，结果是形成无谓损失”③。价格区分的实施，将克服版权人定取过高价格形成无谓损失的市场弊病，消费者也能够以较低的成本接触到作品，这将更好地促进分配正义，增进消费者的福利。④ 首先，价格区分可以让著作权人获取更多的收益，避免了单一定价带来的将一部分消费者挡在消费大门之外的隐患，让著作权人赚取更多的利润，进一步激励著作权人扩展市场，满足消费者的需求。其次，价格区分也使消费者获益良多。在统一定价之下，“贫穷的消费者买不起太多的CD，不会去观看电影的首轮放映，也不会订购增值有线电视频道”⑤。价格区分使著作权人可以针对不同的消费者，“有助于娱乐产品提供商定位到这些低端消费者，并向他们提供相应的折扣”⑥。让消费者以较低的成本接触作品，扩大了作品的传播范围，增加了作品因使用而产生的正外部性，增进了消费者的福利。贝尔（Bell）教授在评价技术手段形塑交易机制时就认为，自动权利管理将会增强合同的执行力，界定不同的或额外的权利。这些功能的执行会更清晰更有效率，而不必借助于不确定的和成本较高的诉讼。⑦ 换言之，借助于技术手段，权利人可以更好地利用契约规则，区分不同的使用人，控制使用人对其作品的接触

---

① 熊琦：《著作权激励机制的法律构造》，中国人民大学出版社2011年版，第189页。

② See William W. Fisher Ⅲ, *Symposium on the Internet and Legal Theory*: *Property and Contract on the Internet*, Chi. – Kent L. Rev., Vol. 73: 1203, p. 1237 (1998).

③ William W. Fisher Ⅲ, *Symposium on the Internet and Legal Theory*: *Property and Contract on the Internet*, Chi. – Kent L. Rev., Vol. 73: 1203, p. 1234 – 1235 (1998).

④ See William W. Fisher Ⅲ, *Symposium on the Internet and Legal Theory*: *Property and Contract on the Internet*, Chi. – Kent L. Rev., Vol. 73: 1203, p. 1239 – 1240 (1998).

⑤ ［美］威廉·W. 费舍尔：《说话算数——技术、法律以及娱乐的未来》，李旭译，上海三联书店2008年版，第153页。

⑥ ［美］威廉·W. 费舍尔：《说话算数——技术、法律以及娱乐的未来》，李旭译，上海三联书店2008年版，第153页。

⑦ See Tom W. Bell, *Fair Use v. Fared Use*: *The Impact of Automated Rights Management on Copyright's Fair Use Doctrine*, N. C. L. Rev., Vol. 76: 557, p. 564 (1998).

和使用，根据情况收取不同的费用。有了接触控制措施的帮助，版权人将逐渐依靠契约权利和技术手段，而减少对版权法的依赖。①

由于价格区分所具有的降低交易成本、增进消费者和著作权人福利等多重益处，著作权法会赋予著作权人对新开拓的市场一定程度的控制权，以限缩合理使用的适用范围来奖赏著作权人降低交易成本的努力，增加著作权的激励效应，鼓励著作权人利用科技形塑多种授权机制，满足消费者多元需求。由此，在价格区分机制的影响下，传统上被认为是合理使用的行为将逐步纳入著作权人的收费轨道，合理使用的适用范围将随着交易成本的不断降低而相应缩小。

（二）正外部性与合理使用

合理使用的交易成本理论对著作权贸易的发展有着积极的意义。基于交易成本理论，著作权人可以采用数字网络技术，大幅降低交易成本，建立更为灵活和高效的作品授权机制，满足消费者的需求；价格区分理论则指导著作权人利用技术手段就同一作品对不同层次的消费者收取不同费用，克服作品统一定价带来的无谓损失。然而，尽管交易成本的降低构成不适用合理使用制度的重要依据，但两者之间并不存在必然的对应关系。并非著作权人一旦建立起授权机制，降低了交易成本，相应的作品使用行为就不再构成合理使用。这是因为，“高交易成本仅是市场失灵的类型之一，市场上还存在着其他类型的市场失灵。”② 在作品市场中适用合理使用制度，不仅应该考虑交易成本过高的市场失灵，还应当注意正外部性无法有效地内部化以及拒绝许可所造成的市场失灵。

外部性是一个人的行为对旁观者福利的无补偿的影响。如果对旁观者的影响是不利的，就称为负外部性；如果这种影响是有利的，就称为正外部性。③ 在实践中，一些人对作品的使用行为有可能产生很大的正外部性，对社会公共利益极为有利。但是，如果使用作品的行为人无法得到其行为所产生的全部利益，则其可能就不愿意从事该项行为，导致对社会有益的行为无法发生，这便是正外部性无法有效地内部化所造成的市场失灵。它使“市场生产的数量小于社会合意的数量。”④ 从著作权市场来看，尽管著作权人通过技术措施和合同，建立起完善的授权机制，大幅降低了交易成本，但是，“某些作品使用会产生分散而广泛的、无法内部化的外部利益。”⑤ 授权机制在此情形下无法克服正外部性有效内部化的

---

① See William W. Fisher Ⅲ, *Symposium on the Internet and Legal Theory: Property and Contract on the Internet*, Chi. -Kent L. Rev., Vol. 73: 1203, p. 1232 -1233 (1998).

② Lydia Pallas Loren, *Redefining the Market Failure Approach to Fair Use in an Era of Copyright Permission Systems*, J. Intell. Prop. L., Vol. 5: 1, p. 33 (1997).

③ 参见［美］曼昆：《经济学原理：微观经济学分册》，梁小民、梁砾译，北京大学出版社2009年版，第211页。

④ ［美］曼昆：《经济学原理：微观经济学分册》，梁小民、梁砾译，北京大学出版社2009年版，第215页。

⑤ Lydia Pallas Loren, *Redefining the Market Failure Approach to Fair Use in an Era of Copyright Permission Systems*, J. Intell. Prop. L., Vol. 5: 1, p. 8 (1997).

市场失灵。某一能产生极大的外部利益的特定的使用不能够在任何讨价还价的交易中内部化，从而产生市场失灵。[①]

外部利益无法有效内部化的市场失灵在著作权领域中较为普遍，但是却没有引起应有的重视。实践中，往往著作权人一旦建立起授权机制，法院就认为被诉人对其作品的使用会对著作权人的市场收益造成不利影响，判决不构成合理使用。这显然忽略了市场失灵类型的多样性。正如学者所言，"授权许可机制（permission system）的存在也许能够治愈一种类型的市场失灵，其他类型的市场失灵依然可能存在。许可机制并不能治愈分散的外部利益无法通过任何讨价还价的交易有效率地内部化所产生的市场失灵"[②]。例如，基于课堂教学、学术科研、批评和评论等对作品的使用，都会对他人和社会产生分散而广泛的外部利益。教师利用作品的片段进行教学，启迪学生思维；学者利用作品进行科研，繁荣学术文化；评论家对作品进批评和评论，增进民主对话。这些使用作品的方式均能产生巨大的外部利益。但是，当这些行为产生外部利益时，从事这些行为的教师、学者或者评论家并不会收获全部的由这些行为所生的外部利益。如果这些使用需要获得著作权人授权并支付费用，那么使用人就可能将无法获得的外部利益排除在交易的预期获利之外，导致其不愿意或者无法负担著作权人开出的授权使用费，结果对社会有利的作品使用行为便无法发生。"当被告的使用能够产生这些外部利益时，市场就无法成为促进社会所需要的交易的机制。"[③] 由此可见，对于具有公共产品属性的作品而言，要求所有的使用行为都需要获得授权许可并不明智，著作权人在边际成本之上的定价可能会扼杀一些具有巨大外部利益的作品使用行为，造成社会福利的损失。

不仅如此，一些作品使用行为如对作品的批评、评论和滑稽模仿，不仅可能存在正外部性无法有效内部化的市场失灵，还有可能由于著作权人的拒绝许可而无法达成交易。这是因为，人们对著作权人作品的批评、评论和滑稽模仿，往往会指出该作品存在的不足，引发公众对该作品的讨论或反思。这些对作品存在敌意、讽刺或批判的观点就可能会对作品的形象造成影响，使作品的销量降低。在这种情况下，即便作品的使用者愿意为其批判和评论支付许可费，著作权人基于其作品市场的考虑，也有可能拒绝许可。如果在此情况下尊重著作权人的意愿，那么批评、评论或滑稽模仿的交易市场就很可能不会存在，许多对人类有益的言论也就不会出现了。戈登教授将此类市场失灵称为"反传播动机"（anti-dissemination）造成的市场失灵。这时，也有必要适用合理使用制度，将对著作权人作品的

---

① Lydia Pallas Loren, *Redefining the Market Failure Approach to Fair Use in an Era of Copyright Permission Systems*, J. Intell. Prop. L. , Vol. 5: 1, p. 6 – 8 (1997).

② Lydia Pallas Loren, *Redefining the Market Failure Approach to Fair Use in an Era of Copyright Permission Systems*, J. Intell. Prop. L. , Vol. 5: 1, p. 8, 33 (1997).

③ Wendy J. Gordon, *Fair Use as Market Failure: A Structural and Economic Analysis of the Betamax Case and its Predecessors*, Colum. L. Rev. , Vol. 82: 1600, p. 1629 (1982).

批评、评论和滑稽模仿认定为合理使用，以克服反传播动机的市场失灵。“对于各种形式的批评，当版权人出于限制信息的流动，对许可其作品的使用较为迟疑时，合理使用尤其应予适用。”[①]

正外部性的内部化及拒绝许可所造成的市场失灵，两者的共同特点在于著作权人的许可机制会造成一部分对社会有巨大正外部性的作品使用行为无法通过交易发生。正外部性内部化市场失灵的主要原因在于定价超出了作品使用人的预期，导致作品的使用人放弃使用著作权人的作品。拒绝许可市场失灵的主要原因在于著作权人存在反传播动机，导致作品使用人无法使用著作权人的作品。两者都使作品使用行为的正外部性无法发挥，使社会福利受损。在这些市场失灵的情况下，可以考虑适用合理使用制度，使公众具有巨大正外部性的作品使用行为能够顺利进行，提升社会福利。

（三）社会财富的再分配与合理使用

除了对市场失灵的考虑，著作权法往往还会照顾特定社会主体，将特定的作品使用行为规定为合理使用，使这些社会主体能够自由免费地利用他人作品。这类合理使用的主要目的在于社会财富的再分配，并不需要考虑市场是否失灵。即便市场在这些情况下能够自由运转，著作权法也不会将这些使用行为产生的利益划归著作权人所有。

社会中的一些主体如言语障碍者和听障人士等，受其自身条件的约束，往往在知识的获取方面存在劣势，无法或较难通过市场交易来获取作品。此外，还有些主体为文化传承、言论表达的需要，以特定方式使用著作权人的作品。为了提升这些主体的福利，确保特定公共利益的实现，国家往往会将著作权合理使用制度视为社会福利再分配的工具，规定这些主体在特定情形下使用他人作品构成合理使用，免去其向著作权人获得许可并支付报酬的义务。这些合理使用情形，并不需要考虑著作权市场是否存在交易成本或者正外部性的市场失灵，而只需关注于特定群体福利的提升。亦即，这些合理使用是以公共福利为目的，通过著作权法合理使用制度所进行的知识资源再分配。举例言之，各国著作权法普遍存在对失明人士的合理使用优惠政策，允许使用人不经著作权人许可向盲人提供已发表作品的盲文版本。我国著作权法为提升少数民族福利，还规定未经著作权人许可，可将中国民事主体创作的已发表的作品翻译成少数民族语言在国内出版发行。除此之外，这类合理使用还涉及文化传承和言论表达自由，包括图书馆对濒临毁损图书的复制、适当引用和报道时事新闻等。

上述类型的合理使用很难说与市场失灵存在必然联系。即便相关市场的交易成本很低、价格足够优惠，法律也不认为人们从事这些行为必须获得著作权人的许可。易言之，著作权法在这些情况下设定合理使用，是为了保护特定利益，以法定形式对作品资源所进行的

---

① Wendy J. Gordon, *Fair Use as Market Failure: A Structural and Economic Analysis of the Betamax Case and its Predecessors*, Colum. L. Rev., Vol. 82: 1600, p. 1634 (1982).

再分配。

值得注意的是，根据经济学原理，私法的主要任务是追求效率，再分配的目的应该是私法应用的例外。[①] 易言之，私法的中心任务是提高效益，维持对产权人的激励效果，通过市场的交易使利益最大化，将经济总量这块“蛋糕”做大。在竞争之后如何分配“蛋糕”，可以通过其他财富再分配手段如税收、公共财政扶持等去完成。有学者就认为，“通过税收去实现再分配的目标，比大幅度改变财产权利要好得多”[②]。因此，基于公益目的将某些特定的作品使用行为规定为合理使用，绝不意味着可以把著作权法变成福利分配法。著作权法的中心任务在于以市场为导向，通过市场交易将作品流转到对其评价更高的主体手中，更好地激励著作权人创造和传播作品，促进文化繁荣。至于那些贫困、没有收入来源的人群在接触作品方面存在困难，可以通过国家财政建立公共图书馆、提供补贴等方式对其予以帮助，这种手段要比改革私法制度、削弱或剥夺著作权人的财产权更有效率。由此可见，如果某一基于公益目的、为提升特定群体福利而设置的合理使用规则严重损害了著作权人的经济利益，造成著作权人创作和传播作品积极性的减退，那么社会公众无疑会因为作品产量的减少而遭受到更大的损失，这一合理使用的适用就不具有正当性。因此，基于财富再分配的合理使用类型必须限制在狭小的范围内，只适用于特定的少数情况。

三、法经济学视角下中国著作权合理使用制度的完善

（一）中国《著作权法》合理使用立法模式的不足

交易成本、正外部性和社会财富再分配的合理使用法经济学理论也可以用于分析我国的著作权合理使用制度。我国《著作权法》第 24 条集中规定了属于合理使用的 12 种作品使用情形，包括为个人学习、研究、欣赏、适当引用、报道时事新闻、时事文章转载播放、公众讲话刊登播放、课堂教学或科研、执行公务、版本保存、免费表演、公共场所艺术品使用、以少数民族语言和为阅读障碍人士出版作品。同时，为因应新技术发展带来的影响，设置了合理使用规则适用的“三步检测法”的一般原则。根据该规定，我国著作权法采取了“一般原则 + 穷尽列举”式的合理使用立法模式，以法定形式明确规定了属于合理使用的作品使用类型。这种立法模式尽管简单明了，但其因应社会现实变化的能力不足，在适用上缺乏理论的清晰指引，造成规则适用的不确定性和模糊性。

从历史上看，著作权法一直伴随技术的演变而发生变化。过去受制于技术的限制，一些作品的使用领域存在交易成本过高的情况，适用合理使用制度具有合理性。但是随着新

---

① 参见［美］罗伯特·考特、托马斯·尤伦：《法和经济学》（第 5 版），史晋川、董雪兵等译，格致出版社、上海三联书店、上海人民出版社 2010 年版，第 97 页。

② ［美］罗伯特·考特、托马斯·尤伦：《法和经济学》（第 5 版），史晋川、董雪兵等译，格致出版社、上海三联书店、上海人民出版社 2010 年版，第 97 页。

技术的采用和新的商业模式的开发，一些作品使用行为已经可以以较低的成本通过市场交易实现。根据前文的论述，当某种作品使用领域的交易成本降低时，为激励著作权人开拓市场，采取新型科技与商业模式，可以考虑以授权使用替代合理使用。以此看我国的合理使用立法，其中的某些合理使用条款已经过时，如果严格加以适用，反而会伤及著作权人开拓市场的积极性，最终不利于社会整体福利的提升。我国《著作权法》第24条第1款第1项就是典型一例。该项规定为个人学习、研究、欣赏目的可以合理使用他人作品。这个条款放置于20世纪90年代的立法背景下，考虑到当时科技水平有限，使用作品仍以购买有形复制件为主，交易成本较高，将个人目的的使用归为合理使用尚有其合理性。但在当下数字网络等新兴科技蓬勃兴起之时，无论是个人学习、研究还是欣赏，著作权人都开发了大量的商业模式供个人选择使用，极大地降低了作品的交易成本。如果在此情况下个人还可以以学习、研究和欣赏的合理使用为由任意使用他人作品，必将极大地挫伤著作权人形塑市场，开发新型商业模式的积极性，减损著作权的激励效应，损及社会创新。由此可见，我国合理使用的立法模式过于僵化，某些规定已经与现实发展不相符合。

我国合理使用制度僵化的根本原因在于，合理使用的适用缺乏清晰的理论指引，合理使用制度的理论基础不明确。我国《著作权法》第24条规定了多种合理使用情形，分别针对个人、国家机关、图书馆公益机构、媒体、盲人、少数民族等不同的对象，适用条件不一，理论依据各异。这些具有不同特点的合理使用情形罗列在一起，庞杂而凌乱，缺乏类型化的区分，没有适用上的明确指引。例如，为个人学习、研究、欣赏而使用他人作品，我国立法仅仅简单将之规定为合理使用。但是，判定这些使用行为构成合理使用的依据和标准是什么？从事该行为是否有使用数量、范围和程度的限制？是否有使用方式上的限定？这些著作权法都未能予以明确，这给法律适用和实践中判定合理使用带来了困难。“对合理使用类型的罗列而缺乏一般标准的判断，将导致司法实践中的认识分歧。”①

与我国这种将所有合理使用情形加以罗列的立法例不同的是，许多国家的著作权合理使用制度不仅明确规定了一些合理使用情形，而且规定了判断合理使用的弹性条款。这就明确了合理使用的判定依据、增强了立法对现实的适应能力。美国《版权法》第107条规定了判定合理使用时需要考虑的因素，包括：（1）使用行为的目的和性质，包括该种使用行为是否具有营利性的性质或是为非营利性教育的目的；（2）被使用作品的性质；（3）使用的质量和其在整个作品中所占的比例；（4）使用结果对被利用的作品潜在市场或者价值的影响。② 从该条文来看，美国版权法并未强制性地规定某种作品使用行为是合理使用，而是强调从使用的性质和目的、使用的程度以及使用对著作权人市场的影响等几个方面出发进行综合考察。这种弹性的立法模式，不仅明确了合理使用适用要重视著作权人市场利

---

① 吴汉东：《著作权合理使用制度研究》（第3版），中国人民大学出版社2013年版，第292页。

② 17 U. S. C. § 107.

益的理论依据，而且使司法能够从容面对技术变迁引发的著作权难题。再以个人为学习、研究、欣赏为目的使用他人作品为例，依据美国版权法的规定，这种行为是否构成合理使用就不能一概而论，而是要结合具体案情分析，考察在个人使用的影响下，著作权人的市场利益会不会受到严重的损害。如果个人为学习、研究和欣赏而使用他人作品的交易成本已然降低，作品的授权机制已较为成熟，则将此种情形下个人使用著作权人作品的行为认定为合理使用无异于否定了著作权人开拓市场的努力，这将严重减损著作权的激励效应，导致著作权人不愿意再创作和传播作品，最终受损的还是整个社会。由此可见，合理使用弹性条款的设置，将增强立法对现实的回应能力和规则在适用上的明确性。

（二）法经济学指引下合理使用适用的类型化

从法经济学角度来看，合理使用是克服作品市场失灵的工具。一般情况下，只要市场并未失灵，保护著作权人的著作权，让著作权人和社会公众通过交易促成作品的使用，相比强制性地将一些作品使用行为规定为合理使用，更有利于作品资源的优化配置。我国合理使用制度的完善，可以以法经济学基本原理为指引，将合理使用的适用情形类型化，增强合理使用规则适用的可预测性。

首先，根据前文对合理使用法经济学的分析，我国著作权法规定的合理使用情形可以区分为与市场失灵密切相关的合理使用和与市场失灵无关的合理使用。前者以交易成本过高和正外部性无法有效发挥的市场失灵为理论依据，包括个人学习、研究或者欣赏，转载时事性文章，课堂教学和科研，批评和评论等。这些作品使用行为，固然攸关公益，但需要着重考察的是这些使用行为的授权市场是否运转正常。亦即，社会公众是否能够通过交易，顺利地实现对著作权人作品的使用。作为著作权产业的制度保障，合理使用须以克服市场失灵为目标，在不存在市场失灵的场合，应培育和依赖著作权市场机制对信息资源的配置。[①] 对于这些作品使用行为，假如著作权人已经建立起完善便捷的交易机制，极大地降低了交易成本，那么将这些行为认定为合理使用，无异于否定著作权人开拓市场的努力，不利于发挥著作权法的激励功能。不仅如此，上述作品使用行为都具有巨大的正外部性，是否适用合理使用除了关注交易成本，还需要考察这种行为的正外部性是否能够通过市场正常地发挥。即便著作权人建立起付费机制，降低了交易成本，如果付费机制阻止了有效率的作品使用行为的发生，或者著作权人为其作品形象的考虑，拒绝许可他人对其作品进行批评和评论，那么无疑市场在此时已经失去了其有效调节作品资源分配的功能，以合理使用替代授权许可便具有正当性。由此可见，对于上述行为，应主要从交易成本和外部性的发挥两大因素出发，具体判断是否存在适用合理使用规则的可能。

其次，对于与市场失灵无关的合理使用，如向少数民族提供翻译的作品、为盲人提供

---

① 参见熊琦：《论著作权合理使用制度的适用范围》，载《法学家》2011 年第 1 期。

作品、国家机关执行公务、图书馆保存版本等，不需要考虑市场失灵。著作权法将这些行为规定为合理使用，不是为了激励著作权人开发市场、完善授权机制，而在于通过这些使用作品的行为提升社会特定群体的福利，维护公共利益。在目前网络时代，对作品的所有使用行为建立交易成本低廉的授权机制已非难事，著作权人可以通过各种在线交易平台将为盲人提供作品、图书馆保存版本等悉数纳入授权范围。如果单纯分析交易成本和外部性问题，则这些行为都将有可能不被认定为合理使用，这显然不利于特定群体福利的提升，损害社会公益。因此，对于为少数民族、盲人提供作品、执行公务、保存版本，适用合理使用制度的理论依据并非市场失灵，而是福利分配的需要。尤应注意的是，这一类型的合理使用应限制在狭小和特定的范围之内，以防扭曲著作权的激励效果，对作品的创作和传播造成消极影响。

在将合理使用的情形进行区分之后，立法还可以借鉴美国合理使用四要素检测法，在我国著作权法中规定合理使用判定所需要参酌的基本因素。第一，对于为个人学习、研究或者欣赏使用他人作品，转载政治、经济、宗教问题的时事性文章，刊登或者播放公众集会演讲，为课堂教学和科研翻译或者复制他人作品，对室外公共场所的艺术作品进行的临摹、绘画、摄影、录像，对他人作品进行批评、评论这几类作品使用行为，我国著作权法不宜将之直接规定为合理使用，而应引入弹性的考量因素，要求法官对这些作品使用行为进行综合评估。这些因素包括：（1）使用的目的；（2）被使用作品的性质；（3）使用的比例；（4）使用对原作品市场或者价值的影响；（5）联系以及获得著作权人授权的交易成本；（6）使用作品所产生的公共利益以及该公共利益通过著作权人授权得以实现的程度。

其中，第 1 项至第 4 项参酌了美国合理使用检测法中的四个考量要素。新增的第 5 项因素关注于著作权市场中的交易成本问题，第 6 项因素考察的是作品正外部性释放的问题。第 5 项和第 6 项因素的规定，将交易成本和正外部性纳入合理使用适用的考虑范围，明确了上述行为适用合理使用规则的法经济学依据，避免了我国列举式立法或美国四要素检测法在适用上可能导致的不足。例如，个人为学习、研究的目的少量使用他人作品，由于并非营利，且使用范围有限，从表面来看不会对著作权人的市场产生很大的影响，很有可能被认定为合理使用。但是，假如这一市场的交易成本较低、运转正常，个人对作品的该种使用完全能够通过市场顺利实现，则适用合理使用规则将这种行为认定为合理使用反而会损害著作权人创作和传播作品的诱因，最终不利于社会整体利益。由此可见，为更准确地适用合理使用规则，有必要将第 5 项和第 6 项因素纳入合理使用的判定之中。当著作权市场运转正常时，不宜以合理使用规则介入。当著作权市场无法正常运转、交易成本过高或者作品使用的正外部性无法释放时，在参酌其他考量因素的情况下，可以考虑适用合理使用规则。

第二，对于向少数民族提供翻译的作品、为盲人提供作品、国家机关执行公务使用作品、图书馆为陈列和保存版本复制作品，属于国家公共政策，是社会福利再分配的体现，无涉市场失灵，可按传统四要素检测法予以判断，无须考察第5项和第6项参酌因素。

四、结语

从著作权法变迁和发展的历史来看，著作权制度是在各种新技术的冲击之下完成自身的完善与发展的。无论科技如何变迁，著作权法的本质功能，都在于以作品产权化的方式，激励著作权人投身于作品的创作和传播，通过向社会提供作品造福整个人类社会。产权要想发挥其效益，必然离不开市场的交易。因此，从法经济学角度而言，为取得理想的著作权法律调控效果，当著作权市场能够正常运转时，应当允许著作权人构建其授权市场，通过授权许可获得市场收益，避免以合理使用替代许可使用，减弱著作权的激励效果。当市场存在交易成本过高和正外部性无法正常发挥的市场失灵时，又需要适时运用合理使用制度予以介入，以法定使用代替市场功能，使作品的正外性能够发挥，确保公共利益不受损失。总之，我们必须“运用经济分析的方法，准确界定创作者、传播者、使用者各自的内在需求，检验合理使用制度是否蕴含合理的经济理性”①。通过正确地适用合理使用规则，释放作品使用行为的正外部性，激活著作权法的潜能，在激励作品生产的同时实现作品利用效率的最大化。

① 吴汉东：《知识产权多维度解读》，北京大学出版社2008年版，第582页。

论利用视听作品单帧截图在著作权法中的定性

陈 虎*

摘 要：我国著作权立法未经历将视听作品作为摄影作品、戏剧作品加以权宜保护的过程，这使视听作品子元素的类型归入及意义被长期忽略。将视听作品的子元素仍视为视听作品，还是依据表现形式将其归入其他作品类型，会带来配套权利体系与著作权归属上的法律效果差异。以是否具备单独利用价值为标准，能够解决字幕、音轨的作品类型与权利归属问题。单帧画面不符合视听作品给人以动态映像的特征，将其认定为视听作品极易导致被诉方以“适当引用”合理使用条款进行抗辩的泛化。将单帧画面作为摄影作品的司法裁判更具合理性，但仍需对特定影视剧截图进行独创性的个案审视，防止出现仅依据对象具有经济价值便进行著作权认可的制度异化。

关键词：视听作品 单帧截图 摄影作品 合理使用

目 次

与传统的作品利用方式相比，媒体融合传播环境下出现了一系列针对视听作品的新型使用行为，将影视画面制作成“动图”和使用单帧画面制作“表情包”等均较为典型，为著作权法在理论与实践上的应对提出新问题。2021年11月底，备受关注的“《亲爱的，热

* 苏州大学王健法学院讲师、硕士研究生导师，法学博士。

爱的》截屏案”二审完结，上海知识产权法院认为，被上诉人在网店上销售该电视剧中主角“韩商言”同款上衣的同时，未经许可使用该剧单帧截图画面的行为构成著作权侵权。并且，案涉截图属于视听作品的组成部分而非摄影作品，其著作权归电影作品的制片者享有，一审35000元侵权损害赔偿的判决据此有效。[①] 然而，回溯2017年一起法律关系相同的案件，受案法院则判定影视剧截图属于摄影作品而非视听作品。[②] 司法上的歧见根源于我国立法上未对视听作品子元素的类型归入形成统一准则，因此，有必要从学理上明确视听作品中单帧画面、字幕、音乐等子元素的法律定位。2020年修正的新《著作权法》将旧法中“电影作品和以类似摄制电影的方法创作的作品”修改为“视听作品”并在新法第17条设计了新的著作权配置规则，这也为定性利用视听作品组成元素的行为带来新的法律解释需求。本文拟从影视单帧画面的著作权法定性出发，结合“《亲爱的，热爱的》截屏案”等相关判决，对利用视听作品单帧画面的侵权问题进行研究。

一、确定视听作品子元素作品类型的法律效果

视听作品兼具美学价值与经济价值，尤其是电影、电视剧作品更是集中汇聚了编剧、导演、剪辑师、摄影师的贡献与利益关切，是著作权法上最为复杂的作品类型之一。在新型创作与传播技术不断发展的背景下，视听作品的有关规则必须因应公众行为模式的变化才能解决现实中已然出现的法律纠纷。目前，视听作品的拆分式利用行为逐渐成为著作权利用失范的重点领域，而对被利用的子元素进行定性是进行侵权行为判断的前提。

（一）划分作品类型的传统标准不适用于视听作品子元素

著作权法上的作品必须以特定的形式表现于外，并且能够达到为公众所感知的程度。“表现形式”在著作权法中有独特的规范意蕴，其是将不同作品区分开来的主要依据。有观点认为，作品的本质就是表现形式，作品一般体现为人们所共同认可的意义符号的排列组合，以及能够由这些排列组合所直接限定的要素。[③] 李琛教授亦主张：“作品是由语言、文字、音符、线条、动作等被设定意义的符号构成的，无形的思想或情感能够被传达，正是借助了有形的符号。”[④] 作品的表现形式与受众的感知效果直接对应，由于作者的思想具有高度抽象性，难以被人们所直接感知，只有在作品以文字、图像、色彩等表现形式外化呈现出来之时，才能够转化为可供欣赏的表达性内容。

---

① 沈阳隆科商贸有限公司与上海剧酷文化传播有限公司著作权权属、侵权纠纷案，上海知识产权法院（2021）沪73民终675号民事判决书。

② 新丽电视文化投资有限公司与扬州胜基商贸有限公司、浙江天猫网络有限公司侵害作品信息网络传播权纠纷案，杭州铁路运输法院（2017）浙8601民初2296号民事判决书。

③ 参见卢海君：《版权客体论》，知识产权出版社2011年版，第47－48页。

④ 李琛：《论知识产权法的体系化》，北京大学出版社2005年版，第132－133页。

我国2013年《著作权法实施条例》[①] 第4条分别对不同作品进行界定，从条文措辞上看，各种作品类型均对应不同的表现形式，如“文字作品”是“小说、诗词、散文、论文等以文字形式表现”的，“口述作品”是“即兴的演说、授课、法庭辩论等以口头语言形式表现”的，“建筑作品”以“建筑物或者构筑物形式表现”。“《延时北京》案”典型地说明了司法领域对上述思路的贯彻，该案权利人周某亚以北京城市地标性建筑为背景拍摄照片，之后利用照片素材通过电脑软件制作，将静态的摄影照片制作成连续动态画面，该画面通过拍摄制作的方法固定在有形物质载体上，可以借助电脑等装置播放。一审与二审法院均认为，作者在视频素材的选取、主题内容的表达、连续画面的编排取舍上具有独创性，鉴于周某亚主张权利的作品是以动态连续画面的呈现来表现北京城市风光，案涉作品属于“以类似摄制电影的方法创作的作品”而非“摄影作品”。[②] 美国《版权法》同样以表现形式（form of expression）为依据将作品类型化为八种，例如，计算机程序包含用传统人类语言编写的计算机程序，以及用机器可读语言编写的程序，这两种类型的计算机程序都符合“文字作品”的表现形式，因为它“用文字、数字、其他语言、数字符号或标记来表达”[③]。由此可见，即使是对于计算机程序这样较为新兴的表达性内容，立法者仍遵循依据表现形式将其纳入既有作品类型的思路。

然而，对于像视听作品、戏剧作品和音乐作品等“复合客体”[④] 而言，根据表现形式划分不同作品类型的思路面临失效的窘境。若完全依据表现形式来划分作品类型，则剧本可以构成文字作品，电影中的背景音乐或歌曲等可能会构成音乐作品，电影作品中的题词等可以作为书法作品，歌舞类电影中的舞蹈作品广泛存在，动漫作品的静态布局和海报等可以构成美术作品。换言之，若完全以表现形式为依据划分作品类型，上述元素将不再被当作视听作品，这是因为，视听作品也有其独特的表现形式。有学者将视听作品的表达特征总结为“一系列有伴音或者无伴音的连续动态画面”，其中，“一系列”暗含“连续”的意思，“动态”一词也是画面呈现的特有方式，以此区别于播放幻灯片，“系列画面”本身就有动态的意思，因此“动态性”是视听作品的本质。[⑤] 2020年《著作权法》将视听作品著作权原始归属于“制作者”而非“作者”，若不将视听作品组成元素认定为视听作品，

---

① 由于在本文写作之际，虽然新《著作权法》于2020年11月修改通过，但配套《著作权法实施条例》尚未颁布。此处2013年《著作权法实施条例》，仍是对2010年《著作权法》中特定条文的解释，当然，《著作权法实施条例》的修正在总体上也不会动摇作品类型化的固有标准。

② 周某亚与央视国际网络有限公司侵害作品信息网络传播权纠纷案，一审判决参见北京互联网法院（2019）京0491民初28675号民事判决书，二审判决参见北京知识产权法院（2021）京73民终595号民事判决书。

③ See Section 102（a）of 17 U. S. C.

④ 此处的“复合客体”借鉴俄罗斯著作权法律理论上的称谓，参见孟祥娟：《俄罗斯著作权法》，法律出版社2014年版，第172－174页。同见美国版权法权威学者大卫·尼莫对“复合作品”（group work）的学理定义与具体分类，See David Nimmer, *Copyright Illuminated：Refocusing the Diffuse US Statute*, Kluwer Law International, 2008, p. 245－250。

⑤ 参见焦和平：《形式解释论下网络游戏动态画面的著作权保护路径》，载《现代法学》2021年第2期。

则制作者便不能原始享有这些元素的著作权，只能根据著作权转让合同的方式统一行使著作权，这不免增加视听作品利益实现的磋商成本。

基于减少权利行使冲突的考量，除了视听作品中剧本、音乐等可单独利用的作品外，尽管视听作品中的组成元素在表现形式上更接近于文字作品、音乐作品、摄影作品或美术作品，并不以“给人以动态映像的连续画面”形式表现出来，立法者仍更倾向于将这些元素作为视听作品而非其他作品类型进行侵权认定。例如，在“HDstar 论坛侵犯著作权”案中，该公司从事侵权行为就是把电影从境外或国内的网站上下载下来，再从互联网上找到电影对应的字幕，把字幕加到电影里，然后做成电影下载的种子发布到 HDstar 网站上供会员下载。虽然被控行为人上传的字幕以汉字、英文的形式表现，但鉴于脱离视听画面的字幕并无作为文字作品进行欣赏的价值，法院仍将字幕制作行为认定为侵犯视听作品著作权。[①] 这种源于公共政策需求的特殊作品类型化规则，使以表现形式划分作品类型的固有著作权法标准不再适用于视听作品的子元素的类型划分。

（二）将视听作品子元素归入不同作品类型存在明显的效果差异

既然以表现形式为依据的传统作品类型化标准不再生效，就需要重新确立视听作品中子元素应当被归入何种作品类型的标准以解决该问题。这并非为了满足纯粹学究式探讨，而是因为将字幕、单帧画面（single frame）、音乐等元素归入视听作品还是依其各自表现形式而定的其他作品类型中，会产生全然不同的法律效果。2020 年《著作权法》第 17 条第 3 款规定虽然因循旧法而规定“视听作品中的剧本、音乐等可以单独使用的作品的作者有权单独行使其著作权”，但此规定仅指出两项可单独利用的元素，并未包含组成视听作品的所有元素，诸如与利用单帧画面或字幕等行为有关的突出问题难以得到答案。有学者指出，作品类型在著作权法上并非孤立存在，特定作品种类往往与作品的保护密切相关，即不同作品的权利内容、保护期、权利限制是有区别的。[②] 申言之，对视听作品的子元素进行区分是确立后续权利行使规则与侵权认定标准的先决问题。

在权利行使规则上，视听作品与其他作品类型略有差异。作品的传播权可被区分为“现场传播权”和“远程传播权”（“向公众传播权”），其中前者仅针对向在传播发生地的公众进行传播的情形。[③] 不同作品类型的远程传播权并无太大区别，但在现场传播权上便受制于特定作品的有形呈现方式，如音乐作品上不能设置展览权，而建筑作品、美术作品

① 参见北京市海淀区人民法院刑事判决书，（2014）海刑初字第 526 号。

② 参见陈锦川：《适用新修订〈著作权法〉作品类型开放规定的几点建议》，载《中国版权》2020 年第 6 期。

③ 参见王迁：《著作权法中传播权的体系》，载《法学研究》2021 年第 2 期。

则无论如何也不能被表演。① 同理，一项视听作品的子元素是属于摄影作品、音乐作品、文字作品还是仍属于视听作品，其后续所对应的法定使用行为不尽相同。在现场传播权的范围内，视听作品之上只有法定的放映权，这意味着只有放映行为才构成侵权。② 如果误将电影中的动漫美术元素仍定性为视听作品，由于视听作品上没有法定的展览权，则展览该动漫形象的行为不会构成对视听作品的展览权侵权，否则就是对绝对权法定原则的违反。假设某玩家保存数十张游戏截图后进行公开展览，由于视听作品只能以被放映而不能被展览，将单帧画面认定为视听作品，则该玩家并不侵犯视听作品的展览权。只有将单帧画面确立为美术作品，此种行为才能受到展览权的控制。当然，实务中游戏著作权人可以请求复制权侵权，则另当别论。这一假想例能够说明，单帧画面作为视听作品可能会产生客体与权利不配套的逻辑漏洞。

视听作品的保护水平与其他作品类型同样略有差异。诚然，就简化权利归属的视角而言，视听作品是以一帧一帧的连续静止画面的形态存在的，如果将单帧画面认定为视听作品的实质性部分，能避免权利行使的冲突，并降低司法认定的成本。③ 我国有学者在评析“迪士尼公司诉米奇乐公司案”时即发现，“迪士尼”电影中的动漫人物形象应属于我国著作权法上“可单独利用的作品”，即美术作品，因此其保护期要长于将该动漫人物形象作为电影作品进行保护之时。④ 准此，如果误将某些可以单独利用的视听作品组成元素仍定义为视听作品，则可能造成因定性偏差而减损作品应有保护期的消极后果。

不同作品类型的保护水平不仅体现在保护期上，还体现于作品本身的一般价值。例如，音乐作品中的有独创性的歌词是作为文字作品还是音乐作品保护在我国法律上的差别并不大，但在美国则有所不同，这是因为，美国法为录制非戏剧音乐作品设置了强制许可，而对于文字作品则没有采此举措。⑤ 排除个别情形下高价摄影作品的市场价值会大于普通短视频，视听作品之上所蕴藏的经济价值远高于其他大多数作品类型。视听性内容的跨媒介传播效果被技术因素不断放大，在注意力经济时代相较于其他作品类型而言越发如此，一些资金与创作性投入并不大的短视频被侵权后的判决动辄就高达数万元乃至数十万元。在

---

① 《伯尔尼公约》（1971 年巴黎版本）就根据不同作品类型，细致地规定了与之相对应的“现场传播权”。See Article 11（1）of the Berne Convention for the Protection of Literary and Artistic Works. 我国现行《著作权法》（2020 年）则将作品类型化规则与著作权人享有的专有权利作分别规定，因此只能从学理上梳证何种作品与何种专有权利相对应。

② 对于视听作品放映权属于现场传播权抑或远程传播权的探讨，可进一步参见管育鹰：《商业场所提供视听作品观看行为的著作权争议——对新著作权法中视听作品几种传播方式的思考》，载《苏州大学学报（法学版）》2021 年第 4 期。

③ 参见王迁、杨馥宇：《视频截图的著作权法保护路径探讨》，载《中国出版》2023 年第 3 期。

④ 参见陈绍玲：《电影作品中“可以单独使用的作品”之研究》，载《河北法学》2011 年第 6 期。

⑤ 美国《版权法》第 115 条“制作与发行录音制品的强制许可”，原文是：“In the case of nondramatic musical works... to make and to distribute phonorecords of such works, are subject to compulsory licensing under the conditions specified by this section.”

北京互联网法院审理的“微播世界诉百度”案中，原告对短短十几秒的剪辑类短视频主张100万元的高额损害赔偿。[①] 前述某网站利用《亲爱的，热爱的》截图销售服饰营利的案件中，由于该截图被作为视听作品而被判决赔偿高达35000元，这一判决赔偿标准与摄影作品的通常判决赔偿数额相比显然较高。

更重要的是，子元素的类型确定关涉谁能成为著作权法上的诉权主体。我国2020年《著作权法》第17条第1款规定的“电影作品、电视剧作品”较该条第2款的“前款规定以外的视听作品”更为复杂，通常除了一系列连续画面和伴音之外还包含单帧画面、剧本、字幕、演员角色形象和作品名称等诸多内容。在权利配置上，2020年《著作权法》继续将视听作品的著作权原始归属于制作者而非创作者，这当然有利于实现作品的整体利益，但制作者统一行使著作权仍应以不侵夺作者利益为界限。[②] 视听作品子元素均由剧本、音乐、摄影等作品的创作者各自完成，若将这些元素统统归入视听作品这一整体，无异于默示创作者群体将权利让渡给制作者，有可能造成作者利益的进一步受损。在明确视听作品子元素在类型归入中的重要意义后，问题就转化为如何确立界分子元素是否能归入视听作品的标准。

二、根据是否具有独立利用价值对视听作品子元素进行界分

视听作品的核心成分是可以通过视觉与听觉为公众所感知的元素，但除此之外，作品名称、剧本、剧情设计等内容也是“电影、电视剧作品”中不可或缺的内容。讨论视听作品子元素的定性问题，须先对视听作品的各种组成元素进行提炼，再以著作权理论为分析工具，界定各元素的性质。在此基础上，就可以尝试概括确定视听作品子元素客体属性的一般标准，并根据著作权归属与行使上的具体法律效果进行反向检验。

（一）过滤我国法律中不能归为视听作品的组成元素

先行过滤明显不属于特定作品保护范围的内容，是著作权法上澄清受保护客体范围的常用方法。美国法院在一起软件侵权案中提出了“抽象—过滤—比较”三步骤判断方法，首先对计算机软件中所有元素进行“抽象”，继而从具体到抽象一一分解，然后“过滤”掉其中不可受版权保护的内容。[③] 该方法对于分析子元素众多的视听作品具有同样的启示意义。不能归入视听作品范围的组成元素可分为两类：一是不具有可版权性的内容，这些成分当然不能作为视听作品进行保护；二是尽管构成作品，但可以脱离视听作品单独行使著作权的内容。

---

① 参见北京互联网法院民事判决书，（2018）京0491民初1号。

② 参见陈虎：《论视听作品著作权归属制度——以新修〈著作权法〉第17条为中心》，载《苏州大学学报（哲学社会科学版）》2021年第3期。

③ See Computer Associates International v. Altai, Inc. , 982 F. 2d 693 (2d Cir. 1992) .

视听作品中的角色、标题、剧情设计等元素在具有经济价值的基础上能够成为一种法益，但其受保护问题应在著作权法体系之外加以解决。我国法律规范并没有明确电影名称的性质问题，但这并不妨碍从独创性标准的角度检验作品名称是否应享有著作权。《国家版权局办公室关于作品标题是否受著作权保护的答复》明确指出："作品的标题宜由反不正当竞争法保护，而不宜由著作权法保护。这样，不管标题是否具有独创性，只要被他人用于商业目的，都有可能寻求法律援助。"① 有学者主张借鉴德国法上的广义"标识权"制度，提出构建商业标识权以保护影视节目名称，以弥补著作权法与反不正当竞争法保护的现有不足。② 由此可见，尽管作品名称在观念上确属于电影这一艺术作品不可或缺的部分，但在规范意义上，与之相关的侵权纠纷并不必然要通过著作权法来进行调整，应首先对视听作品中与著作权保护无关的组成元素进行甄别与后续排除，更不必再为考虑作品标题究属视听作品还是文字作品而付出思考成本。

在能够受著作权保护的视听作品组成元素中，同样可以采用过滤法。虚构形象是影视作品的重要元素，发挥着承载剧情发展的叙事功能。大多数情况下，虚构形象能够产生商标法和反不正当竞争法框架下的权利，而在著作权法中的定位则并不明确。③ 虚构角色形象在视听作品中能够成为独立的作品，有学者认为，动画类视听作品中的美术角色形象借助于可视化手段能够获得充分的表达，容易清晰地被人所感知，因而在满足独创性的基础之上可以成为独立的美术作品。④ 在我国2020年《著作权法》修改前，法院在有关"电影作品"的司法实践中就已基本认可对动画类角色形象进行独立保护的观点。⑤ 此外，2020年《著作权法》第17条第3款规定"视听作品中的剧本、音乐等可以单独使用的作品的作者有权单独行使其著作权"，这保留了旧法的条文叙述，在前述虚构角色形象之外，剧本、音乐也是明列的独立作品类型。

《保护文学和艺术作品伯尔尼公约》（以下简称《伯尔尼公约》，1971年巴黎版本）第14条第2款明确规定，要将由文学或艺术作品派生而来的电影作品改编为其他任何艺术形

---

① 该答复发文字号为"权办〔1996〕59号"，属于现行有效的行政许可批复。参见《国家版权局办公室关于作品标题是否受著作权保护的答复》，载北大法宝网，http：//www. pkulaw. cn/fulltext_ form. aspx？Gid = 62c2a3a34d42a244bdfb&Search_ IsTitle = 0&Search_ Mode = accurate。

② 参见张丹丹：《影视节目名称的法律保护路径探析》，载《当代法学》2015年第1期。

③ 美国法上对虚构角色形象在版权体系内外协同保护的有关论述，参见［美］谢尔登·W. 哈尔彭等：《美国知识产权法原理》，宋慧献译，商务印书馆2013年版，第46页；李明德：《美国知识产权法》，法律出版社2014年版，第281页。

④ 参见戴哲：《论作品角色的著作权保护》，载《大连理工大学学报（社会科学版）》2021年第1期。

⑤ 将可视角色形象进行单独保护的案件，参见湖北省高级人民法院（2012）鄂民三终字第23号民事判决书，法院认为"迪迦奥特曼"影视角色形象构成一个独立于影视作品、"可单独使用"的作品。

式，除了要经过电影作品作者的许可之外，还要经过原作品作者的许可。① 该条款确立了电影作品作为特殊演绎作品的法律地位。在一起涉及电影改编的案件中，我国法院认为，尽管被告享有对《最后的贵族》电影作品的著作权，但该电影为原告小说《谪仙记》的演绎作品，被告将该电影再行改编成话剧并公开演出，未经《谪仙记》作者的改编权授权，侵犯了原告小说的改编权。② 剧本的创作与小说情形类似，严格意义上讲并不同步于电影创作，而是先于电影创作完成，其既可以被视为电影作品的组成部分，也可以被视为电影的先源作品，这完全取决于各国立法的差异。此外，剧本只能以复制、发行的方式提供给公众，并不能以放映的方式进行传播，属于文字作品而非视听作品。

电影、电视剧类视听作品以放映、发行、播放为主要使用方式，文字作品、美术作品的使用方式主要是复制、发行、改编。可单独使用作品的作者可以根据其作品类型对作品加以使用或进行著作权交易，但无权行使超出该作品使用方式的权利。③ 例如，某歌手为一部电影专门创作了片尾曲，电影著作权人当然有权利在放映电影时客观上传播该音乐作品，但一旦超出电影使用目的，未经该歌手的许可将此片尾曲录制为 MP3 格式向公众发行，便属于侵权行为。也就是说，视听作品著作权人对可独立行使著作权的音乐作品的权限局限于特定放映和整体发行目的，不延及音乐本身的录制与发行权能。职是之故，视听作品中“可以单独使用的作品”虽然是其组成元素，但不应被视为视听作品，否则将不当扩大视听作品制作者的权利，进而有损相关创作者的利益。

（二）缺乏独立价值的元素应作为视听作品受到保护

剧本在脱离后续改编成果的情况下，仍然能够作为独立的文字作品进行出版，远至汤显祖、莎士比亚戏剧，近及《茶馆》《屈原》等，剧本的单独发行以供受众欣赏已经有较久的传统。音乐同样如此，如黄霑为电影《笑傲江湖》演唱的主题曲《沧海一声笑》，时至今日仍是华语乐坛不可多得的经典，即使观众不到影院特意观看《笑傲江湖》，仍能从黄霑或其他歌手的表演中获得纯粹的听觉享受。从表现形式上讲，电影中的字幕与剧本类似，都以文字符号的形式呈现，而“音响（效果）”、“对白”和“音乐”共同构成“电影的声音”。④ 但是，字幕、音响、对白却并非《著作权法》明列的“可以单独使用的作品”，这就说明，表现形式上的共性并不能消弭同种表现形式子元素的差异性。

我国著作权立法的文字表述相对简洁，并未对字幕、音响和对白等元素的类型化问题

---

① 《伯尔尼公约》第 14 条第 1 款专门规定了“原作品作者的摄制电影权”，“文学艺术作品的作者享有下列专有权利：（1）授权将这类作品改编和复制成电影以及发行经过如此改编或复制的作品；（2）授权公开表演、演奏以及向公众有线传播经过如此改编或复制的作品。从中可以看出，电影作品完成后，其复制、发行等利用仍需要征得原作者的许可。

② 参见上海市第二中级人民法院民事判决书，（2014）沪二中民五初（知）第 83 号。

③ 参见张今：《著作权归属意义上“可单独使用的作品”之界定与权利行使研究》，载《法学杂志》2020 年第 6 期。

④ 戴锦华：《电影批评》，北京大学出版社 2015 年版，第 13－15 页。

给予详细阐述，而是留待司法者在实践中进行解决。美国国会在其1976年《版权法》中，就刻意将音响伴音纳入视听作品的范围，而非将其作为录音作品。① 考虑到法系的差异，美国法律上的录音作品较之我国法律上的音乐作品范围更大，包含了除音乐作品外的发言和其他声音，但无论如何，录音作品本质上都是指具有独立利用价值的听觉性内容。② 很难想象有人会通过单纯耳听音轨的方式来欣赏一部从未看过的影视作品。当然，出于保护弱势群体文化利益的考量，视觉障碍者可能会通过“无障碍电影”的方式完成作品欣赏，但《关于为盲人、视力障碍者或其他印刷品阅读障碍者获得已出版作品提供便利的马拉喀什条约》中的受益主体为“印刷品阅读障碍者”（the print disabled），视听作品并非印刷品，制作视听作品的无障碍格式版本实际上与该条约对著作权限制制度的原始设定有一定差异。③ 供盲人群体欣赏的“无障碍电影”也并非将音响原封不动地播放，而是要由专门人士将电影中的视觉连续画面转化为讲述稿后再进行朗诵。这也从侧面证明，脱离画面的音轨本身并不具有独立的利用价值。

同样，字幕虽然也以文字符号形式呈现，但其与小说、剧本的核心差异就在于不具有独立的利用价值，单纯的欣赏字幕并非常规的视听作品使用行为。针对2021年年底宣判的“人人字幕组著作权侵权案”，有观点认为：“字幕也可以（被）理解为是对剧中对话的文字性提示，属于剧本的部分内容。所以，所涉影视作品的剧本作者也可以基于其可独立行使的剧本著作权（具体而言是翻译权）来维权。”④ 该观点就属于典型的依表现形式确立作品类型的思路，在逻辑上似有不缜密之处。假设某一演员在电影拍摄过程中即兴创作与剧本底稿不同的台词，则字幕就必须与演员即兴表达的文字相一致。⑤ 这一反例即可说明，作为文字作品的剧本与字幕不具有一一对应性，字幕必须依附于视听作品的视听画面才有价值。

同样表现形式的视听作品子元素在法律上被区别对待，一方面说明视听作品内部的作品类型化规则并不以表现形式为标准，另一方面也充分说明了子元素可否独立利用成为一项重要考量标准。音响、字幕等子元素无法独立利用的另一层含义在于，这些元素是专门

---

① 参见李明德：《美国知识产权法》（第2版），法律出版社2014年版，第269页。

② See Robert P. Merges, Peter S. Menell & Mark A. Lemley, *Intellectual Property in the New Technological Age*, 5th edition, Wolters Kluwer Law & Business, Aspen Publishers, 2016, p. 32.

③ 我国于2013年签署的《关于为盲人、视力障碍者或其他印刷品阅读障碍者获得已出版作品提供便利的马拉喀什条约》（*Marrakesh Treaty to Facilitate Access to Published Works for Persons Who Are Blind, Visually Impaired or Otherwise Print Disabled*）第2条（一）规定：“‘作品’是指《保护文学和艺术作品伯尔尼公约》第二条第一款所指的文学和艺术作品，形式为文字、符号和（或）相关图示，不论是已出版的作品，还是以其他方式通过任何媒介公开提供的作品。”

④ 唐艳：《字幕组一案敲响版权保护警钟》，载《人民法院报》2021年12月12日，第2版。

⑤ 影视制作往往并非完全按照剧本，2014年3月，演员宋丹丹在接受采访时抛出“拍戏不是拍剧本”的观点，引起宋方金等编剧的反对，两人在大众媒体上进行论争，成为当时影视圈的热点话题。参见陈军、贾一真：《“两宋之争”再解读》，载《中国现代文学论丛》2015年第10期。

为视听作品而创作完成的，体现出视听作品作为特殊合作作品的特征。一般而言，不可分割的合作作品的利用需经合作作者一致许可，但“对影视剧的利用需经过全体合作作者的共同许可，这势必带来影视作品在利用方面的诸多纷争和极大不便”[①]。因此，无论从逻辑还是实务角度，都有必要区分视听作品中“可以单独使用的作品”和不具有单独使用价值的元素，前者不属于视听作品而制作者只能对之进行附带性使用，后者则应归属于视听作品制作者统一行使著作权。

（三）表现形式与可否单独使用标准均不适用于确定单帧画面的类型

表现形式标准与单独使用标准的分情况适用，能够实现对大多数子元素的定性。问题在于，判断有独创性的单帧画面属于摄影作品、美术作品（动漫类电影中的截图）还是视听作品的标准尚显模糊。若以表现形式为标准，则静态的单帧画面应属摄影作品或美术作品；如果以可否单独使用为标准，则单帧画面的单独使用不会起到给公众电影观感的效果，但能够产生一定经济价值，如在前述“《亲爱的，热爱的》截屏案”中，网店经营者就利用单帧截图进行广告宣传，这也属于广义的单独使用，但并非“电影性使用”意义上的单独使用。[②]

我国学界与司法界对单帧画面的属性分析以及定性偏差所可能带来的后果并未给予应有重视，究其根源是我国著作权立法缺乏历史启示使然。由于起步较晚，我国著作权立法可以直接参考《伯尔尼公约》等国际经验，从一开始就将电影作品当作单独的作品类型，因此没有经历戏剧作品或摄影作品的替代保护阶段，没有机会认真考虑电影作品背后的诸多争议性问题，尤其是内容与画面之间的关系问题。[③] 著作权立法缺乏渐进的过程，以致学界对诸多基础性问题缺乏应有的敏感亦可以理解，但在加入比较法的考察后，单帧画面的类型归入问题理应至少引起我国现行立法解释论上重视。英国1911年《版权法》原本将单帧画面作为摄影作品，但嗣后又将其从摄影作品中予以排除，规定不能构成摄影作品的照片作为电影作品，这使电影单帧画面无论是否具备独创性都能受到保护，这一立场在1988年英国《版权、外观设计与专利法》中得以强化。[④] 当然，考虑到我国法律与英国法律在独创性标准上的差异，单帧画面未必都能成为作品。

以“摄影（师）”为例，其若要成为视听作品的作者就必须满足付出创作性劳动的基本条件。考虑到摄影师拍摄的某些照片不满足构成“活动图片”的要求，德国《著作权法》就为摄影师设计了专门的邻接权：当制作者要对照片进行电影性使用时，该照片就法

① 王迁：《著作权法》，中国人民大学出版社2015年版，第245页。

② 意大利《著作权法》（1981年）第46条明确规定：“制片者行使经济使用权应以所制作的该作品的电影利用为其对象。如没有相反的约定，未经第44条所述作者同意，制片者不得将该作品改编或翻译后上映。”该条款明确了“电影性使用”的概念，准此，网店利用单帧画面的行为亦不涉及电影性使用的范围。

③ 参见崔国斌：《视听作品画面与内容的二分思路》，载《知识产权》2020年第5期。

④ Section 17 (4) of the Copyright, Designs and Patents Act 1988.

定转让给电影制作者；摄影师保留非电影性使用照片的邻接权。[①] 然而，考虑到我国著作权立法并未给予摄影师相关邻接权，则将“摄影”明确列为视听作品的作者之一，是否意味着降低了独创性标准，认为摄影师可以基于不满足独创性要求的照片而获得作者资格呢？这在2020年《著作权法》第17条以及邻接权相关条款中无法得出明确答案。若作否定性回答，则在我国邻接权制度对照片保护缺位的情况下，摄影师对其不满足独创性要求的照片不存在任何请求权。那么，视听作品中的单帧画面的单独利用，究竟是应从视听作品制作者处获得许可，还是从不享有邻接权的摄影师那里获得许可，在我国著作权法上无法得到可以逻辑自圆的答案。

概言之，单帧画面是否应属视听作品取决于标准的公共政策选择，但无论采用表现形式说还是依据单帧画面能否被独立利用的方案，都无法尽善尽美地解决问题。因此，结合实例从侵权行为的判断效果上进行考察更具可行性。

三、避免将视听作品与其单帧画面的侵权认定逻辑简单同一

在媒体融合的背景下，视听作品单帧画面的利用方式越发多样，从法律效果角度，主要包括作品性利用与非作品性利用等多种形式，本文所探讨的“《亲爱的，热爱的》截屏案”则属于非以再现作品欣赏价值的利用行为。尽管客体的定性是确立著作权诉权主体是制作者还是摄影作者的起点，但从规制侵权行为的效果差异角度考量，有利于反过来确定并检验客体的定性是否准确。

（一）利用单帧画面并不等于对视听作品进行法定使用

由于单帧画面在表现形式上与摄影作品、美术作品并无任何区别，郑成思教授在评介世界知识产权组织划定的“以摄影方式表现的其他作品”时指出，该类作品至少包括电影片中的单独镜头，任何一个镜头被单独取出都与摄影作品无异。[②] 根据德国学者的解读，对组成电影（活动图片）中的图片进行单独利用，在德国法上也不被作为电影作品的片段，而是被作为摄影作品或者图片进行保护。[③] 这是以表现形式作为标准来对视听作品中子元素进行划分，前文已对这种思路的可行性进行了论证。我国有学者也指出，如果认为视听作品的单帧影视画面属于摄影作品，那么创作该作品的作者就应当包含摄影人员，单帧画面将可能被视为电影作品中能够单独使用的作品，相关作者进而有权单独行使著作权，这难免导致权利归属以及权利行使的冲突。[④] 在实务上，“《亲爱的，热爱的》截屏案”的判决同样将电视剧截图作为视听作品对待，这与将单帧画面作为摄影作品的主张完全相反。

---

① 参见［德］M. 雷炳德：《著作权法》，张恩民译，法律出版社2005年版，第199页。

② 参见郑成思：《版权法》，中国人民大学出版社2009年版，第123、126页。

③ 参见［德］M. 雷炳德：《著作权法》，张恩民译，法律出版社2005年版，第153页。

④ 参见兰昊：《单帧影视画面的属性认定及裁判考量》，载《科技与法律》2020年第2期。

然而，无论采用何种标准来界定单帧画面的性质，都难免引发争议，而从单帧画面不同利用行为的角度则能够起到经验实证的效果。

将单帧画面上的著作权归属于制作者的最大立法动因即是便宜著作权的统一行使，但从作品的本质上讲，单帧画面是静态视觉内容的呈现，视听作品的本质则是给人以动态视觉映像。各国著作权立法几乎都认可视听作品的本质是“连续画面”，言下之意，不同帧的画面并不是孤立、静止或毫无关联的。① 在学界对视频游戏画面属性认定的探讨中，可以验证这一结论。有观点明确认为，视听作品的界定标准是一系列“活动的画面”，视频游戏的一系列连续的画面通过计算机而随机呈现，尽管不同玩家看到的画面可能千差万别，但这些画面都已提前设置，随着玩家的不同选择而分别展现，故而网络游戏的整体画面可归入视听作品。② 游戏画面以怎样的顺序呈现并非视听作品的核心准入标准，而整体画面的连续性才是其构成视听作品的理据。准此，游戏截图无论如何精美，都很难单独构成“连续画面”或“整体画面”从而构成视听作品。

《北京市高级人民法院侵害著作权案件审理指南》（2018 年）在“2.14 网络游戏”条目③中规定：“运行网络游戏产生的静态游戏画面符合美术作品要件的，受著作权法保护。运行网络游戏产生的连续动态游戏画面，符合以类似摄制电影的方法创作的作品构成要件的，受著作权法保护。网络游戏可以作为计算机软件受著作权法保护。”从法院对视频游戏的态度中可见，画面静止与运动对其作品类型界定具有根本影响。杭州铁路运输法院认为：影视剧截图可以符合摄影作品法定要件。电视剧作为一种以类似摄制电影的方法创作的作品，其独创性固然体现在动态图像上，但动态图像在本质上是由逐帧静态图像构成。这些静态图像可以体现出摄录者对构图、光线等创作要素的选择与安排，具有独创性，在理论上便符合著作权法及其实施条例关于作品和摄影作品的构成要件的规定。”④ 同样，在《亲爱的，热爱的》一类“电影、电视剧”作品中，没有理由仅因为画面由摄制完成，就采取不同的分类标准将静态截图与动态视听作品相混淆。

有学者发现，体育赛事 GIF 动图在形成的时间次序上处于整个体育赛事传播链条的最

---

① 稍有例外，1976 年《美国版权法》第 102 条所称的“视听作品”的范围远大于我国法律规定，包括电影作品和其他视听作品两类，且由于美国立法体例上不存在邻接权，视听作品的独创性要求难免相对较低。根据尼莫（Nimmer）教授的解读，构成电影作品要求图像、配音一起连续播放会产生一种动感（impart an impression of motion），而构成视听作品则没有这一要求，如幻灯片就属于视听作品而并非电影作品。See Nimmer, *Copyright*, Matthew Bender & Company, Inc., 2003. § 2.09.

② 参见卢纯昕：《法定作品类型外新型创作物的著作权认定研究》，载《政治与法律》2021 年第 5 期。

③ 需要说明的是，我国学界与司法界在研究视频游戏的问题时惯用“网络游戏”用语，这存在不严谨之处。网络游戏的特征在于互动性，其中包含纸牌游戏等不具有连续画面特征的类型，甚至一些语音网络游戏并不含有画面内容。相反，当《黑神话：悟空》等单机游戏以连续画面方式呈现时，不应该被排除于视听作品可及性的研究范围。国外学界常采“视频游戏”的概念，似较为妥当，关于视听作品与视频游戏的关系，可参见 Festinger, Jonathan B., *Video Game Law*, LexisNexis Canada Inc., 2005, p. 48 - 50。

④ 杭州铁路运输法院民事判决书，（2017）浙 8601 民初 2296 号。

终端，在呈现内容上则处于体育赛事节目与体育赛事摄影的中间地带。[①] 动图的呈现也只是短短的一瞬间，但与单帧画面相比，其终究是动态的，因此才有理由成为动态视听作品的最小单元。因此，对于单帧画面的利用属于静态意义上“使用”视听作品，但这是一种观念性的、事实上的使用行为，并非只能在动态意义上进行的电影性使用。单纯从这一逻辑上讲，不能将单帧画面等同于视听作品，至于其是否能如《北京市高级人民法院侵害著作权案件审理指南》的思路而构成摄影作品或美术作品则不能仓促下结论，仍需回归摄影作品与美术作品的标准与语境进行判断，后文将进一步分析。

（二）将单帧画面作为视听作品难以阻却合理使用抗辩的泛化

在分析能否通过摄影作品、美术作品对单帧画面进行保护前，从侵权判定角度审视上文的结论有助于在单帧画面不属于视听作品以及属于何种作品之间形成过渡，并能够强化厘清该问题的实践价值。在“《产科医生》著作权侵权案”中，某“豆瓣”用户未经电视剧制作者“花儿公司”许可，擅自将《产科医生》中的截图上传到网络空间，法院认为：影视作品截图作为从连续动态画面中截取出来的静态画面，不是与影视作品相独立的摄影作品。乐视花儿公司作为案涉电视剧的著作权人，有权对该作品的截图主张权利。网络用户实施的案涉信息网络传播行为虽然未经著作权人许可，但鉴于其并未与作品的正常利用相冲突，也没有不合理地损害著作权人的合法利益，乐视花儿公司也未举证证明案涉行为给其造成了经济损失。[②] 从该案的判决可以得窥，将单帧画面确立为视听作品的确有利于权利归属简明化，尤其是在单帧画面难以进行署名推定的背景下效果尤其明显，但是，这也造成行为人极易达成合理使用抗辩的要求。

目前，体育赛事截图的问题在媒体融合环境下极为突出，尽管体育赛事直播画面属于作品还是录像制品尚存争议，但合理使用制度可适用于邻接权之中，定性争议不会实质性影响合理使用规则的普遍适用。如果截图所借鉴的内容在原作品中所占比例极小，法院很有可能受到这一比例的影响而判定侵权不成立，当截图被认为构成影片的实质性部分，二次创作人仍可利用“适当引用”的例外进行抗辩。相较而言，如果所利用的截图本身即是作为一个整体存在的画作，任何对原作品整体的利用、改编和随后的网络传播行为都存在侵权的可能，既不属于“个人使用”，也不符合“适当引用”的要求。[③] 2020 年修正的《著作权法》第 24 条第 1 款的前两项并未对“个人使用”和“适当引用”条款进行太大修改，值得注意的是，现行法在合理使用的一般条款上增加规定“不得影响该作品的正常使用，也不得不合理地损害著作权人的合法权益”，这是我国著作权立法对最初出现于《伯

---

① 参见曹博：《体育赛事 GIF 动图的法律性质及保护路径》，载《北方法学》2019 年第 5 期。

② 北京市朝阳区人民法院民事判决书，（2017）京 0105 民初 10028 号。

③ 参见刘颖、何天翔：《著作权法修订中的“用户创造内容”问题——以中国内地与香港的比较为视角》，载《法学评论》2019 年第 1 期。

尔尼公约》，后来又被《与贸易有关的知识产权协议》和世界知识产权组织版权条约（WCT）所延续的“三步检验法”的明文转化。[①] 有学者针对性指出，使用行为一旦符合具体条款规定的适用条件，则不应再适用三步检验法，否则会导致合理使用的法定豁免范围受到进一步限缩，唯有在具体条款中包含“适当”“必要”“合理范围”“合理限度”等抽象用语的情况下，法官才有必要运用一般条款的相关规则进行填补式的合理使用判断。[②] 由此可见，在当前合理使用规则的解释论下，将单帧截图认定为视听作品难免造成合理使用抗辩的泛化后果。

作品类型的差异会对合理使用成立与否的判断产生重要影响，“不同作品的版权利用形式不同，合理使用与否的界限也不同，比如，仅复制一篇有版权的文章，可能被视为合理使用，按照其他人独创建筑物再造一座建筑物，就不能被视为合理使用”[③]。美国法上判断合理使用的四要素之一即是作品的性质，通常考量的就是作品中可版权性内容的多寡以及作品的类型。在英国法上，一幅画作或电影剪辑如果属于版权作品的一部分，就算权利人不允准，利用者也可通过附带使用（incidental inclusion）提出有效的抗辩。[④] 一秒钟的镜头一般由 24 帧画面组成，哪怕是一部短视频也能被拆解为上千张单帧画面。根据我国 2020 年《著作权法》第 24 条第 1 款第 2 项的规定，“为介绍、评论某一作品或者说明某一问题，在作品中适当引用他人已经发表的作品”构成合理使用，从措辞来看，即使是为评介之目的，引用作品亦必须满足“适当”的要求。若将单帧画面作为视听作品的组成部分，他人使用该画面的行为实际上就是对作品千分之一乃至万分之一内容的使用，显然能够满足构成合理使用量的规定性。若将单帧画面作为一项独立作品，则他人的使用便是对该独立作品的百分之百使用，这至少无法满足“适当”的限度要求。

在前述“《产科医生》著作权侵权案”[⑤] 中，法院率先将单帧画面认定为视听作品，则造成的后果便是只要是为评介目的则构成合理使用自不待言。“《亲爱的，热爱的》截屏案”的法律关系与之相比，其区别就在于使用目的不同，前案行为人是为了进行影视评论，而本案行为人则是为了销售产品。但无论如何，在使用作品的定量判断上，两案都将单帧画面认定为视听作品的做法，极易导致合理使用规则在抗辩中的泛化。

---

① 具体条文分别见《伯尔尼公约》第 9 条、《与贸易有关的知识产权协定》第 13 条、WCT 第 10 条。我国《著作权法实施条例》（2013 年修订）第 21 条便有相同表述：“依照著作权法有关规定，使用可以不经著作权人许可的已经发表的作品的，不得影响该作品的正常使用，也不得不合理地损害著作权人的合法利益。”

② 参见李杨：《著作权合理使用制度的体系构造与司法互动》，载《法学评论》2020 年第 4 期。

③ 黄薇、王雷鸣主编：《〈中华人民共和国著作权法〉导读与释义》，中国民主法制出版社 2021 年版，第 143 页。

④ Kevin Garnett, Gillian Davies, Gwilym Harbottle, *Copinger and Skone James on Copyright*, Sweet & Maxwell, Thomson Reuters, 2011 - 2013, p. 1711.

⑤ 参见北京市朝阳区人民法院民事判决书，（2017）京 0105 民初 10028 号。

（三）单帧画面归入摄影作品受独创性与创作意图的制约

不将单帧画面归为视听作品，也不能当然推定任何单帧画面都能够成为摄影作品的结论。[①] 这是因为，摄影作品的创作也有其内在价值基础与外在标准，并非所有以静止画面为表现的表达性内容都能成为作品。借助于摄影机，人们无须花费过去的精力，就能达到较工笔画更为精准地反映客观世界的效果。国外有学者提出：“就摄影作品而言，制作最后图片所要求的技巧可能只是控制快门或按动按钮这种简单的手动操作。另一方面，在诸如选择和安排主题、光线、角度等问题上可能涉及相当大的技巧成分。”[②] 独创性标准的选择本就是著作权理论上的难点，摄影作品借助机器设备完成的特征则增加了艺术性判断的难度。

基于著作权法秩序的统一性，首先应当规避的误区便是不能将不构成视听作品的录像或影像中的截图作为摄影作品。我国法院曾在一起案件中指出：“被上诉人结合自身的临床经验，从自己实施的手术录像中截取了临床应用医用膜的关键画面，在上述过程中，被上诉人确实为此付诸了一定程度的智力性劳动，该智力劳动所体现的独创性达到了著作权法要求的最低限度，由此应获得著作权法的保护。”[③] 王迁教授曾否定体育赛事录像的独创性：“由于在对体育赛事进行直播时，摄像机的设置需要遵循一定的规范，且导播对画面的选择需要满足观众的稳定预期，因此独创性程度有限。”[④] 这一观点无疑站在著作权法保护客体应具有较高程度创作性的立场上，反对我国法律倾向于版权法系而采用极低独创性标准的做法。[⑤] 相对于赛事录像，医疗录像有着更为严格的视角要求，“举重以明轻”，其充其量也只能构成邻接权保护客体。因此，上述判决实际上得出了单帧画面是摄影作品，但单帧画面的组合却无法满足视听作品独创性要求的结论。有学者针对该问题指出，摄影与摄像具有相似性，在判定独创性时也应该协调一致，不能出现将自动录像截取图片认定为摄影作品的自相矛盾的现象。[⑥]

追根溯源，形成上述裁判逻辑的原因一方面是早期司法缺乏对连续影像与静态画面关

---

① 在动漫电影、视频游戏等视听作品中，单帧画面有可能构成美术作品，文章为表述之便，仅就摄影作品进行分析。

② ［澳］山姆·里基森、［美］简·金斯伯格：《国际版权与邻接权——伯尔尼公约及公约以外的新发展》（第2版），郭寿康等译，中国人民大学出版社2016年版，第382页。

③ 上海市高级人民法院民事判决书，（2006）沪高民三（知）终字第35号。

④ 王迁：《论体育赛事现场直播画面的著作权保护——兼评“凤凰网赛事转播案”》，载《法律科学（西北政法大学学报）》2016年第1期。

⑤ 美国法将电影作品（motion pictures）包含在视听作品（audiovisual works）这一更大的范畴之内，极大地拓宽了保护范围。其中，对motion pictures的独创性要求极低，法院认为“镜头角度，拍摄类型，即时回放和分屏的使用”等元素足以使录像形成独创性。See TrophyProds. , Inc. , v. Telebrity, Inc. , 185 U. S. P. Q . 830, N. Y. Sup. Ct. 1975.

⑥ 参见孙昊亮：《全媒体时代摄影作品的著作权保护》，载《法律科学（西北政法大学学报）》2021年第3期。

系的思考，另一方面则是由于摄影作品的独创性要求被极端降低。视听作品具有独创性并不意味着其中的单帧画面就具有独创性。视听作品的独创性很大程度上源于剪辑，例如，剪辑类短视频的素材几乎完全取自他人，但剪辑者仍能通过素材选取和排列上的独特性以形成演绎作品。但摄影作品的形成却完全不涉及剪辑，摄影者只能从光线、角度和瞬间即逝的时机选择上寻觅创作灵感。对于视听作品的单帧画面，仍需要从静态意义上衡量其独创性，而不是立足于纯粹的经济价值，否则极易导致我国狭义著作权保护范围的异化。

退一步讲，在表现形式上看似具有独创性的画面也未必能成为摄影作品。“猕猴自拍照”不具有作品资格即反映了作品构成的内在要求。① 尼莫教授在评析“死海卷宗案”时则强调了创作意图（creative intent）的重要性，认为版权保护只针对那些反映出创作个人或主观作品意图的成果。相反，缺乏主观因素的成果，无论是表现出来的还是事实存在的具备作品外观的内容，都不具备版权法意义上的作品资格。② 制作视听作品的初始目标是形成动态影像，若认为这种单纯截取视听作品中静态画面的行为就是创作了视听作品，则事实上将视听作品的创作意图与摄影作品完全等同，忽略了创作过程的意义。③ 事实上，摄影作品亦能够反映作者独特的思想，是对大千世界中的素材进行直接的静态艺术处理，例如，摄影者在灰色的色调下抓拍足球运动员输球后的沮丧瞬间，就刻意表现出一种失望的格调。对于足球赛事的录制视频，并非每一帧都能体现这种创作思想，只有其中有相同思想意图的截取画面才达到与摄影作品同样的叙事功能。

即使视听作品中的单帧画面可以被归为摄影作品，也要立足于该截图本身，以独创性与创作意图理论共同检验该画面是否满足摄影作品的构成要求。当然，在署名推定规则不奏效的情况下，将能够构成摄影作品的截图著作权归属于制作者有利于权属明确，但不得以视听作品的市场价值标准寻求高额损害赔偿。

四、结论

由于我国著作权立法缺乏本土的渐进经验，视听作品的保护没有经历作为摄影作品、戏剧作品替代保护的应然阶段，这使单帧画面的类型归入及其意义被学界与实务界长期忽略。国内外立法通常以外在表现形式为标准来划分作品所属的类别，但这在视听作品、音乐作品、戏剧作品以及多媒体作品等复合客体子元素的类型化中难以适用。从现实角度出

① See Naruto v. David John Slater, 2016 U. S. Dist . 我国有学者也指出，动物“创作成果”虽然符合构成作品的形式要件，却不符合作品的实质要件，故而不是著作权法意义上的作品。参见张玲、王果：《动物“创作成果”的民事法律关系三要素分析》，载《知识产权》2015 年第 2 期。

② See David Nimmer, *Copyright in the Dead Sea Scrolls*: *Authorship and Originality*, 38 Houston Law Review, 159（2001）.

③ 如在德国的著作权立法中，只有较高独创性的照片才能获得作品保护，未达到独创性要求的照片则有可能获得邻接权。但是，即使独创较低的照片所反映的对象，如果以能够以假乱真的工笔画呈现出来，则一般难以否定其独创性。这就说明，呈现过程实际上早已进入独创性的判断当中。

发，宜根据视听作品组成元素是否具有独立价值，将视听作品中的诸多组成元素进行分类。准此，包括角色形象在内，“视听作品中的剧本、音乐等可以单独使用的作品”可依其各自表现形式而构成其他作品，以便与特定现场传播权相配套。由于字幕、音轨和对白完全不具备脱离视听画面的欣赏价值，尽管其表现形式类似于文字作品或音乐作品，仍应作为视听作品而由制作者统一行使相关著作权。相对于上述元素，单帧画面属于何种作品类型的判断更加复杂，我国理论界与实务界对该问题尚莫衷一是，这是对视听作品子元素类型化标准缺乏思考所导致。无论是根据视听作品的表现形式还是是否具有可独立利用价值为唯一判断标准，都不能得出令人信服的结论。

将单帧截图画面的著作权归属于视听作品制作者，有利于在客观上难以适用署名推定规则的情形下简化权利的归属与行使。但从理论上讲，静态截图无法给人以与视听作品同样的动态体验，对之进行利用根本不涉及为放映目的之“电影性使用”，静态截图的可展览属性亦无法与视听作品的现场传播权相对应。如果将影视剧截图认定为视听作品，则使用截图的行为极可能因同时满足“转换性使用”和“少量引用”而豁免于侵权。依此逻辑，无论何种利用截图的行为，只要不是完全为了再现作品的欣赏价值，则几乎等同于不侵犯著作权，这就体现了将截图作为视听作品的法律效果。在此基础上，单帧截图的可版权性判定则需适用摄影作品有关规则，尤其要避免采用倾向于版权法系的过低独创性标准。构成我国法律上的摄影作品，单帧截图需要在光线、角度和素材选择上体现独创性，并最好能够传达一定的思想情感。如电影《卧虎藏龙》中男主角李慕白牵着马在湖边小径出场的截图，昏黄的色调与古镇石板街相互辉映，传达出“江湖侠骨恐无多”的意蕴，无疑可以作为摄影作品而产生美学价值与经济价值。因此，即便法院将单帧画面视为摄影作品，也不能放弃作品构成判断的基本要求。

经典译作

法律哲学是什么？

马修·H. 克莱默* 著 谢小瑶** 译

摘 要： 本文阐述了法律哲学家争论的一些主要问题。虽然法律哲学与哲学其他领域之间存在诸多联系，但当下主流法律哲学研究的许多关注点有其独特的面向。为了进一步说明，本文通过实例聚焦分析法律与道德分离、法治本质、权利本质、施与惩罚的理由以及确定基本法律权利背后所蕴含的抽象原理。

关键词： 法实证主义 法律哲学 法律权利 惩罚 法治 道德

目 次

尽管我任教于剑桥大学法律系，不过，我所获得的大部分学位和所有的教学和研究都集中在哲学领域。我的两个专长研究领域——道德哲学（moral philosophy）和政治哲学（political philosophy），在剑桥大学哲学系的课程和研究中都很好地覆盖到了；我的第三个专业领域——法律哲学，在很大程度上则置于法律系中。[据我所知，近年来，罗斯·哈瑞森（Ross Harrison）是剑桥大学哲学系唯一一位从事法律哲学相关议题研究的教授。] 在此方面，剑桥大学与其他大多数英国和美国大学相似。当然，也存在少数例外的情形，如英国的斯特林大学（University of Stirling）、美国教堂山的北卡罗来纳大学（University of North Carolina）、加拿大麦克马斯特大学（McMaster University in Canada），然在讲英语的世界里，大多数大学都将法律哲学这个学科放在法律系里。

---

* 剑桥大学丘吉尔学院院士，法哲学与政治哲学教授；当代分析实证法学领军人物之一。

** 宁波大学法学院教授、硕士研究生导师，法学博士，剑桥大学访问学者。

颇为有意思的是，法律与哲学在许多方面具有相似之处。像哲学一样，作为一门学术性学科的法律，具有高度的自我反思性，且密切关注自身的历史。此外，它还强调严格的论证和精细区分的论述。而且，在法律的许多领域中，都会自觉不自觉地产生哲学议题。比如，证据法就会涉及认识论遭遇的许多难题，在这一法律领域中所得出的许多差异与认识论文献中的区别则是并轨的。①［如此，也就不奇怪，一些著名的认识论学者比如拉瑞·劳登（Larry Laudan）和苏珊·哈克（Susan Haack）撰写的重要作品是关于证据法的一些命题。］同样，许多法律哲学家会通过不同角度加以分析和论证侵权法与刑法中至为重要的因果关系问题，而这些对一些形而上学者论述因果关系产生了重要影响。②

正因法律与哲学之间如此亲密的关系，法律哲学（legal philosophy）在法律系中地位就颇为敏感。尽管英国与美国许多大学的法律系都开设法理学（jurisprudence）课程，并将其作为理所当然的必修课，然对法学家而言，法律哲学的推理方法及一些实质性议题是相当陌生的。即便在牛津大学和英国的其他大学，法理学——覆盖法律哲学以及一些政治哲学领域——仍是每一位法律本科生的一门必修课程。

不过，法律哲学作为哲学的一个分支这一点是确切无疑的。它同政治哲学与道德哲学在一些实质性议题上存在重合——并且从一个更加宽的角度上看，它亦涵盖到哲学中许多领域——但与它们不同的是，法律哲学表达出许多突出的议题和关切。概括地说，这个领域主要分为两个面向：概念或理论—解释面向与规范性或规定性面向。虽然它们在相当多内容上存在交叠，但为使人们更有启发性地认知法律哲学，将其有效地分开进行论述是相当有意义的。

一、理论—解释探求

当法律哲学家从事一个概念或理论探求时，他们所要做的就是阐释涉及法律制度运作中某些重要的本质或属性问题。在这当中，或许，最为熟悉的探求路线是关于法律性质本身。法律实证主义者（包括我在内）一直以来都是坚持法律与道德相分离的主张。持该主张者认为，尽管法律与道德领域间在某些方面存在某些典型性且具有情境化的联系，可这种关联并非必然的。与法律实证主义者主张不同的是，一些自然法哲学家（包括不同类型研究进路）则认为法律与道德在一些重要方面存在必然性勾连。两者间的论辩已绵延几个世纪，此在法律哲学中赫然可见。究其原因，很大部分与他们争论的不同面向有关。（事实上，关于法律与道德之间关系的任何主张的确切要旨，都赖于道德领域相关对比项：道德

① 诚然，也有一些显著的差异——由于实践的压力和其他独特的考量而形塑了法律理论。

② 这种影响的一个特别突出表现是约翰·麦基（John Mackie）在他的著作《一般性基础》（“The Cement of the Universe”）（第五章）中对 H. A. 哈特和托尼·霍诺雷（Tony Honoré）的法律因果关系理论进行了很大篇幅的讨论。参见 John Mackie，*The Cement of the Universe*：*A Study of Causation*，Oxford：Oxford University Press，1974。

性与非道德性、道德性与审慎性、道德性与非规范性事实。①）

与关于法律与道德关系争论密切相关的是关于法治的讨论。在此方面，美国法律理论家朗·富勒（Lon Fuller）对法治的阐述可谓经典。② 在他看来，一个法律制度的特征在于它包含了特有的必要和共通的充分条件。更确切地说，他主张，一项治理制度要成为一个法律制度，当且仅当：（1）通过一般性规范来运作；（2）规范必须对公众公布实施，同时，权威机构可以借由这些规范来评判人们的行为；（3）规范必须具有预期性，而非溯及既往；（4）权威性规则是公开的、可理解的（至少对于法学专家而言），而不是秘密的、晦涩的；（5）规则之间在逻辑上是一致的，不存在矛盾，且规则设定的义务是能为人们履行的；（6）规则所要求的行为模式，不能明显超出人们具有的行动能力；（7）规则的内容要在一段时间内保持稳定性以让大家熟悉之，其变化不应彻底且频繁；（8）规则制定者通常是根据规定的内容来实施的，这样，他们所制定的规范（书本上的法律）与他们所采取的实施方式（实践中的法律）才是一致的。虽然富勒相信合法性的八项原则构成了“法的内在道德”，不过，这些内容更多是形式性的、程序性的，而非是伦理的。事实上，作为政治道德观念的法治存在的管理性（administrative）面向更值得关注，其具有的（政治）道德戒律构成了富勒的合法性原则的实质性价值，③ 如此一来，就有必要对富勒的理论进行重述。当然，当这些原则被重新阐述时，它们的作用就不再只是理论—解释意义上的了。不过，相比于起初任何法律制度或准法律制度存在的充分必要条件的片面论证，这样的论述更具说服力，也正是在此意义上，它可视为是法治本质的一种哲学解释。

实践中，法律哲学中还有大量的概念或理论—解释探求是关于法律制度运作中重要的本质和属性问题：权利、自由、权力、权威、义务等。考虑文章的篇幅，在此，我仅列举相关争议中的一个加以阐述。

在涉及法律权利性质分析中，两个阵营的观点是颇为有趣的：利益理论与意志理论。④主张导权利的利益理论者（包括笔者在内）经常支持下面两个命题：

---

① See Matthew H. Kramer, *In Defense of Legal Positivism*, Oxford: Oxford University Press, 1999, chap. 1; Matthew H. Kramer, *Where Law and Morality Meet*, Oxford: Oxford University Press, 2004, chap. 7

② See Lon Fuller, *The Morality of Law*, Revised edition, New Haven: Yale University Press, 1969, chap. 2.

③ See Matthew H. Kramer, *Objectivity and the Rule of Law*, Cambridge: Cambridge University Press, 2007, p. 142 - 86. 在克莱默看来，富勒对“法律内在道德”论述是法理学意义层面的，是一种“小写法治”（the rule of law）。实际上，“法律的内在道德”也具有政治道德性面向，呈现出的是一种“大写法治”（the rule of law）。两者之间的关系是，前者是后者的依据，后者是前者的必要条件；在某种意义上，这个面向如同一只手的“两面”一般，对于“法律内在道德”而言，缺一不可。——译者注

④ See Matthew H. Kramer, *Rights Without Trimmings*, In Matthew H. Kramer, N. E. Simmonds, and Hillel Steiner, A Debate over Rights, 7 - 111. Oxford: Oxford University Press, 1998, Matthew H. Kramer, *Getting Rights Right*, *In Rights*, *Wrongs*, *and Responsibilities*, edited by Matthew H. Kramer, 28 - 95. Basingstoke: Palgrave Macmillan, 2001; Matthew H. Kramer, *Rights in Legal and Political Philosophy*, in The Oxford Handbook of Law and Politics, edited by Keith Whittington, Daniel Kelemen, and Gregory Caldeira, 414 - 27, Oxford: Oxford University Press, 2008; Matthew H. Kramer, *Refining the Interest Theory of Rights*, American Journal of Jurisprudence, 2010, 55: 31 - 39.

（Ⅰ）X 主张一项法律权利的必要非充分条件是，存在相关于该权利的（某一或某些）义务，在事实也是规范上概括性地保护 X 所处情境的某一方面典型体现为个体、集体或非人类的动物利益。

（Ⅱ）X 持有某一特定法律权利的非充分非必要条件是，X 有能力及被授权是去要求或放弃实施相关于权利的义务。

权利的意志理论者则主张下列命题：

（W）X 拥有某一特定法律权利的充分和必要条件是 X 有能力且被授权去要求和放弃相关于权利的义务履行。

相较于意志理论的公式命题，在利益理论公式命题表述中，X 变量的范围更为广泛。虽然前者所涉的变量幅度，特别是关于成人理性能力的要求是相当合理的，不过，一旦超出成人的范畴，便遭遇解释的难题；后者则避免了这样的窘境，它所辐射的范围不仅涵盖了所有实存的人（human beings）［包括死去和将来的人］，还容纳了所有群体以及其他非人类的动物。

当然，在一点上，权利利益理论与意志理论的见解是相同的。那就是，每种理论都承认这样一个纯粹的事实：倾向利于 X 并非 X 主张一项权利的充分条件。而且，必须存在某种法律——法规、司法判决、宪法动议、行政规制、复合的道德原则、合同或其他一些具有权威性的法律规范——将特定权利赋予 X。

然而，在其他方面，这两种权利理论的冲突则是直接性。利益理论主张，X 并不认为任何法律权利都要有特定内容，除非相关于权利的法律义务将典型性地利于某人如 X，而意志理论则拒绝这样的论断即主张一项权利无须有必要条件。同时，意志理论强调，当 X 主张一项相关于义务的法律权利，其独有的必要条件和共通的充分条件是 X 具备相应的能力与获得授权去放弃/实施某种法律义务；对于利益理论而言，X 的能力和被授权要求，于 X 主张一项权利而言，既非是充分亦非是必要条件。透过这些分歧，其背后所潜藏的线索可约略地呈现出以下两个方面：第一，利益理论认为，法律权利的本质在于它倾向捍卫权利持有者（作为实存的人）的某一方面；意志理论则主张，法律权利的本质在于赋予权利持有者作出重要选择的更多可能。第二，在利益理论者眼中，持有一项法律权利的最重要考虑因素是安全；在意志理论者眼中，控制则是法律权利持有者的主要考量因素。

尽管利益理论与意志理论之间存在诸多的内在紧张关系，甚至两者经常处于对极，但也要看到，这两种互为竞争的对于更大范围情形的分析具有外在的等价性。尤其是当它们分别应用于某种现象的分析，如最低工资法、儿童权利与刑法中当事人的权利，较之每个人同意的情形，意志理论受到更多的关注。（哲学家们极力促使达成共识，但发现要达此目标，则是相当困难的。）

由于关涉法治性质的法理争辩与法治性质的政治道德论辩具有并轨性，故而，有关法律权利性质在法律哲学中的讨论也会如同它在政治道德的争辩中那样呈现出来。需要特别提到的是，许多不同学说虽被冠以“利益理论”加以阐述，但实则与前文所述之利益理论并非一回事。理由是他们将道德权利和法律权利等同进行分析。在此方面，具有代表性的当属约瑟夫·拉兹（Joseph Raz）。[①] 一如大家所知，拉兹经常将前沿政治哲学的某一立场归类于权利的利益理论当中。拉兹所阐述的利益理论与前文所述之利益理论之间毫无疑问存在很大的鸿沟，且后者是一种占主导地位的理论—解释的法理立场。并且就其目标而言，它构成了法律权利性质的一般性表达。尤其是，我对利益理论的阐述旨在更为清晰地揭示法律义务所立足的方向性基础。换言之，利益理论重新考量了旨在确定法律义务的负担情形，即如果某人是负有法定义务的，那么他或她就是与拥有权利相对应的承担义务的人。因此，在更笼统层面上，利益理论提供了一种让我们更好地识别法律权利持有人的有效路径。

二、道德探求

接着，让我们来分析法律哲学家倾力关注的规范性或规定性问题。这些问题，就内容而言，属于政治哲学领域，不过，由于哲学家们的讨论主要涉及法律制度，所以这些问题他们也经常进行论述。从论证的聚焦点看，他们的关注主要包括以下几个方面：在多大程度以及何种方式上，人们的行为才可能受到法律规制？在决定我们是否以某种特定方式享有基本权利时，谁——立法机构或法院或行政官员——是最终决定者？服从法律要求必定辅之以道德义务吗？实行惩罚的一般性且恰切依据是什么？为获取实质正义，审判人员和行政人员在何时可以合法偏离程序公正的要求？一个合法—政府（legal - government）制度在何时具有实质公正的？虽然这些问题可通过探求专门司法权的方式加以解释，但哲学家则是从更加抽象的层面进行诠释。（尽管哲学家们最终认为，对于司法权而言，这些问题的其中几个答案在合法性的不同程度上存在一定差异。）

关涉惩罚的讨论可较好地展示哲学家们对规范性问题自身复杂性的思考。一些哲学家主张，惩罚在道德上是合理的，只要它使未来的犯罪活动比任何不那么严厉的制裁更有效。[于这些哲学家而言，对特定类型的犯罪实施严苛的惩罚刑种需要进行权衡，即（1）采取严厉惩罚带来的降低犯罪效果所增加的益处，与（2）由此引发直接的痛苦和弥漫的恐惧而导致效益减少。] 一些学者则主张，实施惩罚只要在道德上得到证成，或者有利于维护受害者的权利和尊严，那么，它就是正当的。另外一些学者坚持，实施惩罚之所以在道德上能得到证成在于它表达出一个共同体对不同错误行为模式的强烈厌恶。（这些哲学家赞扬惩罚的这种谴责作用，一方面是因为这会使人们不愿意从事犯罪活动，另一方面是因为它也

① Joseph Raz, *The Morality of Freedom*, Oxford: Oxford University Press, 1986, p. 165 - 92.

缓解了人们报复罪犯的本能性冲动。）还有一些学者声称，惩罚在道德上是公正的是因为它是使作恶者丧失行为能力的一种手段；另一些人则宣称惩罚应该被改造措施的制度所取代。

我无意在接下来的篇幅中仍对哲学家们所持刑罚的立场问题赘述——因为各种立场可以多种方式多元地结合在一起——但是，它传达了一个多面性的规范性议题，这是许多法律哲学家之间争论的焦点。在一定意义上，人们在处理这些议题上冀图取得突破，就必然引起广泛的争辩。让我们再考虑一个政治道德问题，这类争论也围绕着这个问题展开。

尽管法律权利的一些规范性问题可归结为实质性面向加以阐明，而其他一些问题则被归为程序性层面进行考量。在涉及法律权利的许多程序性问题中，最为突出同时也是最有争议的或许就是决定问题，即在认定人们基本法律资格时谁最终拥有决定性的话语权。[①]关于这一问题的争论往往集中在公民自由和公民权利上，而这些权利在相当多的国家宪法中受到所谓的权利法案的保护或赋予。哲学家们在论述此议题时并非解释人们应当拥有基本法律权利与否，而是在寻找解决这些权利内容立基的场景（locate the forum）。

宽泛地讲，哲学家们在这场论辩中的主要聚焦点是：非民选官员（特别是法官）与经由民众授权的民选官员（典型如立法者）有权对基本法律权利、自由、权力和豁免的内容作出的判断，哪一方更具竞争优势。当然，如此粗略地描述这些争议显然具有误导性，然而，它揭示出其间立场处于截然对立的两分结构。事实上，不论是理论层面还是实践制度层面，都或多或少采用了这些立场、观点。

在这当中，一方面，在很大程度上与美国法律制度相关，按此逻辑，法院有权以隐含在宪法中的政治道德为由，作出程序上正确的立法法案之无效判决。这样的判决除非被法院自身给予撤销，以及被宪法修正案推翻，否则，法院的判决就必须得到尊重和服从。另一方面，主要与维系至今的英国法律制度相关，其中，法院无权质疑程序上正确的立法法案的法律效力。在这两个立场之间存在诸多替代性选择，其中颇具典型的国家如加拿大和新西兰。[②] 比如，法院虽然未被授权去拒绝被他们视为违宪的任何生效的法案，但有权对立法法案的合宪性和违宪性问题进行判定。与之相似，法院有权要求立法机关重新考虑是否符合宪法的法案；除非立法机关在一定的时间范围内重申其对被质疑的成文法案的支持，否则法院可将该法案视为没有法律效力。还有一种可能是，法院有权以违宪为由宣布法案无效，但仅能在有限期间内且针对个案。如果此项无效的法案在规定期限内未被有关立法机关废除，则法院随后就有义务让它继续生效。这些和许多其他可能的制度安排都是介于美国和英国之间的。关于司法审查和立法至上的辩论的参与者有时忽略了备选方案的多样

---

① Matthew H. Kramer, *Rights in Legal and Political Philosophy*, in The Oxford Handbook of Law and Politics, edited by Keith Whittington, Daniel Kelemen, and Gregory Caldeira, 414 –27, Oxford: Oxford University Press, 2008.

② Waluchow W. J. , *A Common Law Theory of Judicial Review*, Cambridge: Cambridge University Press, 2007, p. 129 –130.

性，不过，任何试图评估这些辩论贡献的人都应牢牢记住中间状态存在的意义。

这些理论家之间的交互在某些方面是经验性或具有经验取向的，而其他方面则集中在复杂的规范和哲学问题。对倡导司法审查的学者而言，欲使在恰切的场景阐明和保护公众基本法律权利有真正的意义，主要取决于司法机构准确感知和警觉性落实这些权利的可靠性。换句话说，虽然司法审查的倡导者不会完全忽视非工具性的关注，但他们中的大多数人都集中在法院的工具性角色上。相反，司法审查的批评者则把注意力集中在让人们自己决定颇具争议问题的这一内在重要性上（通过民选代表）。当然，这样的批评者并不完全无视经验性的结果和工具性的考虑，但他们更重视民主自我实现的价值。在他们眼中，关键的问题并不是谁会作出最明智的决定，而是如何分配决策权，以重新实现人类的基本平等——包括普通公民与司法官员的基本平等。鉴于人们对每个人拥有基本法律权利彼此不一的情形，唯一平等的解决办法在于采用适当的民主程序，使每个人都能有发言权。

司法审查的支持者虽然接受关于该论题严重分歧的主要预设，但拒绝接受由此得出的结论。不唯如此，这种分歧还被扩大至解决分歧的方式中。当然，司法审查实践是一种具有很大争议的处理问题的办法，但放弃这种做法，争议依旧存在；事实上，在一些国家，放弃这种实践比司法审查本身更具争议。因此，当司法审查的反对者指出司法审查存在的广泛分歧，并坚持应在立法上解决人与人之间的分歧时，他们没有注意到他们立场的严格性本身是相当脆弱的。诉诸立法场域并不能构成某一中立的根基，以此让不同的争议者可在此基础上进行角逐；相反，这类探索的可取性可能就是进行角逐的主要事情之一。

三、简要的结论

在这篇简短的论文中，我仅提到了法律哲学家们所追求的众多争议中的少数几个。并且即使是文章中提到的少数争议，也是以一种极其粗略的方式叙述的，而掩盖了它们大部分存在的复杂性。尽管如此，这已足够勾勒出法律哲学家们所处理问题在一定程度上隐含着的盘根错节景象。

然而，本文所强调的理论—解释问题方法旨在说明法理学中一些重要现象需要具备的必要条件和充分条件情形（如法治或法律权利），在政治道德问题中强调道德探求方法是确定统御这些问题的相关道德原则。在这两种方法中，特别是第一种，本身就颇富争议性；这恰又是法哲学争论的对象。哲学家们彼此间的争论不仅涉及关于各种问题的答案，而且还涉及解决这些问题的技术。如同其他哲学家们一样，法理学者也对方法论以及实质性问题进行了激烈的辩论。正因如此，法律哲学家们既需哲学家的训练，也需法律家的训练，唯其如此，存系他们当中的大量的且持续性的分歧才能被充分地预测到。

法治讲坛

寻找适当法

——国际私法的终极关怀*

吕岩峰**

目　次

我今天要讲的题目叫作"寻找适当法——国际私法的终极关怀"。这是我多年思考国际私法问题得出的一个认识，也可以说是成果。这个题目的缘起可以追溯到20多年前。早在1999年，我就把它概括为"寻找适当法——国际私法的终极关怀"，一直想就此写一篇文章，但却至今没有落笔，因为总是有一些想法萦绕在心头，挥之不去，同时又觉得这样一个论题不能轻易地去开解，唯恐糟蹋了这个题目。

一、"寻找适当法"议题的溯源

回想起来，这个命题的来源可以追溯到我在1992年发表的一篇文章，叫作《英国"适

---

* 本文根据笔者于2020年10月29日在中国政法大学名家论坛的线上演讲录音整理而成。1999年，笔者曾应邀拟以这个题目赴宁波大学法学院讲座，但因故未能成行，直至20年后的2019年才兑现承诺。2013年，笔者曾以这个题目在甘肃政法学院做过讲座。正是经过这样一个漫长的过程，笔者从"适当法"研究到"适当论"乃至"适当一和谐论"的建构，终于在国际私法园地有所收获。以演讲稿的形式呈现旨在客观地展示笔者的原初理念和真实心得。

** 法学博士，宁波大学特聘教授，吉林大学教授、博士研究生导师。

当法理论”之研究》。当然这篇文章还可以再追溯到更早的时候，国际私法学界早在20世纪80年代曾经流行的一个论题——最密切联系原则，我对这个问题也很有兴趣，一直想写文章来阐述一下自己的想法，也确实有一些想法。当我准备写这篇文章、开始查阅资料的时候，发现了英国适当法这个问题。当然，最初察觉这个问题是由于Proper Law的中文译法，就注意到韩德培先生把它译为“自体法”，李双元先生把它译为“特有法”，卢峻先生把它译为“正当法”，朱学山先生把它译为“宜用法”，日本国际法学会编撰的《国际法词典》的中译本把它译为“准据法”，等等。这种情况引起了我的思考：为什么会有这么多不同的译法？Proper Law到底应该怎么翻译？我想，翻译的事情不能随心所欲，也不应望文生义，而要准确地传达出原文的思想内涵。于是就决定对Proper Law进行一番系统深入的研究，并最终完成了《英国“适当法理论”之研究》一文。在经过历史的、比较的和语义的分析得出的结论之一，就是Proper Law应该译为“适当法”，它的真谛是追求法律适用的“适当性”。在经历了这个研究过程之后，明显感觉到，“适当法”或者“适当”这种理念已经深深植根于“我心深处”。从此以后，多次跟我的学生们讲过，我就总是戴着“适当法”的“有色眼镜”去观察国际私法问题。透过国际私法的历史、规则、制度、理论、实践的种种表象及其演进，我看到的正是古今中外的国际私法人“寻找适当法”的不懈探索。于是惊喜地发现：寻找适当法是国际私法的终极关怀。这就是今天这个演讲题目的由来。

关于国际私法或者叫冲突法，有两句很经典的话。一句是普罗塞尔（William Prosser）教授说的：“冲突法这个领域是一片阴郁的沼泽，充满了颤动的泥淖，栖居着一些博学而怪异的教授，以一些离奇古怪而又令人费解的专业术语，研究一些神秘的问题。普通的法院或法律人一旦卷入和陷进这个领域，非常容易迷失其中。”还有一句话是康恩（Franz Kahn）教授说的：在国际私法这个学科中，“争议从书名页开始”。这就是说，国际私法的争议从它叫什么名称就开始了。这两句话可以说是形象而生动地描述了国际私法的实际状况——国际私法正是一个从头到尾、从内到外都充满争议、充满问题的学科领域。同样，刚才我说过，Proper Law到底是翻译成“自体法”还是翻译成“特有法”或者是翻译成“适当法”？这其实也是一个名称问题，所以关于Proper Law的争议也是从名称开始的。

关于名称的争议，研究国际私法的人都知道，有学科的名称，也有法规的名称，这两个方面的名称都各有不同。目前使用比较普遍的是“国际私法”和“冲突法”这两个名称。通常我们认为“法则区别说”是最早的名称，此外还有“私国际法”“法律的域外效力论”“法律的场所效力论”“法律选择法”“法律适用法”，在日本曾经称为“法例”，等等。康恩教授所谓“书名页”的“争议”这个提法很好地说明了问题的真相。“争议”不是简单的不同，不是静态的差异，不是像“蒲公英”亦名“婆婆丁”那样直白；“争议”是在“较真儿”，是在认知和识别，是在定性和归类。关于国际私法名称的争议实质上是由人们对国际私法的理念、价值、内涵和外延的不同理解形成的，它表明人们都在努力寻找足以准确描述或揭示自己心目中的“国际私法”样貌的词语来称谓国际私法。所以我认为，所谓名称之争实质上也是“适当”之争，是关于如何界定和概括国际私法的内涵和外延更为“适当”之争。由此看来，国际私法对于“适当性”的考量也是从“书名”页开始的。

另外，像国际私法的调整对象、国际私法的调整方法、国际私法的范围、国际私法的学科体系、国际私法的性质、国际私法的渊源等，也都存在争议。我们常常说要有问题意识。就国际私法而言，问题意识即是有些问题我们已经意识到了，有些问题我们还没有意识到，国际私法的问题我们“意识”越多，越想越多。刚刚我提到的这些问题或争议，其实都是常识性的问题，但是正是这样一些常识性的问题之中隐藏着国际私法的“密码”，这些“密码”积存着关于国际私法“适当性”的信息，我们对这些问题的讨论其实也是对于国际私法本身适当性的探寻。我们国际私法研习者的使命或者本分，就是要破解破译这些“密码”，从而揭示国际私法的真相和真谛，如实地告诉人们国际私法是什么——“适当”的国际私法是什么。尽管我还不知道“适当”的国际私法是什么，但知道国际私法在干什么——国际私法一直在寻找调整国际民商事关系的适当法。或许，寻找“适当法”的价值定位，也有助于指导我们“适当”地解决上述问题或争议。

记得在20世纪80年代国际经济法刚刚出现的时候，我曾经读过姚梅镇教授的《国际投资法》。对那本书印象最深的是，姚先生提出了一个问题来帮助人们认识当时被称为“四不像”的国际经济法，即“法是什么”和“什么是法”？这是两个思维取向或两种认知目的。我们要回答的是“法是什么”的问题，而不是“什么是法”的问题。国际私法也是这样，我们不能简单地把什么都装到国际私法这个“筐”里边，然后说这些就是国际私法；反过来我们也不能把本该属于国际私法的东西拒之“筐”外，然后说担心国际私法这个“筐”装不下。但是，我们要有自己的依据、自己的说明、自己的理论支撑，要从国际私法的本质、内涵、理念、价值、任务、目标等方面来弄清楚“国际私法到底是什么或者应该是什么”这个问题。这样我们才能有理有据地、令人信服地指出哪些东西属于国际私法，哪些东西不属于国际私法。刚才前面提到的争议都是常识性的问题，现在也常说理论创新。但是，理论创新不是无中生有，也不是填补空白，理论创新应该建立在对常识的审视和批判的基础上，理论创新应该是对传统理论的反思和超越，是对既有理论的修正和完善。

我从1982年开始接触国际私法，40年来带着对这些但不限于这些问题和争议的困惑与好奇，对国际私法进行学习和思考、教学和研究，时而山重水复疑无路，时而柳暗花明又一村。到了1999年的时候，我忽然感觉到有所悟、有所得，应该说这得益于对英国适当法理论的研究。下面就讲一下关于寻找适当法的几个问题。

二、“适当法”的含义

第一个问题是适当法的含义。适当法是什么意思？适当法最初是我对英国国际私法中所特有的一个概念 Proper Law 所确定的中文译法。在 1992 年发表的《英国“适当法理论”之研究》一文中，经过系统深入的分析，我获得了这样一个认识：英国学者提出 Proper Law 这个概念，是为了确定一个处理法律适用问题的原则，介绍一种解决法律冲突问题的方法，而这个原则和这种方法的核心和实质，就是在法律选择和法律适用问题上要做到“合适”“恰当”，或者说要做到“适当”。所以我认为在 Proper Law 这个概念中，“Proper”一词应取“适当的”这一语义，Proper Law 的中文译法应该是“适当法”。适当法和准据法是两个既相互联系又有区别的概念。适当法和准据法的最终目标都是确定涉外民事关系当事人的实体权利和义务，但是准据法是经过冲突规范的援引用来调整涉外民事关系的某种民商实体法，它是依据某一冲突规范的连结点，结合涉外民事关系的现实情况确定的；适当法则是对法律适用问题的解决提出一项原则、一个标准、一种方法，其主旨在于告诉人们应该怎样确定准据法，或者说应该根据什么原则和标准来确定准据法，它所追求的效应是提高和增强准据法的适当性。在这个“适当”原则指导下，适当法理论的倡导者们又进而提出一些具体的规则，作为衡量“适当”的标准。比如，依照当事人意思自治原则来确定准据法，或者以最密切和最真实的联系的标准来确定准据法，等等。这些具体的规则和标准，使适当法的原则具体化了，也使适当法理论的内容更加充实。所以，“适当法”实际上就是确定准据法的一项原则、一个标准、一种方法，而对于这一原则、标准和方法的阐述，便构成了适当法理论的内容。这是最初我对“适当法”的一个基本认识。

这篇文章的发表，应该说引起了国际私法学界的关注，尤其是受到了国际私法的前辈权威学者的热情鼓励和高度评价。李浩培先生、李双元先生都曾写信给我，予以充分肯定。也有的学者专门撰文对这种“适当法”的译法表示赞同。这些情况至少说明我对英国国际私法中这个特有概念的理解和感悟，在相当大的程度上得到了认同。这种认同使“适当法”的理念植根在我的心灵深处，以致后来在观察国际私法问题的时候，总是戴着适当法这副有色眼镜，即无论怎么看国际私法，都是在寻找适当法，甚至感觉国际私法就是适当法。这也正是形成“寻找适当法——国际私法的终极关怀”这个命题的心路历程。

1999 年初，我应《长春市委党校学报》之约，撰写了《国际合同法律适用的理论分歧和历史演进》一文。在对国际合同法律适用的理论分歧的评述当中，把 20 世纪中叶以来逐渐发展起来的以英国权威的国际私法学家戴西和莫里斯所创立的“合同适当法的现代论”为精髓的关于合同法律适用的理论概括为“适当论”，以便与所谓“主观论”“客观论”相对应，进而阐述它们之间的关系。“合同适当法的现代论”最早是由权威的英国法学家施米托夫（Clive M. Schmitthoff）对“合同适当法理论”的现代发展所作的界定，其内容是主张以当事人意思自治原则为主，以最密切和最真实联系原则为辅。这种概括也同样引起了读者的注意，但也受到某种质疑。有学者表示这种概括很突兀。还有读者质疑“适当论”的提法是否恰当，包括对“适当论”的概括是否符合20世纪中叶以来国际合同法律适用的理论与实践状况，它与关于国际合同法律适用的其他理论的关系，以及它在整个国际私法领域的意义和地位等问题提出质疑。

我欢迎质疑，质疑是启发真理的酵母。为了回应上述质疑，我又撰写了一篇文章——《“适当论”：国际合同法律适用理论的归结与扬弃》，提出并且比较系统地阐发了国际合同法律适用的“适当论”的见解和主张。应当说，通过这篇文章的写作，“适当论”在我的思想观念中发生了“异化”。刚才谈到“适当论”是我对20世纪中叶以来国际合同法律适用的理论及实践状况的一种概括，但是写完这篇文章之后，它就由这种概括“蜕变”为或者“进化”为我对国际合同法律适用问题所提出的一种见解和主张，并进而成为我所确立的国际合同法体系的理论根据——大家有兴趣的话，可以看看我的《论国际合同法体系》一文。此时所谓的“适当法”不再是英国适当法理论意义上的适当法，而是被赋予了新内涵的“适当论”意义上的适当法。这种见解和主张同样受到了学界的关注，已得到几家权威刊物作了摘录、存目或者通过学术综述予以反映。至此，我所谓的“寻找适当法”，也不再是寻找英国适当法理论意义上的适当法，亦不再是寻找“冲突法”意义上的适当法，而是寻找“适当论”意义上的“适当法”（到后来是寻找“适当—和谐论”意义上的“适当法”），寻找“国际私法”意义上的“适当法”。我想指出的是，“适当论”非“英国适当法理论”，此“适当法”亦非彼“适当法”。可以说，国际私法在寻找着“适当法”，我本人也在探索着“什么是适当法”。当然，无论是“适当论”，还是“适当法”，都得益于在研究“英国适当法理论”的过程中所受到的启迪和滋养。

三、国际私法的历史就是寻找适当法的历史

第二个问题是国际私法的历史就是寻找适当法的历史。提出国际合同法的适当论以后，听我授课的研究生们很有兴趣。他们认为，应该泛化或者扩大适当论的影响和意义，可以在国际私法的全部领域和全部问题上渗透和发扬适当论的见解和主张。这个建议恰好使我的适当法的有色眼镜派上了用场，使它的功能成为“自觉”——本来我就是带着它来观察和探索国际私法的，现在要有意识地发挥其作用。青年学生的建议对我也是一种鼓励。于是我为我的适当法和适当论做了一番“文化苦旅”——这种文化苦旅的行程安排就是怀抱着“适当论”的理念和精神，追寻“适当法”的诗和远方。于是在后续的研究当中，我又将适当论的触角延伸到了罗马法、知识产权法、国际私法的历史、准据法的理论与方法、当事人意思自治原则，尤其是物权和侵权领域。经过这些研究，我惊讶而欣慰地发现：适当的理念自始即沉浸在国际私法的各个领域和全部问题之中，国际私法的历史就是寻找适

当法的历史。

那么，国际私法的历史从何算起呢？我们通常说法则区别说是国际私法的第一个名称，并且我们教科书上国际私法的历史一般也是从法则区别说讲起。当然，我们可以有多种叙述历史的方法，诸如国别史、断代史、人物史等。我们现在通常是划分古代史、近代史、现代史来讲。我认为，国际私法既然最初是“学说法”，而且学说的演进伴随着国际私法的整个进程，那么，我们是不是可以从学说的角度来叙述和划分它的历史？如果这样的话，那么国际私法的历史可以遵循“万民法时代”“法则区别说时代”“法律关系本座说时代”“最密切联系说时代”这样的逻辑来叙述。在我看来，国际私法的历史是从万民法开始的。我们通常叙述国际私法历史是把万民法作为“史前史”，或者作为萌芽时期的国际私法，我觉得这是不合适的，是对“万民法”不够尊重，没有给它应有的历史地位。

“万民法”一般被认为是罗马国家的国内法，但“万民法”的形成过程是国际性的。“万民法”是由罗马的立法者或法学家们在研究有关各国包括罗马国家以及其他国家——当时那个意义上的国家——相关法律的基础上，也就是在比较法的基础上，抽取其中共同的东西——我们现在叫“最大公约数”，通过外事裁判官的判例及其他方式形成的。所以有人说，万民法的形式是国内的，但其精神是世界的。“万民法”也被称为“各族人民的法”，《查士丁尼法典》恐怕也是这样形成的。所以，它无论是在当时还是现在都是民商事法律的世界性经典。在当时的历史环境下，罗马帝国君临天下，罗马法既适用于罗马帝国的统治疆域，又用于调整罗马人和非罗马人之间以及非罗马人相互之间的“涉外民事关系”。因此我认为，“万民法”其实是“统一私法”最早的形态，是国际私法最早的一种规范，是国际私法最早的渊源或表现形式，是国际私法最初的存在状态，也是国际私法人寻找到的第一种“适当法”。

再来说一下国际私法学说。大家都知道，“法则区别说”产生于“后期注释法学派”对罗马法的解释。这意味着它也发端于罗马法。“法则区别说”主张根据“法则”的不同性质或类别——如人法、物法、混合法——来确定其空间效力范围，从而决定每一种法则用于解决哪些涉外民商事问题。这实质上是解决每一种“法则”在何种范围内用于调整何种民商事关系“最适当”的问题。这是法则区别说对法律（法则）适用的适当性的探索和认识。500 多年后的“法律关系本座说”则主张根据“法律关系”的“本座”来确定应予适用的法律。这实质上是解决每一种法律关系用何种法律来调整“最适当”的问题。这是“法律关系本座说”对如何确定“适当法”的探索和认识。从“法则区别说”到“法律关系本座说”，是国际私法思维方式和研究视角的根本转变，有人将其称为国际私法领域的“哥白尼革命”。这种“革命”，看似否定，但殊途同归。无论是对法则进行分类，还是对法律关系进行识别，其目的都是要决定一个民商事关系适用什么法律（法则）来调整方为“适当”，或者一种法则（法律）适用于什么民商事问题方为“适当”。可以看出，这种经典的国际私法学说，尽管思维方式相反，实则相反相成，其所追求的目标是一致的，那就是怎样更合适、更恰当地适用法律，更适当、更有效地处理涉外民商事法律问题。其实，这种思维方式的转变或观察视角的转换本身即反映了国际私法宗师们对如何认识法律（法则）适用的适当性和如何确定法律关系的适当法的顽强而智慧的探索。可以说，这是一种关于“适当法”的方法论意义上的变革。至于20世纪中叶盛行起来的“最密切联系说”，或许可以认为是关于“适当法”方法论意义上的一种“改良”。大家都知道，最密切联系原则是针对传统冲突规范连结点的机械、僵化、固定、生硬，不适应现实民商事问题的复杂性、多样性而产生的。它主张根据所要解决的问题的性质和特点，以个案公正为导向，适用与案件或争议有着最密切联系的地方的法律。这样确定的准据法更符合法律关系的本质和目的，平衡了法律适用的确定性和灵活性，因而更具有适当性和合理性。因此最密切联系原则可以说是寻找适当法进程中的又一座“路标”。当然，这种寻找的进程仍将延续。可以说，我提出“适当论”也是在为这种寻找尽一份努力。工欲善其事必先利其器，我们在寻找适当法的过程中，也要不断更新和优化寻找适当法的方法，这是寻找适当法的应有之义，也是国际私法研究的应有之义。

这只是从学说史的角度做了一个框架性的说明，如果有兴趣的话，可以深入国际私法历史的时空隧道中，只要你们肯于俯下身去，拾起其中的“秦砖汉瓦”加以考证，你就不难发现其中所蕴含的适当法的信息，你们就会更加认同国际私法的历史是寻找适当法的历史这个论断。

四、国际私法的规则设计和制度安排旨在寻找适当法

第三个问题是传统国际私法的规则设计和制度安排都是以法律适用的适当性为追求和旨归的。首先，我们探讨一下规则设计。在合同、侵权、物权以及婚姻家庭、继承等各个领域，都有许多法律适用的具体规则。分析这些规则，我们不难发现对于法律适用的适当性的追求。这里我们仅以合同和物权为例来说明这个问题。众所周知，合同法律适用的首要原则是当事人意思自治原则，这已经得到世界各国立法与司法实践以及有关国际条约的普遍公认。为什么能够得到如此普遍公认？我的回答是，因为它“适当”。为什么“适当”呢？因为它符合合同关系的本质和特点。简单来说，合同本身就是当事人意思自治的结果，契约自由是缔结合同的基本原则。为了充分尊重当事人的合意并把契约自由原则贯彻到底，就应该允许当事人双方对其合同关系所应适用的法律也达成合意，并作出选择。我们没有理由认为当事人双方会达成不适合于他们之间合同关系的协议，也没有理由认为当事人会合意选择不适合于他们之间合同关系的法律。当然，当事人意思自治也要受到应有的限制，这是另一个方面的话题。

在物权领域，我在2007年发表的《论国际物权关系的适当法——物之所在地法原则之

理析》一文，是运用“适当论”的观点对传统国际私法规则进行系统的审视和反思，并进一步验证关于“适当法”认识的一次成功尝试。这篇文章被几家刊物转载或摘录。文章从物的属性、物权的属性、物权法的属性、物之所在地的属性、物之所在地法的属性，以及在处理跨国物权问题时最大限度地实现公平与效率的平衡等维度，逐一对物权关系适用物之所在地法的道理进行了检视。我认识到，“物之所在地法原则”要求对物权的法律冲突适用物之所在地法，这不仅符合物权关系的性质和特点，而且符合物权法的性质和特点。物权关系同物之所在地法有着最密切、最根本、最实质的联系。物之所在地法对于物权关系的调整和处理最具有适应性、妥当性和有效性。从“适当法”和“适当论”的视角重新审视物权适用物之所在地法这个古老的规则，探讨国际物权关系为什么适用物之所在地法，或者反过来说，物之所在地法原则为什么被普遍接受为国际物权关系的冲突法规则，得出的结论是物之所在地法是国际物权关系的适当法。我认为，从“适当论”的意义上对物权适用物之所在地法的理论依据作出新的探讨和论证，提供新的解释和说明，我们不妨把它概括为“国际物权关系的适当法说”。大家看看是不是可以成立？

在规则设计中，连结点是一个关键因素。我们不妨对连结点的确定问题也做一个探讨。连结点的确定实际上涉及两个方面的问题：一方面是在立法过程中对连结点的选定问题，另一方面是在司法过程中对连结点的认定问题。对立法者来说，选定连结点不能随意妄为，也不能凭空虚构，而是要从当时的国际社会环境和本国对外民商事交往的实际需要出发，通过分析某种民商事关系或法律问题的具体情况，权衡与之相关的各种因素，辅之以政策和技术方面的考量，进而找出具有相对重要性和较为本质的联系的“适当因素”，最终把这个“适当因素”确定为连结点。对连结点的选择也不是一成不变的，而应该随着客观情况的变化以及人们认识的深化而改变。从国际私法的发展史来看，“属人法”“物之所在地法”“当事人协议选择的法律”等系属中所包含的连结点，在其形成和适用过程中都经历了演变。至于晚近以来，在对冲突规范进行所谓“软化处理”的国际潮流中涌现出来的灵活开放的连结点、复数连结点、多重含义的连结点、“分割论”意义下的连结点以及互联网的应用对传统连结点的挑战等，则更是证明了这一点。对司法者来说，要把冲突规范中抽象的、概括的连结点应用于解决现实中的民商事法律冲突问题，并不是也不该是机械的或教条式的，而是需要经过一个理性的和客观的分析和辨别过程。对于同一民事关系，各国可能制定了相同的冲突规范，采用了相同的连结点。但是，连结点的实际含义可能很不相同，这样，在适用该冲突规范的场合就产生了究竟应该依哪一国家的法律观念进行“识别”的问题。这个问题的解决需要依靠司法者的努力。同时，立法者也不可能对每一种民事关系的每一个法律问题都作出明确详尽的规定，这就需要司法者通过司法活动加以细化、补充和完善。诸如“最密切联系地”“当事人的合意”等这样一些灵活开放的连结点，更是需要由司法者来加以判断和认定。在普通法系国家，司法者的这种作用是不言而喻的；

在大陆法系国家，司法者的这种作用也是不可或缺的，我国有关司法解释中就曾有过相关的规定。连结点的确定过程，集中反映了国际私法的立法者和司法者对法律适用的“适当性”的追求。“连结点”的演进，实质上反映了法律适用的“适当性”不断增强的趋势。

其次，我们再探讨一下制度安排。传统国际私法即冲突法中有一些制度安排，诸如识别、反致、法律规避、公共秩序保留、外国法查明等。对于这些制度安排，许多作者，包括教科书在评论其作用时，常认为是立法者或者法官用来排除或限制外国法的适用，而强化或者增加法院地法或内国法适用的机会、频率，也就是说，采用这些制度的动机和目的是自私和狭隘的。我当初对此也无疑义，给学生讲课时也是这样照本宣科，但是在有了“适当论”观念后，再戴上“适当法”的有色眼镜进行观察之后，我发现这些制度安排实际上是出于善良和公允的动机和目的，至少在多数场合是如此。在实施过程中，这些制度安排往往有助于我们找到应当适用的适当法，以便正确而有效地处理我们面临的问题。可以想象，无论是出自学者的研究，还是出自立法者或司法者的安排，这些“独具匠心”的制度能够形成和确立，肯定要经过一番思考。这番思考所取得的成果被简单地说成是为了增加内国法或法院地法适用的机会，排除外国法的适用，这种认识本身或许就是自私和狭隘的。

先来看识别。识别是什么呢？就是把所要解决的现实问题的性质搞清楚，把冲突规范及其中的概念术语的含义搞明白，然后决定应该用哪个冲突规范解决这个现实问题，或者这个现实问题应该用哪个冲突规范来解决，最后找到应该适用的准据法，其中还有识别的依据等问题。识别的目的就是为现实问题确定合适的冲突规范，或者建立冲突规范和现实问题之间的“匹配”关系。识别的过程正是“定性适当”的过程。

反致制度包括反致、转致、间接反致等内容，大家都很熟悉。反致的情形很容易让我们联想到“踢皮球”的比喻，但是这个“踢来踢去”的过程，可不是相互推诿，也不是为了排除外国法而适用内国法，这从转致本身就可以得到说明，英国的“双重反致”更能说明问题。我认为，这种颠来倒去的“前后掂量”“左右权衡”正是对法律适用的适当性的考量，是对哪个国家的法律是“适当”的准据法的“拿捏”。

再看一下法律规避制度，或者叫“限制或禁止法律规避制度”更合适。这个制度源于1878 年法国最高法院对“鲍富莱蒙诉比贝斯克案”的判决。这个判例告诉人们一个朴素的道理：抱着不正当的目的逃避应当适用的法律是不允许的。法律规避行为其实就是规避“原应适用的法”的行为，显然是不正当的，因而要受到否定。限制或禁止法律规避就是要保证“原应适用的法”——适当的法——得以适用，就是要维护法律适用的适当性。与此相关的还有公共秩序保留制度。这项制度告诉我们，如果将要适用的外国法在内容上或适用的结果上违背内国的公共秩序则不予适用。公共秩序或公序良俗关涉一个国家的社会公共利益和“道德底线”，必须加以维护，这是世界各国的共同认识和实践。在具体案件中，违背内国公共秩序的外国法肯定不是适当的法，因而必须排除其适用。从这个意义上说，公共秩序保留制度也是维护法律适用的适当性的“盾牌”。

最后，再看一下外国法的查明。外国法的查明大致包含这样一些问题，即外国法查明的责任主体和方法、外国法的解释、外国法不能查明情况的处理、外国法适用的错误及其救济等。可以说，查明应予适用的外国法几乎等同于寻找适当法，而对这一过程中出现的各种问题的解决也可以理解为是对法律适用适当性的权衡和把握。把外国法查明作为一项制度，既是为查明适当的外国法提供保障，也表明冲突法制度的创设并不是要排除外国法而扩大内国法的适用，否则便无须想方设法去查明外国法了。

总而言之，从适当论的视角或者戴着适当法的有色眼镜来看，传统国际私法的各项基本制度，既是寻找适当法的制度保障，也是国际私法以寻找适当法为终极关怀的佐证。

五、有没有“最适当的法”

第四个问题是国际私法中有没有“最适当的法”？什么是“最适当的法”？前面讲过，国际私法的学说史演进以及国际私法的规则设计和制度安排，既展现了国际私法寻找适当法的目标追求，又表明了不同国家、不同时期的国际私法研究者、立法者和司法者对于何谓“适当法”和怎样寻找“适当法”的不同见解和主张。在我看来，目前有一个“最适当的法”，那就是统一私法，也就是人们通常所说的国际统一实体法，即体现在国际条约和国际惯例当中的规定国际民商事关系当事人具体权利义务和责任的法律规范。为什么它是“最适当的法”呢？因为统一私法是针对国际民商事关系和国际民商事问题的性质和特点而制定和形成的，其目的和功能就是妥善解决国际民商事问题，促进国际民商事关系的和谐发展。“最适当的法”应该是这样一种法，即规范本身是适当的，适用效果是和谐的。通常经过冲突规范援引的准据法是某个国家的国内民商法，是为解决国内的民商事问题制定的，冲突法作为一个“中介”把它“借用”来解决国际民商事问题，这只能是一种权宜之计。但是统一私法是专门为调整国际民商事关系和解决国际民商事问题而确定的，是国际民商事关系“自己的法”。例如，统一私法如同专为国际民商事关系量体裁衣、量身定做的衣服，因而穿起来会很合身很得体；经过冲突规范援引某国民商法作为准据法，则相当于借别人的衣服给国际民商事关系穿。即使是当事人合意选择的法律，那也是到服装店选择“成衣”，而不是到裁缝店“制衣”，自己选的衣服虽然相对会合身一些，但毕竟不是量身定做。统一私法则像是由裁缝甚至服装大师根据衣者的身高、体形、胖瘦、气质及穿着的场合、目的等设计制作的个性化高档衣服，所以应该是最适合于衣者穿用的，也应该是美丽又大方的。由此，我联想到韩德培先生把 Proper Law 译为“自体法”，是不是可以解析为“适合自身体量的法”，这种译法是不是也有着上述考虑呢？当然，对于统一私法，我们还可以做很多思考，到底哪些属于统一私法，是不是仅仅体现在国际条约和国际惯例当中？我觉得不止如此。

但是话又说回来，无论是冲突规范还是统一私法规范，都不可能做到完全适当或者绝对适当。刚才用“最适当”这个用语，历史地看也是相对意义上的。正是因为冲突规范或者冲突规范所援引的准据法不能做到最适当，才有了从国内冲突法到统一冲突法或者通过条约形成统一冲突法这样一个进步，以及海牙国际私法会议。这种努力是在冲突法意义上寻找最适当的法。因为各个国家的冲突法并不完全一样，冲突法本身也有冲突，对同一民商事问题最后确定的准据法未必一样，有人认为适当，有人认为不是适当，所以需要通过冲突法条约来统一认识。同样，在统一私法的意义上，我们也不能认为一种国际民商事关系或者国际民商事问题有了统一私法规范，就有了最适当的法。事实上，无论是国际条约还是国际惯例都在不断发展变化，前者可以修改完善，后者也在不断推出新的版本。因为客观的环境和形势在不断地发生变化，人们对于适当法的认识也在不断深化，而且这种客观的环境形势、各方面的因素和人们对适当法的认识，也不排除出现反复，所以我们没法说有最适当的法。不同国家的不同时期，人们对“适当”的认识和理解不同，“适当法”也在不断地发展演变当中。因此，没有最适当，只有更适当。“适当法”在哪里？“在水一方”。

寻找适当法是国际私法的终极关怀，也是国际私法人的永恒追求。也许正是这种寻找，使我们变得像开头所提到的普罗塞尔教授所说的“博学而过于怪异”，但是，这种寻找也使我们变得精致。所以，有一句话在这里送给大家，作为这次讲座的结束语：“研习国际私法，需要有精致的心灵，也会使心灵精致起来。”